社会主义核心价值观大众认同的理论与实践

张齐武 著

WUHAN UNIVERSITY PRESS
武汉大学出版社

图书在版编目(CIP)数据

社会主义核心价值观大众认同的理论与实践/张齐武著. —武汉：武汉大学出版社,2018.5

ISBN 978-7-307-20151-4

Ⅰ.社…　Ⅱ.张…　Ⅲ.社会主义建设—价值论—群众意识—调查研究—中国　Ⅳ.①D616　②C912.642

中国版本图书馆 CIP 数据核字(2018)第 077277 号

责任编辑:聂勇军　　责任校对:李孟潇　　版式设计:韩闻锦

出版发行：**武汉大学出版社**　(430072　武昌　珞珈山)

(电子邮件：cbs22@whu.edu.cn　网址：www.wdp.com.cn)

印刷：虎彩印艺股份有限公司

开本:720×1000　1/16　印张:15.75　字数:223 千字　插页:1

版次:2018 年 5 月第 1 版　2018 年 5 月第 1 次印刷

ISBN 978-7-307-20151-4　定价:40.00 元

本著作为湖北省教育厅人文社科青年项目“基层民众社会主义核心价值观认同变化和实践养成研究——基于对湖北居民的滚动调查”（编号16Q050）的最终成果。

本著作受武汉科技大学研究生教改课题“将社会主义核心价值观培育融入研究生思政课教学研究”（编号YJG201618），武汉科技大学教学研究课题“知行合一：大学生社会主义核心价值观的课堂培育与实践养成”（编号2016X049）和湖北意识形态建设研究院资助。

前　言

当前我国正处于经济、政治、社会、文化等领域全面深化改革时期，大众的生产生活方式和社会治理形式也在经历一系列深刻变化。在此过程中，中华传统文化和居民原有价值观念与现代思潮、城市文明不断激荡，新型社交媒体和信息网络化对青少年思想和大众主流价值观的影响也逐渐增大，使得社会各阶层各群体的价值观在融合中又不断分化，对社会主义核心价值观的认知认同状况也处于持续变化中。一些重点人群的理想信念因阶层分化、贫富分化、利益分配改革、新型社会矛盾凸显等问题而比较脆弱，其共同价值观与主导价值观出现了不同程度的偏差。在新的历史起点和新的奋斗目标下，巩固基层民众与中国特色社会主义相适应的价值观念体系已成为十分必要而紧迫的重大命题。

为了积极落实中央在培育和践行社会主义核心价值观方面的总体部署，扎实推进基层民众涵养和践行社会主义核心价值观活动的开展，本书基于马克思主义理论和价值学的有关论述，通过分析社会主义核心价值观和其建设理论的理论源头、生成发展、历史定位和功能作用，根据2013年以来的实践探索和理论创新，归纳了马克思主义价值观和中国特色社会主义理论体系中的价值观建设思想的新发展。研究基于政治认同和文化认同的双重视角，回顾了马克思主义价值观的中国化和大众化历程，对十八大以来党中央关于价值观建设的新思想和新要求进行了梳理，结合来自地方基层的经验与反馈，尝试对中国的价值学研究和对外话语体系有所贡献。

本书以发现和解决实际问题为导向，对体现当代中国文化特征和政治诉求的主导价值观——社会主义核心价值观，如何获得社会公众的普遍理解和广泛认同进行了文献回顾和理论梳理，综合运用多种实地调研方式（问卷调查、人员访谈、集中座谈等），收集整理了反映2014—2017年基层民众关于核心价值观认知认同程度的大量数据、访谈记录和政策建议，并运用SPSS统计软件对调研采集的数据进行了定量分析，了解了受访区域基层民众的认知认同现状，归纳了其主要表现特征和变化趋势。

本书针对阶段性的突出问题，通过探讨分析薄弱环节的成因，分层次、分群体提出了相关对策。成果在理论层面归纳了社会认同状况的主要表现特征和变化趋势，总结了基层工作中的鲜活经验和共性问题，描述了由认知内化为政治认同和文化认同，最终转化为实现共同理想的精神力量和物质力量的路径和过程，初步刻画和探索了民众对核心价值观从认知、认同到自觉践行的心理轨迹和演化规律。本书对探究核心价值观大众认同的发展路径和演化规律有一定的理论意义，对基层落实中央精神和开展实践工作具有指导作用，成果可作为准确了解基层民众的认知方式和认同现状的重要参考，对新形势下进一步巩固群众的价值观自信，有效提高全社会的认同度具有一定的应用价值和借鉴意义。

研究表明，经历了前期大规模培育和践行工作后，社会主义核心价值观逐渐成为新时期中国人的精神追求和自觉行动，民众对核心价值观的了解与认知持续上升，认同并自觉践行的人口比例有所增加，受访区域的培育工作已取得较为明显的成效。但在实践养成方面，优秀传统文化的影响力仍显得较弱，红色革命文化的传承还有待加强，中国特色社会主义先进文化的宣传教育与传播也有待深化，表现为基层宣传渠道和形式仍比较单一，内容宣教容易出现两极化（学术化教条化或简单化碎片化），宣传力度可持续性不足。应然和实然的张力，理论倡导与社会现状的某些反差易于引发认同障碍。家庭层面的倡导要求和衔接作用还不突出。由于认知和认同的落差依然存在且不易弥合，反映出由广泛认知进而内化于心并外化于行的过程仍比较缓慢，促进社会主义核心价值观的入脑入心和知行合一，仍需要常抓不懈、久久为功。

造成部分群体和地区社会认同度偏低的原因包括：经济发展水平不高和社会保障体系存在城乡差异制约了国家认同的深化；法治

工作和法治精神有待进一步强化；意识形态领域的落地“下乡”工程相对薄弱；符合核心价值观标准的基层干部队伍建设仍需加强，城乡社区居民自治体系尚不完善等。宣教方面的因素主要有公共文化服务的供给不均衡，优秀传统文化承继乏力，乡村的道德伦理秩序有待巩固，全民教育和终身教育理念贯彻不够，对网络空间和虚拟社会的价值观安全问题关注不够，对体制外居民的文化活动缺乏有效引导等。本书认为尽管核心价值观在基层的培育和践行是一项长期的艰巨的系统工程，但如能在夯实三大认同基础（民生和经济基础、社会和文化基础、政治和党建基础）的同时，因地制宜地、有针对性地改进实践方针和具体举措，创新涵养践行的途径与平台，科学把握好行为激励与法治约束等实践中面临的主要关系，就能为凝心聚力共筑“中国梦”提供坚实思想基础和强大正能量，就一定能够创造出中华文化新的辉煌。

目　　录

第1章 研究背景

1.1 研究问题来源

马克思指出："非常明显，随着每一次社会秩序的巨大历史变革，人们的观点和观念也会发生变革。"① 如今，中国的改革开放取得了初步的成就，为古老的中国带来了政治、经济、文化和道德观念的深刻变化，在新形势下如何建立新的文化价值观念系统？或建立怎样的价值观念系统？就已成为一个根本性问题。从1992年到现在，社会主义市场经济的正式到来和不断发展，引发社会生活整体的巨变，价值观逐步多样多元，现实生活中存在"古今中西马"价值观念的冲突、摩擦、挤压和竞争是不争的事实，人们不免会思考和焦虑国家和社会向何处去，自己要成为怎样的人这样一些根本性的问题。如何看待多种价值观的冲突和融合？在实然和应然两个层面上，中国特色社会主义的健康运行需要的价值观是什么？与计划经济体制向市场经济体制转型相伴而行的价值观转型，其内容、机制、向度和意义是什么？一系列理论和实践都急需回答。从社会风气看，"当今社会丢失了传统的伦理精神，对美德、尊严和高雅风格不但不再尊崇，反而采取各种戏谑态度"②，体现

① 《马克思恩格斯全集》第7卷，人民出版社1959年版，第240页。

② 转引自廖娟：《伦理学不是修身学》，载《人民日报》（海外版）2016年3月23日，第11版。

国家性质的主导价值观甚至一度也面临边缘化的危机①，这些突出问题亟待通过价值观建设来扭转和改变。

进入新世纪，我国提出全面建设和全面建成小康社会，实现中华民族伟大复兴的阶段性总目标，中国的改革开放事业进入了新的历史阶段。中共十六届六中全会通过的《中共中央关于构建社会主义和谐社会若干重大问题的决定》首次提出了建设社会主义核心价值体系的重大命题，此后理论界围绕如何建设核心价值体系、如何凝练中国核心价值体系的内核、如何结合社会实践丰富和完善核心价值体系的构成等进行了大量研究，使得“社会主义核心价值体系”研究逐渐成为理论热点。2012 年 11 月，自党的十八大提出倡导 24 字的社会主义核心价值观以来，积极培育和践行社会主义核心价值观已成为国家、社会和全体公民的共同责任，也是一项需长期坚持的战略任务。显然，培育和践行社会主义核心价值观具有重要现实意义和深远历史意义，有利于巩固马克思主义在意识形态领域的指导地位，巩固全党全国人民团结奋斗的共同思想基础，有利于扩大主流价值观念的影响力，有利于提高国家文化软实力，有利于推进国家治理体系和治理能力现代化，有利于丰富人们的精神世界，增强全民族的精神纽带，有利于社会和谐稳定，维护国家长治久安，有利于增强凝聚力、感召力，实现中华民族的伟大复兴。

但在新的历史起点和新的奋斗目标下，如何建立和巩固与之相适应的新的文化价值体系，这一根本问题和紧迫问题并没有因社会主义核心价值观倡导要素的提出而理所当然地得到全部解决，如何在宏大的现代化进程中巩固和弘扬主流价值观既是理论问题也是实践问题。人民群众是社会活动的主体和社会历史的主人，城乡基层民众是培育和践行社会主流价值的重要依托和实践主体，推动社会主义核心价值观理论体系走向基层并为群众所掌握、理解和认同，最终成为群众的基本遵循、价值标准和文化自觉，这是培育和弘扬

---

① 李德顺：《价值观的“主流”与“边缘”》，载《人民论坛》2010 年 3 月 1 日，第 3 版。

社会主义核心价值观的根本任务和检验标准。

为了初步回答上述问题，本书定位于考察核心价值观大众认同的现状与变化特征，通过以理论思辨为主的质性研究和滚动调查为基础的量化研究相结合的办法，尝试结合时代特征解构基本矛盾，尝试根据一般的认识与心理发展规律提出进一步提升基层民众认知认同与自觉践行的原则方略和对策建议，因而本书具有必要性、针对性和紧迫性。就具体内容而言，在十八大召开已过去五年多时间里，面对世界范围思想文化交锋下各种价值观的较量与冲击，面对改革开放群众思想意识多元多变的社会现实，研究评估基层民众尤其是城镇化进程中城市居民、农转非居民和农村居民三类群体对社会主义核心价值观的总体认同度，研究各群体对涉及国家、社会和个人三种不同层面的价值观要素的认同状态，在核心价值观认知的广度、深度和层次上表现如何？在推进认知度提升的组织、渠道、方式方法、活动、人员、效率、保障机制、绩效方面存在哪些问题？归纳总结基层组织在传播价值观的人格化、形象化、具体化、生活化方面有什么经验和问题？在宣传社会主义核心价值观的系统化、标准化、规范化、信息化方面存在什么问题？本书将针对这些重大现实问题通过面向基层干群的问卷调查、实地走访和“面对面”访谈来获得信息并结合理论进行初步解答。在实地调查的基础上，本书将以共性问题和突出问题为导向，围绕“价值观”和“认同”的基本范畴，观察马克思主义价值观在中国的最新实践和发展传播，分析现有理论尤其是十八大以来新一届党中央治国理政新理念新思想新战略中价值观理论指导实践的状况，进一步厘清大众认同过程中的基本关系和主要矛盾，探究问题的成因和形成机理，从而有针对性地、创造性地找到解决问题的办法和建议。

1.2　研究目的及意义

培育和践行社会主义核心价值观是推进中国特色社会主义伟大事业、实现中华民族伟大复兴的战略任务。从政府层面来讲，以社会主义核心价值观为保障，推进社区治理的法制化、民主化和科学化，可以维护最广大人民群众的根本利益，最大限度地增加和谐因素，增强社会发展活力，提高社会治理水平，维护国家安全，确保人民安居乐业、社会安定有序。从基层组织和干部层面来讲，相关理论研究有利于引导干部以身作则，勤于政事，将自身的具体工作与核心价值观培育工作紧密结合起来，可提高宣传培育工作的效率和效果。从居民层面来讲，本研究有利于城乡社区加强社会主义核心价值观的宣传和传播，实现个人追求、社会价值和优秀传统道德的结合，提升个人认同度，进一步改善社会风气。

社会主义核心价值观是中国文化软实力的灵魂，也是文化软实力建设的重点。培育和践行社会主义核心价值观，有效整合社会意识，是我国社会秩序得以健康运转的重要途径，也是国家治理体系和治理能力现代化的重要方面。针对社会主义核心价值观的重要地位和意义，2014年5月习近平总书记在北京大学师生座谈会上指出："人类社会发展的历史表明，对一个民族、一个国家来说，最持久、最深层的力量是全社会共同认可的核心价值观。核心价值观，承载着一个民族、一个国家的精神追求，体现着一个社会评判是非曲直的价值标准。"各地区在培育和践行社会主义核心价值观的工作实践中，迫切需要摸清家底和现状，了解社会主义核心价值观被正式提出后，特定社会阶层和群体的认同度现状，从而为制定相关政策和落实总体部署提供决策支持。

此外，随着我国城镇化进程的不断推进和户籍制度的改革，我国出现了不少城镇居民与"村改居"市民、进城农民工、农民混杂的社区，且总体数量迅速增多，范围覆盖较广，纯粹的城镇居民社区和农村人口密集的居民点则大量减少。由于这类社区人口结构日益复杂，因土地征用补偿和就业水平差异出现的贫富分化，使得社会矛盾相对尖锐，干群关系比较紧张，伴随城市文明和现代文化的猛烈冲击，在这类社区内各种价值观互相碰撞、冲突不断，因而如何引导基层民众在思想上达成普遍共识，形成科学、正确、牢固的核心价值观就成了亟待解决的问题。本书选择这样的社区作为研究对象和参照，有助于考察"广泛而快速的城镇化"这一中国独有的经济社会现象中群众的价值观念的流变与演化，有利于考察现代文明、城市文明、市场文明对传统文明、农业文明的冲击和交互，有利于观察不同文化、身份和职业背景群体价值观的差异，是研究当代中国价值问题的比较妥当的观察窗口和切入点。

本书主要研究地域为具有典型中国中部地区特征的某省 XT 市某街道和某国家级工业园所辖 3 个村和 9 个社区（区域总人口约 23 万人），通过针对基层干群的调研，了解转型社会中居民对社会主义核心价值观的认同度现状，发现部分群体认知认同不足的深层次原因，剖析具有不同类别和属性的居民在认知和认同核心价值观上的显著差异。结合非转型社区和其他各省市社区居民的认同度调查，通过横向对比，找出共性问题和影响因素，揭示提升核心价值观认同政策实施中的心理活动过程和普遍规律。本书还通过了解还原基层民众对待核心价值观培育和践行工作的真实态度，分析民众对社会主义核心价值观主体内容和价值理念的认可程度，发现基层社区干部在推进居民树立良好价值观上面临的突出问题和挑战，为进一步提升转型社区居民社会主义核心价值观的认同，逐步增强社区居民和基层干部的归属感和主动践行程度提供政策建议和决策参考。

相关调查还分析了居民对社会主义核心价值观的认同和践行状况，对比分析了城市居民与农转非居民和以务农为主的农村居民的认同差异，提供了相关政策执行绩效的重要反馈，对新形势下引导群众树立正确价值观的新途径、新方法、新工具，有效提高非党员普通群众和体制外就业居民对社会主义核心价值体系和价值观的认同度具有理论借鉴和应用价值。调查提出和使用的量表，经过在某省部分区域的大面积试用，为准确、科学地测试和评估群众认知认同状态提供了重要参考借鉴，未来经过优化完善，还可以推广到其他地区用于政策和绩效的评估。

1.3　研究对象与调查范围

本课题组的第一次实地调研，于 2014 年 6 月 30 日至 7 月 5 日对某省XT市某街道的6个社区（分别是小南、新河、观音堂、高家渡、小寺垸、大洪社区）进行了集中问卷调查，接着于7月10日至8月25日组织24位志愿者对全国其他九省（自治区）（湖南、江西、安徽、河南、宁夏、山西、广西、江苏、浙江）进行了补充调研，整个调研共发放调研问卷900份，回收812份，回收率90.22%，有效问卷780份，有效率86.77%。本次调研在对基层干群开展问卷调查之余，还在地方政府部门的协助之下，组织各职能部门和部分街道的干部进行了座谈和个别访谈，共计50余场次。在某省XT市除回收430多份问卷外，还进行基层社区书记、主任访谈10人次，基层民众访谈300多人，调查收集整理原始文字材料3万余字和图片约1000张，录音录像180分钟。后期通过样本统计、整理人员访谈记录以及相关政策文件，对研究目标中所述问题进行了较为深入的探索。本次调查社会阶层覆盖面较广，包含城市居民、转型社区居民和以务农为主的农村居民三类，身份以基层党政干部和一般群众为主，被调查者职业包括农民、进城务工人员、政府机关和企事业单位职工、个体工商户、自由职业者、退休职工、留守老人、暑期在家的大学生等。2015年7月上旬，课题组组织30多位志愿者使用基本相同的问卷对同一地区进行了跟踪调查，该调查主要针对某省XT市国家级工业园区所辖"三村三居"（即清水湾、铁匠湾、船湾三个自然行政村，官沟、纺园、杜湖三个社区）的居民进行，也包括2014年调查过的小南、新河、大洪等社区，共收集有效样本745份，因为是随机入户调查，样本人员构成与2015年略有区别。2016年7—8月课题组第三次组织38位志愿者使用基本相同的问卷对同一地区进行了调查，共发放调研问卷1200份，回收1143份，其中有效问卷1019份。2016年还对留有联系方式的一些受访者进行追踪调查，试图对认同状况进行历史轨迹分析。2014—2016年回收有效问卷的样本构成见表1-1①。2017年采用座谈和收集湖北各地方经验材料的方式进行调

① 由于是随机入户调查，有效样本的构成三年间发生了一些变化，城镇居民有所上升，这与受访地区持续的城镇化（村改居）有较大关系。

研，问卷调查改为网络调查。

表 1-1　　　　研究样本的构成

年度	有效样本数	农村居民占比	城市居民占比	党员和干部占比	男性占比	35 岁以下占比
2014 年	780	27.82%	35.6%	15.76%	52.8%	52.94%
2015 年	745	30.9%	45.8%	21.7%	54.4%	64.6%
2016 年	1019	22.7%	57.3%	23.26%	50.6%	44.46%

在调研期间，课题组还深入某省 XT 市的企事业单位和社区开展社会服务，四年来共面向基层民众 3000 多人次介绍和宣讲社会主义核心价值观，其中有 200 多位居民是通过本次调研才第一次深入了解到社会主义核心价值观的具体内容。

本书将社会主义核心价值观认同状况滚动调查的主要区域选择为 XT 市，出于以下三个考虑：

（1）XT 市与课题组所在单位有长期固定联系，系“理论热点面对面”省级示范点，该地市政府、街道、社区组织对调查工作非常支持也比较信任，中共某省委讲师团、省社科联和省教育厅也都对这项工作提供了大力支持或资助。这既方便了课题组的调查顺利进行，又保障了整个调查过程不受干预，因此整个调查都是独立、客观、实事求是地进行，调查结果真实可靠，反映了当前基层民众对社会主义核心价值观的认同状况。此外，已经在该地区进行的若干社会和文化调查项目可为本研究提供背景材料和论证过程的佐证。

（2）XT 市属于省会城市 1+8 城市圈城市之一，也是某省中部人口密集、经济快速发展的地区，该市在本地从事工商业和农村外出打工的人员均较多。该市不管是从城镇化发展水平还是社会经济发展状况都符合中国中部地区当前发展的主要特征，具有代表性。某省 2015 年度重大决策支持项目《关于实施社会主义核心价值体系落地工程的调研》也选择 XT 市作为主要的观察点之一。

（3）本次调查涉及的GH街道和XT工业园，是XT市重点建设区域，目前所调查的3个村和9个社区既包括建市以来就归属为城市建成区范围内的社区，也包括随着工商业发展和城市扩张逐步从农村转变为市区的3个社区，还有处于城郊，大部分居民仍从事农业种植和农产品贸易的村湾和社区，因此可以综合反映不同城镇化水平的状况。位于城乡交错区且处于转型期社区居民具有典型性，是改革开放过程中居民的一个缩影和代表，城市文化和农村文化在这里交融汇合，多元价值观互相冲击，居民往往在土地征用、集体收益分配、社会福利、文化活动、公共服务方面“有话要说”，通过调查有助于了解和把握经济社会转型期民众的思想特点、文明程度和价值观念变化规律。

1.4　研究过程和方法

本项研究的技术路线见图1-1。

本项研究以个案调研为基础，通过文献研究、问卷调查、实地观察、群众访谈、社区干部介绍、集中会议研讨等方法收集社区内各阶层居民对社会主义核心价值观（以下简称“核心价值观”）的认同状况。通过预调查优化问卷，紧扣研究问题设计了李克特式量表进行评估打分，后期运用数据分析技术精确反映居民对核心价值观的认同程度和认同状态，为在某省XT市区域连续观测和不同地区开展比较研究奠定了研究基础。本书立足中央和省级总体部署，借鉴相关理论研究成果，揭示了城市社区内各阶层居民认同度发展变化的规律和主要特征，有针对性地提出进一步提升“村改居”转型社区居民认同度的政策建议。

本书采用的方法有：第一，在方法论层面，以马克思主义为基本方法论，以党的十八大精神和中央关于培育和践行社会主义核心价值观相关精神为指导，在具体研究中坚持实事求是，借助社会学、管理学、心理学等多学科知识及研究方法开展问卷设计和调查研究。第二，在研究方式层面，综合采用文献研究、调查研究和实地研究三种研究方式。在文献研究方面，主要对涉及核心价值观大

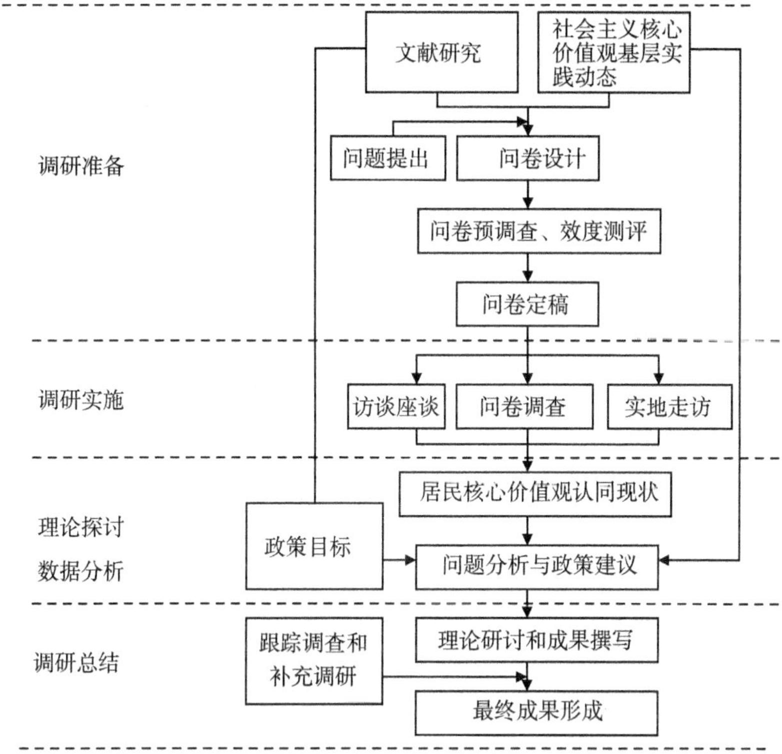

图 1-1　本研究的技术路线图

众认同的经典著作、重要文献、会议决议、政府报告、政策规章、论文著作、新闻报道等内容进行筛选归纳。在调查研究方面，采用问卷调查、个别访谈、集中座谈、举行会议进行交流互动，收集各类与研究主题相关的调研数据、官方统计以及各类汇报材料、交流材料、会议材料、新闻报道、社区工作日志等并对其进行统计分析。课题组在集中调研期间还联合某省 XT 市、孝感市、咸宁市委宣传部组织了市一级的理论研讨会，与会政府各部门和街道、社区代表与课题组成员进行了面对面交流。在实地研究层面，采用实地观察、现场访问等方式获取所需资料。第三，在具体方法和技术方面，本研究除采用问卷法、访谈法、比较法和观察法外，还综合运用了定量分析方法、使用 SPSS 软件进行统计分析、族群因素探索等方法。在成果撰写过程中文风力求简明扼要，数据清晰，可读性强，真实全面反映调查状况。

第2章　核心价值观认同理论的内涵与发展

2.1　国内研究成果综述

自2012年11月党的十八大提出倡导社会主义核心价值观以来，全国积极开展培育和践行社会主义核心价值观活动。以习近平同志为核心的党中央在重要场合多次发表讲话，做出重要论述，提出明确要求。2014年2月在中共中央政治局“培育和弘扬社会主义核心价值观、弘扬中华传统美德”的第十三次集体学习会议上，习近平同志强调：“把培育和弘扬社会主义核心价值观作为凝魂聚气强基固本的基础工程。”习近平同志系列重要讲话精神和有关著述为开展理论与应用研究指明了方向，提供了重要参考和遵循。本章将围绕对重要讲话的理解和阐发，对学术界、理论界和有关部门在价值观建设方面的创新成果进行梳理、盘点和归纳，以图大致勾勒社会主义核心价值观研究的现状。

国内学者近几年关于社会主义核心价值体系的研究方兴未艾，研究成果在十八大召开之后出现明显增长（见图2-1），社会主义核心价值观相关研究逐渐成为政治、哲学和文化视阈下思政教育研究、价值哲学研究和文化软实力研究的重点热点之一，使用“社会主义核心价值观”进行知网学术检索，2012年以来大约有5万篇文献发表，使用百度学术进行搜索，2013年以来大约有12万篇文献发表，可谓洋洋大观（见图2-2、2-3）。现有研究总体包含四类研究方向：一是社会主义核心价值观的形成与发展理论研究；二是解读阐释社会主义核心价值观的深刻内涵和重大意义研究；三是社会主义核心价值观宣传培育实际问题的对策研究和实践研究；四是社会主义核心价值观国民教育研究，尤其是融入青少年教育研究。

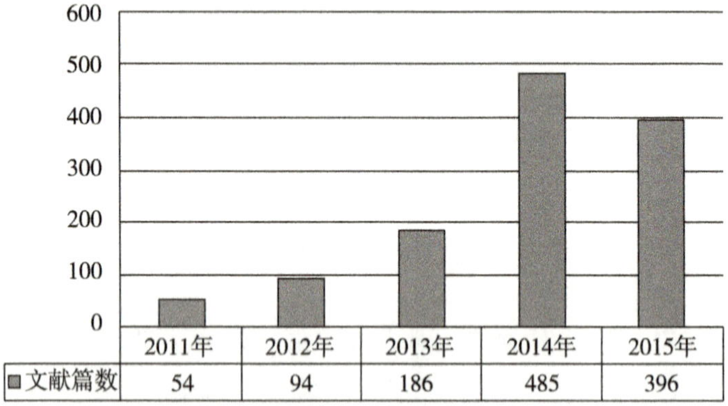

图 2-1　在国家哲学社会科学学术期刊数据库中以“社会主义核心价值观”为关键词搜索的文献数量（2011—2015）

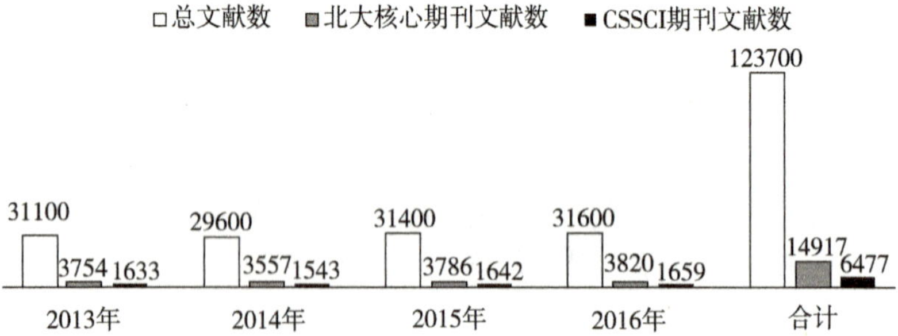

图 2-2　在百度学术中以“社会主义核心价值观”为关键词搜索的文献数量（2013—2016）

在社会主义核心价值观的形成与发展理论研究方面，自 20 世纪 80 年代初，在马列主义、毛泽东思想和邓小平理论指导下，李连科、杜汝楫、罗国杰、王玉梁、冯契、李德顺、袁贵仁、万俊人等一大批理论学者初步奠定了国内价值哲学研究的理论框架，并陆

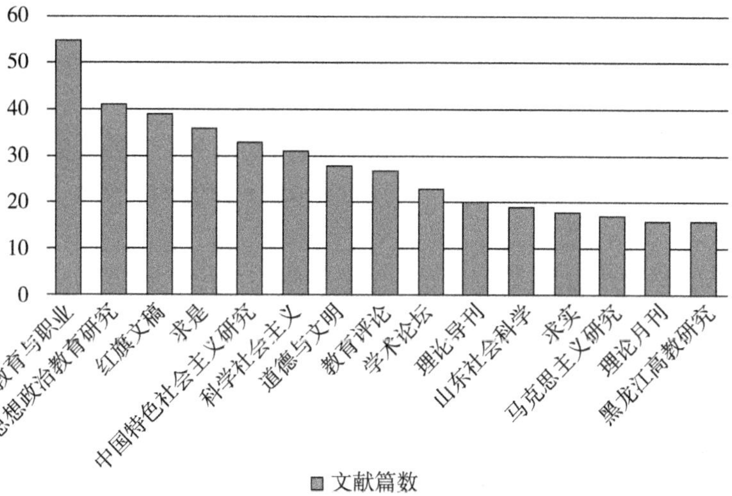

图 2-3 发表社会主义核心价值观研究的主要学术期刊

续开展了马克思主义价值观与中国实践的研究①。2006 年 10 月自中央第一次明确提出建设社会主义核心价值体系以来，在全党、全社会和理论界引起了更广泛关注。学界普遍认为社会主义核心价值体系就是社会主义核心价值观体系，两者具有一致性和同质性。社会主义核心价值观体系是社会主义核心价值观形成和发展的必要条件、存在基础和重要载体。随着经济的快速发展和转型时期思想存在多元多变多样的现状，政策制定者和研究者对如何发掘社会主义核心价值体系的内核格外重视。韩震曾提出用更为集中和平行的“民主、公正、和谐”来表征核心价值观。从国家和公民两个基本路径出发，龚群提出把社会主义核心价值体系概括为 32 个字：天下为公、爱国为先，以人为本、创新发展，尊严廉耻、立身之道，民主富强、和谐大同。梅荣政则提出将社会主义核心价值观概括为实事求是、以人为本、独立自主、共同富裕，并可简化为 8 个字

① 详细内容可参见胡为雄：《国内价值哲学研究回顾（1980—2012）》，载《毛泽东邓小平理论研究》2013 年第 3 期，第 38~47 页。

“求是、人本、自主、共富”。也有学者提出可概括为“以人为本、实事求是、独立自主”或就是体现社会主义本质的“公平正义”，因为这些词组体现了马克思主义的本质特征和中国特色社会主义的本质。延续这一思路，田海舰和戴木才提出“内核论”，认为社会主义核心价值观是一种社会制度、社会形态长期普遍遵循、相对稳定的根本价值准则，是一个社会的价值观、价值体系和核心价值体系的灵魂，具有稳定性、统摄性、共识性、建设性的特点。钟哲明也认为核心价值观具有稳定性和长期性，提出“社会主义核心价值观……在内容上应全面反映社会主义的政治和经济、历史和未来，并为之服务，而不局限于某一阶段、地域或行业”。韩震提出了“形式内容论”，认为社会主义核心价值观反映着社会主义核心价值体系的价值追求、价值理想、价值取向和价值规范，并形象地将社会主义核心价值观的传播形容为“放盐”，于无声处为社会和文明发展做出“佳肴”起到关键作用①。

党的十八大正式提出 24 个字的社会主义核心价值观之后，谢春涛认为核心价值体系和价值观两者不可相互替代，各有作用。也有专家认为核心价值观结构简明，增强了公众亲和力，三个层次的核心价值观相互联系、相互贯通，集中体现了国家、集体和个人在价值目标上的统一，体现了国家目标、社会导向和个人行为准则的统一，在内部结构上三个层面相互联系、相互依存，在顶层结构、主体结构、功能结构、时间结构和空间结构上具有优越性。刘云山指出要把握好核心价值观与核心价值体系的关系，首先要充分认识到两者的内在统一性，同时还要认识到两者各有侧重。核心价值观更加突出了核心要素，更加注重凝练表达，更加强化实践导向。

在未来发展方面，当代中国价值观念生成于当代中国实践，理应在当代中国和未来的实践中得到检验和发展。有学者提出现有社会主义核心价值观的提出是一种务实明智之举，在凝练表达上存在

① 参见王晓樱、魏月蘅：《践行核心价值观　实现民族崛起——“核心价值观百场讲坛”第三十七场侧记》，载《光明日报》2016 年 3 月 30 日，第 4 版。

进一步探讨的余地。其表述还可根据实践发展作进一步调适，如在国家层面从“富强”到“共同富裕”，社会层面从“公正平等”过渡到“公平正义”，在个人层面突出仁爱孝敬、忠恕、明理进取。也有学者提出社会主义核心价值观可凝练为“富强、公正”，或六个字概括，那就是：富强、公正、友善①。笔者从社会主义核心价值观区别于非社会主义核心价值观角度也提出“和谐”“公正”“友善”是我国主导价值观的核心优势。由于我国还处于社会主义的初级阶段，“三个倡导”也许还不是社会主义核心价值观的最终表达，而且这一提法存在着没有重视国家、社会和公民三个层面的价值观交叉和整合的问题，这就为继续完善留下了一定的拓展空间，同时也为继续构建奠定了一定基础。如何打通国家、社会和个人三个层面，在更高层次的价值观整合中构建社会主义核心价值观，仍然是我们面临的一个重大时代课题。在全球文化价值重心东移的背景下，学者们注意到了社会主义核心价值观具有的鲜明中国特色，认为是传承优秀传统文化和借鉴资本主义主导价值观有益成分的一大理论创新。理论界对提出创建具有世界价值的中国价值观也充满自信，并提出了相关建议。

在解读深刻内涵方面，学者们普遍认可社会主义核心价值观是以马克思主义来指导和统领的、和社会主义的价值追求完全统一的、中国特色的价值观，是全国各族人民普遍认同的价值观“最大公约数”，是马克思主义道德价值理论中国化的重要成果。积极培育和践行社会主义核心价值观，是用马克思主义中国化理论成果武装全党、教育人民的重要内容，是加强党的意识形态工作、推进社会主义精神文明建设的重要举措，对促进国家主流价值观的形成和凝聚全党全国人民团结奋斗的共同思想基础具有重要作用。例如，张利华在《试析中国特色社会主义核心价值体系的结构与内涵》一文中认为，“马克思主义核心价值观是实现人的自由、解放和全面发展”。韩振峰认为核心价值观的三个层次是有联系和内在

① 参见孙熙国：《社会主义核心价值观是对时代问题的价值阐释》，http://www.qstheory.cn/zhuanqu/qsft/2014-06/23/c_1111271355.htm。

统一的，“富强、民主、文明、和谐”既是国家建设的目标，也是体现中国特色社会主义的基本价值追求，“自由、平等、公平、法治”体现总体价值趋向和整体目标要求；“爱国、敬业、诚信、友善”体现的是对全体公民的道德要求。核心价值观其内涵与中国特色社会主义是共通相容的，与中国特色社会主义制度的价值认同具有内在的统一。李海星认为作为社会主义核心价值体系的思想浓缩和文化直观，社会主义核心价值观的理论“硬核”是以人为本，实践“命脉”乃是公平正义。张学森也认为社会主义核心价值观的原生点是以人为本。社会主义人与人之间的关系应该是“平等友爱、相互理解、相互尊重、相互服务的关系”①。魏建国论证了自由作为东西方文化的共同价值意蕴，成为社会主义核心价值观的基本要素有历史依据和民族基础，具有重要现实意义。靳利华提出社会主义核心价值观与我国生态文明建设是内在统一的，对社会和个人层面的道德要求也体现在人与自然之中。上述这些研究结论都说明社会主义核心价值观作为一个带有鲜明中国特色社会主义理论特征的基本范畴，和社会主义国家的国体政体和社会风貌密切联系，具有较为强烈的意识形态特征，对核心价值观的认同既是一种文化认同，当然也是一种政治认同，对公民而言具体表现为国家认同，民族认同，蕴含于文化认同和社会主义理论体系认同，实践于中国特色社会主义的制度认同、道路认同。

在发掘重要意义方面，社会主义核心价值观具有崇高性、开放性、民族性、人民性和整体性，其哲学内涵是以“爱”为顶点，以真善美为支点，是人类价值观的最新发展，有 5000 多年文明史的中国人民迎来一个作为劳动者的理性觉醒的新起点，迎来一个追求历史性的现代生产生活方式的新起点。社会主义核心价值观构成了社会主义意识形态两翼中的价值之翼，三个倡导的提出实现了马克思主义价值观与时代精神和中国传统价值观的融合，是有鲜明中国特色的当代的马克思主义价值观。

---

① 李瑞环：《辩证法随谈》，中国人民大学出版社 2007 年版，第 136 页。

在核心价值观宣传培育和践行实施方面，指导性文件是中共中央办公厅2013年12月印发的《关于培育和践行社会主义核心价值观的意见》。该意见提出了培育和践行活动的指导思想和实践方针，指出重点工作是加强组织领导，将培育和践行社会主义核心价值观融入国民教育全过程，落实到经济发展实践和社会治理中，加强宣传教育，广泛深入开展涵养实践活动。该意见为各地区各部门具体实践提供了方向和指南。2015年中宣部和中央文明办联合印发的《培育和践行社会主义核心价值观行动方案》为各地宣传贯彻落实提供了具体指导。但实现社会主义核心价值观认同是一个渐进的过程，即价值主体（广大人民群众）把价值他律（社会主义核心价值观要求）升华为价值自律（践行核心价值观的价值自觉）的渐进内化过程，其养成必将经历比较漫长的历史过程。当前大众的主体意识仍有待加强，缺乏对具有逻辑性、系统性、抽象性的24字核心价值观内容的内涵把握、本质理解和内在价值寓意顺利转化为具体化通俗化语言的理论叙述和解读，对理论的“曲解”“误解”“肢解”现象依然大量存在，理解的片面化、教条化，影响社会主义核心价值观的认知认同，导致宣传效果偏离社会教育目标。孙向军认为培育社会主义核心价值观需要清除现实文化中对价值的排斥和消解，实现从核心价值观向制度精神、公民意识的转化。陈秉公提出培育和践行社会主义核心价值观必须坚持高层次高品位高位阶的“高势位”国家核心价值观。秦明泉认为雷锋精神集中体现了爱国主义精神，彰显了中华民族传统美德，但需要推进学雷锋实践活动的常态化。一个社会主流价值观影响力的大小，很可能直接取决于它与日常生活的融入和引领的程度，必须要能从“宏大叙事”转化为人民群众的意识和语言。在方法论上有学者提出要正确把握“倡导”与“反对”、“扬善”与“惩恶”、“自律”与“他律”之间的内在关系，尊重价值观建设养成的基本规律。

“理论在一个国家实现的程度，总是取决于理论满足这个国家的需要的程度。”① 民众在生活实践中，会对存在着的形形色色的

① 《马克思恩格斯选集》第1卷，人民出版社2012年版，第11页。

理论反复权衡，进行价值判断和选择，最终接受和信仰有利于自己、能满足自己需要的理论，而拒斥不利于自己、不能满足自己需要的理论，这是一个基本的心理发展规律。邓小平同志曾就说过："马克思主义是好东西，但如果马克思主义不能带来人民生活的改善，谁还相信马克思主义？"① 因此，离开人民群众的日常生活和实际需要则必然无法实现社会主义核心价值观的大众认同，社会主义核心价值体系大众化的本质是坚持社会主义核心价值体系在人民大众中的主导地位，现实意义在于可以满足人民大众和社会主义核心价值体系的双向需要。有学者就发现社会目标与个体目标的失衡、认知教育和实践教育的割裂、道德教育与生活教育的抽离、传播方式和理念的落后是造成价值观情感认同度不高的主要原因，需要从让核心价值观为人所需、为人所懂上找途径进行转化，可通过健全大众参与和互动机制来保障情感认同和有效传播。在践行上要把握价值自觉、价值自信与价值实践三个维度，注重层次性和突出建设性，可探索各地区（如北京精神、武汉精神）和各领域（如军人价值观）的特色价值观。

在以宣传教育推动大众认同方面，刘新庚、刘峥认为社会主义核心价值观认同的驱动力来自内在与外在的统一，需要思想政治教育者、教育对象、教育载体和教育方式等基本要素的有机匹配与相互作用。陈延斌、牛绍娜认为推进社会主义核心价值观的传播，要注重发挥党的倡行力，强化各级政府的文化主导力，加大对非政府组织的扶持力度，引导和规范大众传媒，全方位、全过程融入国民教育，同时还要将社会主义核心价值观"入宪"并完善相关法规政策。

在推动"进课堂进教材进学生头脑"方面，各级各类学校在把握情与理、知与行的关系上进行了许多有价值的探索，在实践中遵循了心理认知体验规律，保持了认知、情感、意志、行为的统一。孙志海和袁久红提出在大学开设的思政基础课教学中，应结合马克思主义基本原理概论课的特点使之与价值观教育互相印证、相

① 中共中央文献研究室：《邓小平年谱（1975—1997）》，中央文献出版社 2004 年版，第 687 页。

得益彰。徐瑞提出要充分认识学生社团在学校价值观教育中的重要作用，不断改进学生社团的工作机制，发挥隐性课堂的功能。

在核心价值观认同方面，文化认同被认为是国家和民族的凝合剂，是人与人通过“共情”建立和谐互信关系的基础。社会主义核心价值观的大众认同，一般指社会主义核心价值观通过被社会大众所了解、认可、同意、接受和把握，转变为实现中华民族伟大复兴强大动力的过程和现象，当然也是达成国家富强、民族振兴、人民幸福共同目标的精神前提和情感基石。认同的达成通常包含着外在机理与内在机理，是一个心理上由内及外和影响上由外及内的双向互动过程。在政治认同方面，马克思主义者认为，社会存在决定社会意识，政治认同作为社会意识的组成部分，也是由人们的社会地位所决定的。当前用社会发展的远大目标和共同理想来增进当代中国的政治认同，正日益成为中国特色社会主义政治发展和社会主义核心价值观建设必须完成的一个重大任务。社会主义核心价值观被认为是当代中国政治认同的价值根基，对社会主义核心价值观的认同和践行程度，直接决定社会主义政权的安全程度，进而影响国家安全。

通过实地调查大众认同的现状，学者们取得了不少有价值的发现。2007 年郑功成曾在一些城市进行了大规模的社会公平感调查，发现 61.2%的受访者认为社保“不太公平”或“不公平”，67%的受访者认为就业“不太公平”或“不公平”，调查数据“表明中国社会开始进入一个关注公平的新时代”①。田海舰针对河北省在校大学生进行了核心价值体系的认同调查，发现部分学生在认知、情感和行为方面存在认同缺失。2015 年度的大样本调查表明，高校学生高度认同社会主义核心价值观，大学生普遍拥有正确的人生价值取向、坚定的理想信念、高尚的道德追求、高度的文化自信心，在价值观层面 91.7%的大学生认同社会主义核心价值观，但存在群体差异和知行不统一的情况。2016 年调查显示 95.8%的受访者

① 郑功成：《社会公平与社会保障：中国社会公平状况分析——价值判断、权益失衡与制度保障》，载《中国人民大学学报》2009 年第 2 期。

表示“我为中华文化感到自豪”，但在对传统文化经典著作了解方面，仅42.2%的大学生全部或部分读过“四书”。在对待西方文化的态度方面，92.2%的大学生认为“我们应当以开放包容的态度吸收其他文化的优长”，59.2%的大学生认为“应当警惕西方文化的价值渗透”①。在2011年尚处于核心价值观的凝练探索阶段，“社会主义核心价值观之构建与践行研究”课题组在全国进行了2015个样本的随机调查，发现对社会主义核心价值观的认同会因性别、年龄、文化程度、职业及地区的不同而有所不同，而与城乡、政治面貌无太大关联②。陈延斌和周斌以江苏省各阶层居民为主进行了问卷调查，发现基层民众对社会主义核心价值观认知状况较好，但存在着各职业各阶层认知和认同程度的较大差异，马克思主义信念教育亟待加强。江苏师范大学课题组对苏、闽、鲁、皖、京、晋等九省（市、自治区）群众开展了问卷调查，结果是民众总体认知情况良好，对“三个倡导”内容的认可度较高，但由于主题词太多也存在民众不易记的问题，社会成员中能完全记住社会主义核心价值观内容的只有22.14%，机关公务员能完全记住的有42.98%，企业员工和农民则只有14.86%和8.73%。

关于大众认同偏差或薄弱的成因，孟轲认为影响民众认同的基本动因中，表达方式的抽象化、传播路径的单一化、干部知行的分裂性、制度约束的异化性、价值观构成的多元化等是主要的障碍。薛金华则认为社会阶层的分化是影响认同的最主要障碍因素。还有学者认为群众利益诉求和价值愿望没有得到很好的满足和部分党员

---

① 数据来源：《2015年度大学生思想政治教育调查研究成果发布》，http://www.marx.whu.edu.cn/xykx/4238.html；《中国大学生思想政治教育发展报告2015》，载《光明日报》2016年5月6日，第6版；《2015年滚动调查表明高校学生高度认同核心价值观》，载《光明日报》2015年5月30日，第1版。2016年调查数据转引自张胜：《大学生对思政教育有新期待》，载《光明日报》2017年3月27日，第1版。

② 参见李建华、董海军：《当代中国社会主义核心价值观公民认同调查》，载《光明日报》2011年5月16日，第15版。

干部言行严重背离党的性质和宗旨，严重损害党在人民心目中的形象等问题，成为影响社会主义核心价值观认同的主要障碍。郭建新发现大众的主流价值认同危机在当下已带来一定的负面影响，其中社会不公引发的社会焦虑，正逐渐成为培育核心价值观认同的主要障碍。当前必须充分重视大众认同机制在社会主义核心价值观研究中的基础性、关键性地位，需要在认同环境、认同路径等方面得到改善和加强。

学者普遍认为在新的形势下，推行强制性的价值观认同是不适宜的且是有害的，应通过理论和精神的协同作用，以道德教化、实践强化等推动价值观念的固化。正如黑格尔所言，“一个民族除非用自己的语言来习知那最优秀的东西，否则这东西就不会真正成为它的财富，它还将是野蛮的”，“如何把核心价值观的官方表述转化为群众语言，如何有效地送达核心价值观”是我国价值理论研究者的重要使命①，即社会主义核心价值观要走入大众落地生根，必须以“群众语言”“百姓生活”来诠释和表达核心价值观，通过回归民众生活，贴紧现实实践，吸取民众生活经验和智慧，探索有效实现大众认同的方式方法。以公民认同为原则，周昭成认为：“在培育和践行社会主义核心价值观的过程中，需要不断提升基层群众对中国特色社会主义制度的价值认同。”邹小华和牛汉原提出社会主义核心价值观的认同难在大众化，必须要和“有价值”的生活世界构建结合起来。郭建新认为培育路径在于实践中的“润物无声”，通过完善共享发展机制、重视民生幸福建设、完善人民民主制度、构建和谐稳定社会生态等六个方面激发大众对核心价值观的自觉认同和遵循。

在具体研究方法上，李骏和吴晓刚使用大数据统计分析，对中国城镇居民的公平观进行了实证，发现我国的国有部门就业者和老年人对不平等的认可程度较低，体现出这两个群体受到平均主义价

① 此系中宣部王世明副部长 2015 年 12 月在中国伦理学会年会上的讲话。

值观的影响。受访地区实际的不平等程度越大，人们对不平等的认可程度也就越低。余林和王丽萍使用心理学方法对大学生核心价值观内隐认同进行了研究，发现该群体虽持认同态度，但未能将其内化为自身的价值观。同时他们发现了接触社会主义核心价值观内容越多越频繁的学生其认同度越高这一规律。林昭文和张同建采用结构方程模型检验了核心价值观与知识转化的关系，为价值认同的实证研究提供了一项新的参考方法。

综上所述，社会主义核心价值观研究在延续原有核心价值体系研究的基础上已形成一个新的研究热点。现有研究在核心价值体系的建设和凝练、价值观重大意义、价值观培育和践行路径方面作了大量研究，丰富了研究基础，为后续研究提供了宝贵借鉴。学术界对核心价值观认同问题从内涵、本质、意义、可行性、实践路径、部分群体认同的视角进行了论述。还有学者已将社会主义核心价值观与十八大提出的重大战略任务如共筑中国梦和推进社会治理能力的现代化进行了有机连接，论证了互动关系。当然理论界在对社会主义核心价值观的科学内容、现实要求、实践途径等重大问题上仍需进行深入系统的阐述，应加强中西价值观比较研究、梳理价值观念自然形成的内在机制、探讨社会主义核心价值观的立足点和大众化路径、分析民众价值意愿和选择的基础、解决新形势下价值关系的现状问题等，在多元文化、网络文化、文化冲突、宗教渗透与地缘政治复杂多变的背景下，社会主义核心价值观如何被更广泛的人们所接受，并转化为制度实践与文化软实力，以揭示社会主义核心价值观的实践意义仍是学术界尚未广泛深入研究的问题①。

尽管理论界在社会主义核心价值观的含义特征、源流历程、地位功能、凝练表述方式和培育践行实践等研究领域取得了丰硕成果和长足的进展，但从公开发表的文献中也可以发现，国内关于社会

① 参见全国哲学社会科学规划办公室发布的《“社会主义核心价值观研究”中期检查报告》，http：//www.npopss-cn.gov.cn/n/2014/0126/c373523-24232360.html。

主义核心价值观的研究仍存在以下不足：

（1）研究层次较为偏重宏观理论，研究对象多为大学生群体。目前研究对象主要集中在国家或政府层面，社区层面的比较少，缺乏针对中小城市基层民众的调查。价值哲学是一个时代价值观的学理凝结，但不少研究停留在现象描述和政治性阐述上，没有从价值哲学和社会心理学的基本范畴和一般规律出发讨论问题，缺乏新视角和新观点，因而阅读时会有千篇一律、千人一面、人云亦云的疲劳感。可能出于调查的方便，研究对象群体以在校大学生为主，缺乏针对农村居民（包括生活在城市中的农村居民）和基层干部的调查，对较大样本进行的滚动调查和跟踪调查就更为少见。由于宏观层面的研究多是从国家大政方针上来研究培育和践行社会主义核心价值观的地位及其重要性，很少或难以涉及普通群众在培育和践行社会主义核心价值观中的主体性作用，所研究的内容多是理论性的普遍性的认识和说理性的哲学思辨，对社会主义核心价值观的培育和践行缺乏微观上的把握，在研究对象和重大问题的切入点上缺乏新意。

（2）缺乏实证研究和量化研究。在哲学社会科学中引入量化工具进行实证研究是目前的一个趋势，尤其在进行政策和现状评估时具有图表直观、数据清晰、方便比较和判断的显著优势。但可能由于评估核心价值观的认同程度需要一套标准化量表，调研的工作量也比较大，所以目前公开发表的调查报告及文献，采用标准化量表对核心价值观认同度进行量化评分的研究仍比较少。其实，不管是评估培育和践行工作绩效的实际需要，还是设定提升文化软实力的目标，我们已经假设价值观是可比的，对共同价值观的认同程度是可以精确观察的，所以一些学者呼吁有关核心价值观的现状研究应用具体数据加以说明。本研究在问卷构建上大多采用李克特量表对现状进行评估，在进行统计和交叉分析时可以观察大小差异和离散程度，具备记录可追溯、观察可持续、结果可比较的特点，研究过程相对精细化、科学化。

（3）在与基层实际结合上显得不足。袁贵仁教授曾指出在价值研究领域“我们停留于圣人、哲人如何说的层面上，但忘记了：中国的老百姓实际上如何说、如何做？说、做背后的价值观是什么？这种价值观对老百姓个人和中国的伟大复兴积极或消极的影响是什么？这是目前研究最需要开拓和努力的地方”①。社会主义核心价值观的培育和践行需要融入到广大基层群众的生活实践之中，“像空气一样”使人们在日常生活中时刻感受到社会主义核心价值观的感召力和约束力，并在基层群众的生活中真正落地生根，如此才能化作建设有中国特色社会主义的巨大物质力量。研究如果要“以人民为中心”，前提是走近群众走入社会。核心价值观的培育和践行的关键在落细落小落实上，而有针对性的举措和有价值的政策建议往往来源于对基层民众认知认同和践行程度的了解上，来源于受访群众对现有政策宣传、教育方式、文化建设和实践活动的反馈上。本书通过分析不同社会阶层和民众在认同程度上的差异，分析形成认同度高低的具体因素，从而探究提升认同程度的总体思路和具体举措，切合形势，具有现实意义和应用价值。

本书在分析调研问卷的基础之上，对培育和践行社会主义核心价值观开展有针对性的因果分析，从战略（宏观）、社会（中观）、个人（微观）三个视阈出发，分析如何提高各阶层居民社会主义核心价值观认同度，并结合核心价值观认知过程中出现的问题，提出相应的解决方案及建议。

2.2　核心价值观基层培育的理论基础

2.2.1　核心价值观建设理论的若干基本范畴

价值是一个含义十分模糊而复杂同时外延又相当宽泛的概念，在不同的语境中具有不同的意涵，也因此容易产生歧义②。例如在伦理学语境中，由于伦理认知深刻影响了人类的实际行为，故而价

① 参见宫敬才：《哲学价值论研究二十年——袁贵仁教授访谈录》，载《社会科学论坛》2000 年第 9 期，第 14~15 页。

② 例如盛庆琜认为“价值”一词其实是虚拟的，并无客观的存在，是一个模糊而粗糙的名词。参见《归纳、共识和价值》，载《价值论与伦理学研究（2014 年卷）》，社会科学文献出版社 2014 年版，第 14 页。

值标准和道德规范也必然影响所有人的行为，进而影响所有反映人与社会交往的理论和认识，价值体现了一种人对处理人际交往规则的基本判断，反映了交往规则的结构组成和对偏好的排序①。在经济学里，价值既是一种评估手段和标准，是对物质世界的一种度量和判断，又是一种对资源性质和结构的直观表征，有无价值和价值多少可以进行符合数理逻辑的推断和比较。在政治经济学视野中，价值的内涵和外延愈加复杂，不但有价值规律也有价值无序和价值的虚无。在马克思主义对物的价值论述里，严格区分物品的使用价值和商品价值、交换价值，区别于一般的通常的“价值”概念，立足于对交换价值及其内在尺度的考察，在劳动价值论的基础上还创立了剩余价值学说，使得价值成为具有评估社会功能和历史阶段的一种工具和坐标。马克思还指出：价值的本质是客体属性同主体需要和能力之间的一种统一，是世界的存在对人的意义，价值产生于人按照自己的尺度去认识世界和改造世界的活动之中。价值成为客体满足主体需要（这种主体需要同样是客观存在的或不可被剥夺的）的一种属性，表达了客体与主体需要的一种关系。价值如果是化精神为物质或化理想为现实的结果，其本质就是人的创造②。在这个意义上，价值的主客体是统一的，或至少具有同一

① 排序就是一种人在决策时反映出的心理预期或感觉秩序，例如人们常说的在心里算笔账，思考划不划算，值不值得，可不可行，应不应该等，并伴随这种心理活动而进行掂量、权衡、判别、取舍的过程。人们在吟诵“生命诚可贵、爱情价更高”时提到“贵”或“价”，就是在表达一种对事物的价值排序。在人进化成熟的过程中这种排序规则和选择过程可能会逐渐固化而变得比较稳定。所以当人们形成和认识到自己的价值观后，决策就不再是一件困难的事情，所谓“三十而立、四十不惑”，“智者不惑”就是知道了仁义道德的要求，遇事能明辨不疑乃至可以自由地自主地处理。当然排序有时候是困难的或并无意义，例如英国乔治·克劳德（George Crowder）在写作《自由主义与价值多元论》时就认为基本的人类价值是不可还原的多元的和不可公度（合并）的，诸如自由、平等和社群这样的目标是内在的善，它们不能按照一种绝对的等级加以排序。

② 参见冯契：《冯契文集》第一卷，华东师范大学出版社 1996 年版，第 345 页。

性。马克思主义的观点显然与自然主义和唯心主义所声称的关于价值的主客体二元论有明显差异，自然主义认为价值属于对象的客观特性，不依赖于人的社会活动。主观唯心主义认为价值反映着人对客体的某种心理态度或“偏爱”，客观唯心主义前进了一步，但仍把价值“看作是理想的、不依赖于个别人的意识而存在的特殊的世界”，是事物的“某种隐蔽的、潜在的意义”①。

在哲学中，价值的本质在于它是现实的人的需要与事物属性之间的一种关系。某种事物或现象具有价值，就是该事物或现象能满足人们某种需要，成为人们的兴趣、目的所追求的对象。人们的认识和实践与价值判断密切相关。当人们从事社会交往、学习工作、娱乐休闲活动时，头脑中就包含着关于这些活动的功用乃至真假、善恶、美丑、荣辱、好坏、优劣、高下、对错、益害、得失、轻重、厚薄的某种价值判断。而从辩证唯物论的视角看，价值是主体与客体之间一种特定的关系，即主体与客体之间的意义关系。在实践活动和日常生活中，主体总是根据自己的需要掌握和占有客体，利用客体的属性满足自己的需要。

习近平同志 2013 年 12 月在中央政治局第十一次集体学习的讲话中强调要保持学哲学、用哲学的好传统，“学习掌握历史唯物主义基本原理和方法论”，对更好认识国情，更好认识党和国家事业发展大势，更好认识历史发展规律，更加能动地推进各项工作具有重要意义。运用唯物史观基本原理和方法观察分析问题、指导工作，是马克思主义大众化一项最重要、最基础、最紧迫的任务。马克思和恩格斯在《关于费尔巴哈的提纲》和《德意志意识形态》中所阐述的新唯物主义世界观和方法论，要求从实践即人的主体性活动方面来理解现实世界。这一根本思想，为

① 参见苏联哲学家索洛杜欣在捷克学者弗·布罗日克所著《价值与评价》（李志林、盛宗范译，知识出版社 1988 年版，第 197 页）一书的《俄译本后记》。布罗日克把马克思在《资本论》中使用的“wertgegenstandlichkeit”翻译成“价值对象性”，定义为自然物体（如天然湖泊）或人造客体（如水库）在社会生活中所履行的功能和作用，这种功能和作用是人在实践中所赋予的，同时又为人们所感知。

把价值科学地理解为人的实践活动中的内在因素和目的性内容，提供了最重要的基础。同时，他们还就人的社会存在和社会意识，人的需要、利益、人的活动的历史方式及其条件等，作了丰富的具体考察，阐明了关于历史价值的基本观点。这些研究导致了以历史观为基础的共产主义价值观念，并在《共产党宣言》里得到了完整的表述。实际上，在马克思主义理论中，哲学、政治经济学和科学社会主义完全是交融一起的，甚至是同一个东西，在马克思主义理论的创始人那里，追求理论自身的内在统一性是十分自觉的。因而对核心价值观建设理论的准确把握和理解，首先要理解掌握它的基本范畴，掌握这些范畴的理论意义和范畴之间的逻辑关系，反过来理解了这些基本概念的理论源流和理论意义，理论本身的基本框架和逻辑结构也就基本掌握了。这种总分总的解构过程，既包含对单一的具体的价值术语和关键词的理解，分析其体现在国家、社会、公民三个层次的关系，也包括将核心价值观作为一个整体放置于传统的或已有的价值理论和价值科学中去观察，就比较容易搞清楚其历史地位和发展前景，也有利于面向实际去解决实践中面临的一些问题。

所谓价值观就是对价值的总的看法和根本观点，它包括认识、评价、目标、习俗、愿景、态度、信仰、梦想等多重要素，是人们关于什么是价值、怎样评判价值、谁来评判价值、为什么评判价值、如何提升价值创造价值、价值的变动影响了什么等一系列问题的根本观点。在价值学意义上，价值观是人们关于某种事物对人的作用、意义、价值的观点、看法和态度，影响着人们对事物的权衡、评价和取舍。价值观的内容，一方面表现为价值取向、价值追求，凝结为一定的价值目标；另一方面表现为价值尺度和价值准则，成为人们判断事物或实践有无价值及价值大小的评价标准和评价结果。例如名曲《我的祖国》歌词里“朋友来了有好酒，若是那豺狼来了，迎接它的有猎枪”就体现了一种价值准则，生动表征了一个爱国者所具有的价值观。

思考价值问题并形成一定的价值观，是人们使自己的认识和实践活动达到自觉的重要标志。如果人仅仅是一个经济人，仅仅是追求个人效用的最大化，只具有追求自利和个人利益最大化的行为动机和目的，“利益，而不是理念，直接控制着人的行动”①，那么这样的人只具有工具价值或机械的价值观。但实际的人往往具有社会性或某种阶级性，公共价值观和社会规范的内化可能使之超越自身利益而服从社会秩序或社会的期望，由于具有理性思考、权衡利弊的能力，同时追求感性的认同和行为的自觉，这样的人就具有真正意义上的价值观。例如身处“饿了，便到森林打猎去；衣服毁了，便把禽兽杀死，剥到皮革来穿；房屋破了，便就近伐取树枝茅草，尽其所能，加以修葺”这样的原始场景下，“人各由勤劳以满足自身随时发生的欲望”②，已因人之本能而产生了朴素的自然的价值观念，公正平等和追求富庶的价值冲突和朦胧意识也依然存在并在矛盾的运动与转化中，支撑和推动着人类文明的进步与发展。

由于价值观是与人和社会联系的，谈论价值观就不再仅仅是一个可比较的或可评估的范畴，而与心灵价值、感觉秩序、社会资本、伦理规则、道德水准、文明程度、文化冲突、思想融合、改革发展等相联系。在心理学里，一般认为个人的价值观受制于人生观和世界观，一个人的价值观是从出生开始，是在家庭和社会的影响下逐渐形成的，同时因个人的性格、际遇不同而具有自身的特点。具有不同价值观的人对待同一环境同一事件会产生不同的态度和行为。从这个角度看，核心价值观和价值观显然不同，核心价值观是一个民族或国家精神的内核，是代表性群体的最大公约数，它具有社会性、公共性、时代性和民族性，对整个价值观念体系起到主导和支配的作用，具有巩固主流意识形态、保障社会政治稳定、维护道德文明水平、振奋民族精神、传承文化传统、维系文化基因的作用。把核心价值观看成一个整体，它可以是应然层面的，是主导的、期望的、倡导的、理想的根本价值观，也可以在某些语境或表

---

① ［美］马克斯·韦伯：《儒教与道教》，王蓉芬译，商务印书馆2002年版，第19~20页。

② ［英］亚当·斯密：《国富论》（上），郭大力、王亚南译，上海三联书店2009年版，第207页。

述中是实然层面的，反映了一种现实的、主流的、共同的、普遍的价值观。

价值观理论是马克思主义理论的重要组成部分，马克思主义理论蕴涵着社会主义核心价值观，必须看到社会主义一开始是作为一种与个人主义相对立的价值观、价值理想提出来的。社会主义具有的意识形态性决定了其所倡导的社会图景也就是其价值观所倡导的应然图景，而科学社会主义理论和制度所反对的价值取向也表征了社会主义核心价值观所反对的那些社会思想和社会行为。社会主义核心价值观是马克思主义价值观的时代表现和具体发展，是社会主义制度的内在精神和生命之魂，决定着一个社会主义国家的发展模式、制度体制和目标任务，是在价值导向和标准层面根本区别于资本主义、封建主义、自由主义、保守主义等其他主义的核心价值观或根本价值观，在哲学层面体现了社会主义的本质和社会主义的追求。如果说价值观是价值关系应然状态的期盼与展示，那么社会主义核心价值观应当也必须反映社会主义的本质特征，应当也必须是社会主义社会价值关系应然状态的期盼与展示。由于21世纪的中国面临着价值观建设甚或价值观复兴的繁重历史任务，马克思主义价值观在当代中国的表达侧重于增强民族认同，凝聚价值共识，侧重于在纷繁复杂的国际形势和大国博弈中，塑造国家软实力，提升国际影响力，也就是说实践性和民族性更加突出。在中国面向未来的现代化进程中，改革创新的实践没有完成时，价值观的创新发展也没有完成时，这不是说价值观必须要因时代而完全重塑或改变，而是说对跟随或启发实践发展的那些价值观念也需要把握“变与不变”，既要认识到其具有的时代意义，也要认识到时代的局限性。

价值观当然可以从群体和个体差异中，找到共同要素或共同诉求，发现与特定时空相联系的主流价值观，并经过认识和理论的发展，形成和提炼出核心价值观。当我们在意识形态或者文化领域使用“核心”一词作为定语来修饰某个范畴，代表的往往是其本质和结构，而非个体的或具体的表现形式。核心价值观就是在社会价值体系中应该和可能起主导和支配作用的价值观，也可以认为是社会共同价值追求、价值判断的升华提炼，但可能与特定时期、特定群体的主流价值观不完全相符。与价值相比，价值观的主体性更强，不同的主体对于同样的价值关系会得出不同的认识，有不一样的评价，有不同的价值目标和追求，因而也存在并理应有不同的价值要求，真正意义上的社会核心价值观是国家、社会为促成和保障人的价值实现而做出的价值承诺，这种承诺应明确、集中且不失全面地反映其社会成员基于自己的价值存在所形成的通约或共识。在不同的层次上，例如国家、社会、家庭和个人；在不同的社会制度上，例如封建专制主义、资本主义、社会主义和共产主义；在不同的历史发展阶段，如原始阶段、初级阶段、中级阶段和高级阶段；在不同的流派或利益集团，如儒家、道家、法家和阴阳家，无产阶级、小资产阶级（中产阶级）和大资产阶级，在核心价值观上亦可区别为不同的层次和性质，区别于不同的立场和排序，区别于不同的内涵和主张。因此不存在一个完整意义上的抽象的、永恒不变的、适应于任何时代、任何场合、任何民族、任何阶级的价值观。对核心价值观的诉求和宣示，实际体现着不同的民族、阶级、社会集团对其内在价值体系的需要与期盼，体现了维护或者保持自身价值观自立与传承的信念。

作为一种意识形态范畴，价值观本身虽然具有一定的独立性和恒定性，但会受到各种物质和非物质因素的影响，正如恩格斯所指出的："任何意识形态一经产生，就同现有的观念材料相结合而发展起来，并对这些材料作进一步的加工；不然，它就不是意识形态了。"① 由于这种物质基础的变化和外来的冲击、干扰，价值观因时空环境的变化而变化，存在"动摇"的现象和可能，因此价值观的培育和践行是和价值观的独立自主相联系的，是和开放条件下维护价值观的安全与稳定相联系的，也是价值观被清晰地进行文字描述和意识形态化后，在实践中为本国家和本民族自我接受和自我认同并进而自觉自信的过程相联系的。从这个角度看，一个抽象的凝练的价值观念体系可以被大众理解和接受，可以被巩固和发展，

① 《马克思恩格斯选集》第 4 卷，人民出版社 1995 年版，第 254 页。

当然也可以被外来文化“晃动”和“融化”，或被民众实质上进行否定和抛弃，使得主导的标榜的价值观和主流价值观趋于分离，期盼的理想的价值观和实际的当下的价值观渐行渐远。价值观的认同本身还具有一个显著的特征，就是“向善”和“为善”的巨大差异，人之初性本善，但正如谚语所说“患难见真情”“患难朋友才是真朋友”，当人们走入人群走向社会面临价值观的抉择时，在行动上所体现的价值观认同才是真认同，在竞争甚至残酷的斗争中人们固然仍有本真向善的欲望和初衷，但是否能够在真正意义上恪守向善向上的价值观则是对人性的拷问，也是对价值观教育取得实效的考验。

社会主义核心价值观不能简单等同于社会主义的核心价值观或历史范畴里的社会主义价值观，由于它阐明了、回应了我们要建设怎样的国家、怎样的社会这个重大问题，提出了应培育什么样的公民的判断依据和价值观标准，因此它不仅彰显了科学社会主义的价值维度，凸显了中国特色社会主义的价值本质，也体现了中国道德、中国文明和中国精神。因其反映了领导阶级和当代中国人的共同价值追求，所以它也就是步入21世纪中华民族所应秉持和弘扬的共同价值观，可以成为一种历史的标杆用于衡量中国文化发展和文明进步的程度和前景。

2.2.2 核心价值观大众认同的理论源流和中国实践

认同在哲学领域原意是“身份证明之意”①。在社会学或心理学领域是指“主体同化、吸收其他人或事，以构建自身人格的过程”②，是对“某一事物与其他事物相区别的认可”。而按照威廉·布鲁姆（William Bloom）阐释的认同理论，认同是所有人固有的、无意识的行为驱动力。为了获得心理安全感，人们出于本能

---

① 转引自冯契：《哲学大辞典》，上海辞书出版社2001年版，第1194页。

② 转引自沙莲香：《社会心理学》（第二版），中国人民大学出版社2006年版，第101~102页。

主动寻求认同；为了增进心理安全感（人格稳定和幸福感的必要条件），人们主动保持、维护和提高认同。认同的这种驱动力从婴儿期开始可以一直持续到成年期和老年期。认同还具有趋同和从众的特性，可以为人们共享，其结果是具有同样认知和认同的人往往会采取一致行动以维护和提高他们共同的认同。不过由于“人们奋斗所争取的一切，都同他们的利益有关”①。价值观由活生生的人所承载，也就具有了自身的特性而在宏观层面呈现出了多样性，因此对某个国家内部的政治整合和民族壮大来说，大众共同认同的唤起以及如何发生发展是一个关键问题。共同群体认同的唤起通常只有通过有意义的和现实的经验引发出来。也就是说，只有首先当情境动力对个人来说是正面的，从心理上来说是受益的时候，认同才有可能发生。认同一旦发生了，不管是自然的内生的过程还是人为的外部的作用，就产生了人本意义上的同情和共情，或社会群体意义上的共识和大同，这是一种区别于差异、冲突、分化和割裂的稳定的、聚合的、有秩序的状态。认同也存在很多层次，初级的认同可能是认可、赞同、借鉴、模仿、接受、团结，是不分裂、不排斥、不对抗，高级别的认同可能是尊重、理解、慈悲、包容、和解直至周而不比、和而不同。认同按照程度和具体表现也分为不同的层次和性质，从是否真正由内而外地认可某一客体并视之、奉之为行为准则及行动指南，可以将认同分为概念认同与实质认同，或浅表认同与内化认同，或弱认同或强认同，或被动认同与主动认同等，这与哲学或心理学里关于知与行、言与行、心性与天性、人性的关系是密不可分的，反映了在认同问题上存在复杂的表象与实质的区别与联系。

而所谓价值认同，则是指人们对某种或某类价值的认可并形成了相应的比较稳固的价值观念，这一价值观念会影响和决定人们的价值判断和价值抉择。有了价值认同，人们之间就有了共同的价值观念。价值认同是一切社会认同的基础，价值认同也是文化认同的核心部分，对人口众多的多民族国家甚至整个世界而言，价值认同

① 《马克思恩格斯全集》第 1 卷，人民出版社 1956 年版，第 82 页。

实际上是引领了文化认同而居于更加核心的位置。显然，主导价值观和主流价值观存在差异，价值期盼、价值共识和价值倡导之间也不尽相同，“人民要怎么样”与“要人民怎么样”的内涵是不一样的①。对主流价值观的认同，更为接近于中性化的文化认同，通常和带有历史阶段的且意识形态意味浓厚的政治认同相区别，但在功能作用上又和政治认同所强调的主导价值观认同具有同一性。政治认同是一种综合性的政治心理和政治行为过程，主要体现为对国家和社会制度、道路、方向、性质的认同，以及对支撑这种制度选择和道路选择的理论体系的认同。在政治认同视野里，有学者将国家认同和民族认同，以及公民这个社会主体所具有超越国家和民族的文化认同联系了起来，认为相对于西方文化的完全分离，在中国文化里“国家”这一范畴中的“国”与“家”密切相关，应增加民族认同与国家认同的重叠部分，强化国家认同并置于文化认同之上，用推动公民的国家认同来促进文化认同。还有学者提出巩固群众对中国特色社会主义的政治认同，争取对中国特色社会主义的广泛认同和全面支持，是增强中国特色社会主义价值自信的社会基础和历史前提。这也就是说政治认同优先于文化认同。实际上，政治理念是文化理念的一部分，一个政党在政治上之所以赢得了群众的拥护和支持，是政党提出并倡导的价值观念体系得到了群众认可，是政党建立的政权和制度体系可以与主流的价值观相容。

可以这么形象地认为，政治理念是船和灯塔，价值理念是大海，一方面水可载舟亦可覆舟，政治理念要尊重和符合大众主流的价值理念，看清历史的潮流和趋势，做与时俱进、不断改革创新的时代弄潮儿。另一方面船有方向、有舵手，船是标志也是载体，船可以承载着希望和梦想按照灯塔的导向航行，而不惧怕波涛汹涌和暗流涌动，使汪洋大海中的个体能找到心灵的依归和情感的归属。因此两者是互动关系，作用和反作用的关系，是一种共生中有可能达成“和合”的关系。文化认同涵盖了政治认同，是一般性的、

① 李德顺：《关于社会主义核心价值观的几个问题》，载《上海党史与党建》2007年第7期，第9页。

根本性的、基础性的，文化自信是比制度自信、道路自信、理论自信“更持久、更深层”的力量。政治本来就是众人之事，尤其是在当代中国，“党性和人民性从来都是一致的、统一的”，为了应对全球化带来的对国家和民族的虚无心态，就不应该把政治认同和文化认同对立或割裂起来，既要利用政治优势巩固群众的文化自信，也应通过培育群众对主导价值观的认同来巩固政治优势，建立和强化对美好制度、正确道路和先进理论体系的认同。

价值观认同尤其是通过国民教育和社会规范树立起来的核心价值观认同，是国家意志或民族意志对个人或群体的一种嵌入。通常国家和其领导机构会以“自觉的方式对社会中的多元价值观念施以影响，把核心价值体系体现在意识形态的建构中”，因此文化的发展路向必然为政治动员和引导认同所影响，对政体政见的社会认同也会直接影响着执政合法性，并影响社会凝聚力、国家发展进程和普通民众的切身感受。当前影响我国民众政治认同的主观障碍因素主要表现在主流政治文化自身建构、表达方式、传播路径、与大众需求对接以及示范期待衔接不紧密等方面。意识形态领域的接受和认同问题，通常不仅仅在于某个范畴本身的描述和内容，更多地源于主体自身能否亲自参与体验和进行实践，脱离了人这个能动的主体，离开了社会这个不断变化的集体，讨论认同就没有意义。“思想本身根本不能实现什么东西。思想要得到实现，就要有使用实践力量的人。”① 从这个角度来看，认同就意味着从理论到实践的变化过程，意味着理论来自实践并走向实践。大众认同则是从理论的凝练归纳，形成发布，再到社会推广并落实为广泛和普遍的具体实践。

对当代中国来说，在将“三个倡导”作为广大群众价值诉求“最大公约数”的基础上，进一步夯实群众基础，提高群众认识，具有重要的意义。因为马克思主义的基本方法就是组织人民群众的方法；是从物质生产、社会再生产和意识形态的生产去组织群众的方法。群众路线不但是党领导人民取得新民主主义革命和社会主义

① 《马克思恩格斯文集》第 1 卷，人民出版社 2009 年版，第 320 页。

改造的胜利，也是推动改革开放深入进行的重要法宝。“历史活动是群众的活动，随着历史活动的深入，必将是群众队伍的扩大。”①党的群众路线是马克思主义的实践之一，核心就是以民为本，为老百姓做事，从小事难事做起、从基层做起、从解决时代问题做起。因此，在培育和践行社会主义核心价值观的过程中，马克思主义具有思想优势，中国特色社会主义制度体系具有治理优势，坚持中国共产党的领导具有组织优势，在引导社会认同、激励社会认同、实践社会认同方面是完全可以实现的，是必然可以为群众所接受和掌握而转化为强大物质力量的，这也是一种价值观自信，即有民族特色的先进文化价值观念不但可独立自主、长期存在、滋养社会、造福大众，还可以在交流交往中有助于全世界的文明进步和文化发展。

一切概念都是历史范畴，一切范畴都是具有历史性的。社会主义核心价值观是什么，是马克思主义经典作家留给后人的一个世纪性价值难题，也是世界社会主义实践运动和中国特色社会主义伟大实践提出的一个世界性价值难题。从建设和发展中国特色社会主义的根本目标出发，提出并逐步确立一个能够被全社会都共同接受和普遍认可的核心价值体系和核心价值观既是完善和发展马克思主义中国化理论的长远需要，也是提升社会主义中国的国家文化软实力的现实需要。核心价值体系和核心价值观是决定文化性质和方向的最关键、最基本、最深层次的要素，是一个国家的重要稳定器，是一个民族精神世界的基石，是一个社会文化发展前进的出发点和落脚点，是全体人民思想道德水平的看齐标杆和前进方向。民众对主导价值观的认同如果达到一定的程度，在精神层面就会演化为强大的动力，使得追求共同目标共同愿景共同理想不仅成为一种实际可能，也演变为认同者的自觉行为。因此通过宣教和实践引领而获得全体民众的广泛认同，是当前培育和践行社会主义核心价值观的前提和基础，也是其自身由社会主导价值观逐步转化为社会群体意识的元问题，是推动主流价值观逐步向主导价值观靠拢、接近乃至转

① 《马克思恩格斯文集》第1卷，人民出版社2009年版，第287页。

化的重要过程，是先进而良善的价值观念最终落地生根而变为社会普遍实践和文化基因的必然要求。发挥社会主义核心价值观的整合力、凝聚力、引导力和塑造力，逐步使其融入民众的日常工作和生活，就可以使之成为动员整个民族共同奋进的精神力量，由精神力量经实践到物质力量，由物资力量再凝聚强化新的精神力量，如此反复推动，文明就在历史的进程中不断前进。如果没有共同的核心价值观会怎样？习近平同志的回答是：如果那样，一个民族、一个国家就会莫衷一是、行无依归，这个民族、这个国家就无法前进。

马克思主义的指导思想揭示了社会发展规律特别是社会主义发展规律，社会主义的发展目标既是历史趋向也是价值趋向。中国特色社会主义共同理想代表了中国人民的根本利益，这一理想信念既是人民主体的利益需求也是价值需求；民族精神和时代精神凝结着民族的血脉和时代的精华，弘扬民族精神和时代精神既是精神导向也是价值导向；社会主义荣辱观则概括了社会主义基本道德规范，这些道德规范既是公民道德准则也是社会价值准则。十八大以来，我国提出了核心价值观“三个倡导”，分层概括了国家、社会、公民层面的核心价值观，为培育和践行社会主义核心价值观提供了总体结构和基本范畴，反映了社会主义核心价值体系的价值本质，是从社会主义核心价值体系发展到社会主义核心价值观的重要成果，是社会主义文化建设和精神文明建设的重要里程碑，是马克思主义中国化逐步走向成熟的一个重要标志。以习近平同志为核心的新一届党中央为了推动这一文化新成就和理论新成果能为群众所理解所掌握，发表了许多重要讲话和论述，着重指出了其历史意义和时代内涵，提出了培育和践行工作的根本要求和总体部署，使政治认同有了价值体系的参照，使文化认同有了价值内核，为建立和巩固中华民族的文化自信提供了思想保障和重要契机。

2.2.3　大众认同的发生过程和形成机理

理论获得群众认同或全社会认同是理论大众化的必然结果和根本目的。恩格斯指出：“每一个时代的理论思维，从而我们时代的理论思维，都是一种历史的产物。它在不同的时代具有完全不同的形式，同时具有完全不同的内容。”①列宁也认为：“马克思主义的全部精神，它的整个体系，要求人们对每一个原理都要（α）历史地，（β）都要同其他原理联系起来，（γ）都要同具体的历史经验联系起来加以考察。”② 一个价值观体系要产生作用生发出意义，就必须在一定的历史条件下获得人们的接受，并内化为内在的信念和自觉的行动。通常“只有在社会行动者将之内在化，并围绕着这种内在化过程构建其意义的时候，它才能够产生认同”③。大众认同不是自动产生的，它更多的是一种文化的凝聚和再扩散过程，是个体接受教育和再教育以及社会共同体施行教育、鼓励践行、设立公共契约进行约束的过程。在这个过程中，大众面临多种选择多种情境，有的独立有的从众，有的同化有的异化，影响因素和变化过程都十分复杂。毛泽东同志在《新民主主义论》中指出要建设“民族的、科学的、大众的文化”。周恩来同志曾提出文化要有“民族的形式、科学的内容、大众的方向”。大众的方向可以作为一般的价值论的取向，核心价值观的提炼必须遵从、符合和顺应大众的方向，并借助于群众这个主体和载体由形而上而转化为物质力量。

从价值认同的外推路径来看，引导全社会认同社会主义核心价值观并使之成为大众日常行动的价值判断规则，就应当集中和调动各种资源坚持不懈地开展培育涵养工作。“求木之长者，必固其根本。欲流之远者，必浚其泉源。思国之安者，必积其德义。”④ 要推动社会认同、公众认同，让核心价值观落地生根，就必须进一步以完善教育体系为基础，引导民众行为认同；以融入制度法规为保障，推动民众教化认同；以强化干部垂范为重点，引领民众效仿认同；以倡导互动参与为载体，促进民众体验

① 《马克思恩格斯选集》第4卷，人民出版社1995年版，第284页。

② 《列宁专题文集·论马克思主义》，人民出版社2009年版，第163页。

③ 曼纽尔·卡斯特：《认同的力量》，社会科学文献出版社2006年版，第5页。

④ （唐）魏征：《谏太宗十思疏》。

认同。也就是在主导价值观的认同培育上要“唱念做打”样样精通，要唱好主旋律，弘扬正能量；要念好中国精神，讲好中国故事；要做好道德培育，建构文明氛围；要打击和遏制不符合价值观要求的行为和观念，让社会显得风清气正。因此只有在核心价值观的大众认同和内化的进程中彻底实现教育人民与服务人民的辩证统一，把马克思主义指导思想与中国优秀传统文化与当代优秀文化结合起来，才有可能协同解决当代社会和民众所面临的物质和文化问题。

价值观的大众认同还能引发和巩固价值观自信。自信来源于自我认同，自我认同又包括“小我”、“大我”和“忘我”三个认同层次。既有对“小我”的认同、个人的认同，也有对“大我”，即对个人所处及所属之时空、文化、国家、社会、族群的认同，还有“忘我”的认同，体现为对真理的不懈追求和捍卫，具有人类共同理想（如世界大同）终将实现的坚定信仰。追求真理者最自信，价值观自信根植于对真善美的捍卫与追求，来源于高度的自我认同。在中国的传统文化和革命文化中，“自信”都是个非常重要的概念，孙中山先生就十分强调精神与自我意识的重要作用，并举例说：“吾心信其可行，则移山填海之难，终有成功之日；吾心信其不可行，则反掌折枝之易，亦无收效之期”，又说“物质之力量小，精神之力量大”，“夫心也者，万事之本源也”①。自信不是凭空产生的，也不是与生俱来的，对个人而言，如果没有经历坎坷跌宕，没有经过艰苦奋斗，那自信不过是自以为是、自命不凡，或仅仅是昙花一现、难以持久的。如果不能至少是经过努力而取得过某些成果、获得过某些收益，自信也是无从谈起、没有依托的。习近平同志之所以提出“中国人民应该有这个信心，每一个中国人都应该有这个信心”“中华民族是最有理由自信的”重大命题，就是因为中华民族在历史上维系了数千年的国家形态和文明传统，文化的“香火”承继维新、绵绵不绝，这是其他同时期的古文明所没有完全达到的状况，也是实现民族复兴征程中弥足珍贵

---

① 参见孙中山：《建国方略》和《在桂林对滇赣粤军的演说》。

的独有资源。

回望历史，两次西学的融入都带来文化上的震荡、迷失与自我否定，但反思之后又重塑自我，继续前进①。近代以来，中国人民面对苦难"奋起抗争，以百折不挠的精神，进行了一场场气壮山河的斗争，谱写了一曲曲可歌可泣的史诗"②，使中国实现了从站起来到富起来、强起来的伟大飞跃，我们现在比历史上任何时期都更接近于实现中华民族伟大复兴的中国梦，这些在道路、制度、理论和文化上取得的历史性的成果值得当代中国人获得继续前进的信心，值得炎黄子孙为之自豪。

认同是凝心聚力的前提和保障，也是实现中国梦的心理基础和自信源泉。核心价值观的大众认同就是官方主导的价值观能够获得绝大多数社会成员的认知、认可和共同践行。团结就是力量，团结的本质就是广泛认同。党的十八大以来，中央高度重视价值观建设工作，习近平同志提出"五个认同"理论，特别指出要"不断增进各族群众对伟大祖国、中华民族、中华文化、中国共产党、中国特色社会主义的认同"③。社会主义核心价值观虽然是当代全体中国人价值观的"最大公约数"，为其获得大众认同奠定了心理认同的基础，但这并不能保障不出现"浅表认同""模糊认同""虚假认同"和认同偏差，尤其是当将社会主义核心价值观作为一个整体进行政治灌输并试图将其外化为政治优势从而获得对国家和政权的认同时，就难免要接受实践的考验，难免要面临在群众心中与其他价值观的较量和竞争。因此培育和践行核心价值观从某种程度上就是这一价值理念大众化的过程，就是从有意识的认知到理性认同

① 徐兆寿：《文化自信与文学发展》，载《人民日报》2016年10月4日，第8版。

② 习近平：《在庆祝中国共产党成立95周年大会上的讲话》，载《人民日报》2016年7月1日。

③ 习近平同志在2014年5月28—29日召开的第二次中央新疆工作座谈会上，在2014年9月28—29日召开的中央民族工作会议上和2015年8月24日中央第六次西藏工作座谈会上的重要讲话中都提到了增进各族人民对国家、民族、文化、共产党和中国特色社会主义的认同。

再到自觉践行的心理演化过程，是这一价值观念落实到现实生活，与人的发展和社会生活方式紧密结合的过程。改革开放以来，我们从“物本”到“人本”，再到构建新的“全面”的积极的发展的价值观，对中国特色社会主义制度、道路和理论体系的认识逐步加深，对与之相容的核心价值观念体系的认识和把握也逐渐清晰和明白。

从马克思主义的民族化、大众化过程，我们可以发现其中的一个重要法宝就是将解决中国问题和价值传播结合起来了，群众关心、关注、关切的问题解决得越彻底，则理论掌握、引导、激励群众也就越彻底。理论与群众实践结合得越紧密，则群众对理论的掌握、理解和运用也越清晰、越牢固、越自觉。在以和平和发展为主题的新时代，我们通过以理服人、以文化人、以德传人、以礼待人来培育自身独特而不守旧的价值观，唤起群众对自身文化和共同价值观的自觉自信，走出了一条中国特色的大众认同之路。

综上，为了坚守社会的共同价值，夯实现代的先进的良善的价值观基础，就需要以优秀传统文化为根基，以中国特色社会主义文化为主体核心，吸收包容“和平、发展、公平、正义、民主、自由”这样一些全人类的共同价值①，形成面向 21 世纪的文化价值观念体系。这一体系本身既具有民族性，又具有包容性和时代性，将是中国最根本、最重要、最有核心竞争力的软实力，也是中华民族取得价值观自信、坚守价值观自信、弘扬价值观自觉的文化之基、精神之魂。推动文化意义上的价值观认同，就会让价值观落地生根，薪火相传，成为一种民族的文化基因，而不再随着政局、时势和境遇的变化而“晃动”，就不容易因外来文化的恶意侵入、干涉和霸权而失去独立和个性，反而因世界性与民族性的自然张力而具有了不断推动社会发展和文明前进的动力源泉。

---

① 参见《习近平出席第七十届联合国大会一般性辩论并发表重要讲话》，载《人民日报》2015 年 9 月 29 日，第 1 版。

2.3 十八大以来党中央价值观建设的新思想新要求

自2012年11月党的十八大正式提出社会主义核心价值观的倡导要素以来，习近平同志从国家兴盛、民族复兴的高度把握核心价值观和文化软实力建设的重大意义，从历史与现实、理论与实践相统一的角度阐释文化发展规律和核心价值观培育的科学路径，对马克思主义价值哲学进行了符合中国现实国情和时代特征的科学运用与创新发展。因此以习近平同志为核心的党中央关于社会主义核心价值观的新思想新要求是推进大众认同实践工作的主要理论依据。本节对习近平同志关于价值观和思想道德建设工作的重要文献和讲话进行了梳理和归纳，试图较为全面地反映党中央价值观建设新思想体系的主要内涵和重点要求。

2.3.1 社会主义核心价值观是推动发展的最深层力量

习近平同志系列重要讲话精神思想深邃，学理深厚，关于价值观的论述是中央治国理政新理念新思想新战略体系中非常重要的部分。基于物质文明物质力量与精神文明精神力量的辩证关系，他在“两手抓、两手都要硬”的基础上提出了推动社会发展的持久动力观，深刻地指出“人类社会发展的历史表明，对一个民族、一个国家来说，最持久、最深层的力量是全社会共同认可的核心价值观”。他以历史的眼光指出，任何一个大国的发展进程，既是硬实力提高的过程，也是“价值观念、思想文化等软实力提高的过程”，“如果一个民族、一个国家没有共同的核心价值观，莫衷一是，行无依归，那这个民族、这个国家就无法前进”，“核心价值观是其中最持久最深沉的力量”①。习近平这一思想理念是对唯物史观的新发展，与“人民是创造历史的动力”这一历

① 参见《习近平在北京市海淀区民族小学主持召开座谈会时的讲话》，载《人民日报》2014年5月31日，第2版。

史唯物主义的基本观点具有相同的价值内涵，同时又揭示了价值主体与客体之间的基本关系。他将核心价值观归结为人民共识与共同理想的社会化表达，视其为具有持续解放和发展生产力作用的最深层次要素。他特别重视核心价值观建设和培育工作，强调这是一项“凝魂聚气、强基固本的基础工程”，是社会系统得以正常运转、社会秩序得以有效维护的重要途径，也是国家治理体系和治理能力的重要方面。“社会主义核心价值观是当代中国精神的集中体现，是凝聚中国力量的思想道德基础。”① 他指明了社会主义核心价值观在推动政治认同和增强文化自觉中的作用，要“用社会主义核心价值观凝神聚力，更好构筑中国精神、中国价值、中国力量，为中国特色社会主义事业提供源源不断的精神动力和道德滋养”，并概括为“人民有信仰，民族才有希望，国家才有力量”。

“千磨万击还坚劲，任尔东南西北风。”他指出实现中国梦必须保持战略定力，不断增强四个自信。“中国人民应该有这个信心，每一个中国人都应该有这个信心。”2016 年他更进一步指出：“坚定中国特色社会主义道路自信、理论自信、制度自信，说到底是要坚定文化自信，文化自信是更基本、更深沉、更持久的力量。”② “文化自信是更基础、更广泛、更深厚的自信。”③ 民族文化既表征了该民族共同价值观的特色，也通过社会习俗、礼仪、规范、精神熏陶和思想教育等界定了一个社会的主导价值观与基本道德准则，所以价值观是文化最深层次的表现，是文化精神的核心，是文化影响和制约人类行为和思考方式的一系列根本观点、看法和态度。文化自信的重要体现和基础支撑是对社会主义核心价值观的

---

① 习近平：《在中国文联十大、中国作协九大开幕式上的讲话》，载《人民日报》2016 年 12 月 1 日，第 2 版；《光明日报》2016 年 12 月 1 日，第 2 版。

② 习近平：《在哲学社会科学工作座谈会上的讲话》，载《人民日报》2016 年 5 月 19 日，第 2 版。

③ 习近平：《在庆祝中国共产党成立 95 周年大会上的讲话》，载《人民日报》2016 年 7 月 2 日，第 2 版。

广泛认同和自觉自信。从习近平关于社会主义核心价值观重要性基础性作用的多次论述中可以发现，社会主义核心价值观集中体现了中国特色的价值观，这一主流价值观的建设工作对协调推动当代中国改革发展稳定大局极端重要，必须增强培育和践行核心价值观的坚定性和持久性，必须真抓实干见到成效，切实用社会主义核心价值观来团结引领人民和一切积极力量，凝神聚力建设中国特色社会主义事业。

【用典链接】“千磨万击还坚劲，任尔东南西北风”出自清代诗人郑燮的《竹石》：“咬定青山不放松，立根原在破岩中。千磨万击还坚劲，任尔东西南北风。”这首诗着力表现了竹子那顽强而又执着的品质。开头用“咬定”二字，把岩竹拟人化，已传达出它的神韵；后两句进一步写岩竹的品格，它经过了无数次的磨难，从来不惧怕来自东西南北的狂风。这首诗表面上写竹，其实是写人，写出决不向任何邪恶与虚伪低头的高傲风骨。同时，这首诗也能给人以生命的感动，激励人们在曲折恶劣的环境中战胜困难，体现了爱国者的情怀。

2.3.2 强调社会主义核心价值观的真理性

真理是科学性与价值性的统一。社会主义核心价值观是以马克思主义为指导思想的体现社会主义本质的价值观念体系，是体现中国特色社会主义共同理想且与中国特色社会主义经济和政治制度相适应的价值标准和价值导向，是社会主义初级阶段必须坚守的主流价值观，是当代中国的马克思主义价值观。作为马克思主义中国化的两次飞跃，毛泽东思想和中国特色社会主义理论体系都是真理观和价值观的统一。习近平指出，在如何看待马克思主义的真理性上必须旗帜鲜明，马克思主义基本原理是普遍真理，具有永恒的思想价值，强调要坚持不懈开展马克思主义祖国观、民族观、宗教观、文化观等宣传教育活动，凝聚中国特色社会主义思想共识①。同时他又指出，“马克思主义经典作家并没有穷尽真理，而是不断为寻求真理和发展真理开辟道路”②，每个时代都有每个时代的价值观念③，在当代中国“真理力量集中体现为我们党的正确理论”。他指出必须坚持马克思主义的发展观点，不断有所发现、有所创造、有所前进，不断开辟马克思主义中国化新境界。

社会主义核心价值观把涉及国家、社会、公民的价值要求融为一体，既体现了社会主义本质要求，继承了中华优秀传统文化，也吸收了世界文明有益成果，体现了时代精神。习近平指出：当代中国价值观念，就是中国特色社会主义价值观念。社会主义核心价值观的哲学基础来源于中国化马克思主义哲学。正是由于社会主义核心价值观具有这种真理性，又是“最大公约数”，在本原上具有大众化的基础，必然能引导人民逐渐走向文化的自觉自信。社会主义价值观因真理性而具有普适性和国际性，具备了“走出去”“赢未来”的潜力和魅力，在社会主义第三次浪潮中可以发挥更大的国际影响力和文化凝聚力。对此，习近平归纳为“我们对中国特色社会主义的自信，来源于实践、来源于人民、来源于真理”。他勉励人们“中国共产党、中华人民共和国、中华民族是最有理由自信的”，“我们有本事做好中国的事情，还没有本事讲好中国的故事”？指出我们可以并且应该自信地讲好中国故事，有底气地开展文明对话，可以在和西方普世价值的论辩和竞争中获得国际理解和赢得世界认同。针对培育社会主义核心价值观对国家文化建设和发展的极端重要性，他进一步指出：核心价值观是文化软实力的灵魂、文化软实力建设的重点，提高国家文化软实力要“形于中”、“发于外”，切实把我们自身的文化建设搞好，尽快使我国成长为

---

① 《习近平在中央第六次西藏工作座谈会上发表讲话》，载《人民日报》2015 年 8 月 26 日，第 1 版。

② 习近平：《在纪念毛泽东同志诞辰 120 周年座谈会上的讲话》，载《人民日报》2013 年 12 月 27 日，第 2 版。

③ 习近平：《青年要自觉践行社会主义核心价值观——在北京大学师生座谈会上的讲话》，载《人民日报》2014 年 5 月 5 日，第 2 版。

一个世界性的文化强国。

2.3.3 揭示和突出社会主义核心价值观的人民性

“人们自己创造自己的历史”，人们不仅是“历史的剧中人物”，而且是历史剧的“剧作者”。毛泽东曾指出：“为什么人的问题，是一个根本的问题，原则的问题。”① 习近平治国理政新理念新思想新战略中的价值观思想继承了马克思主义价值观的人本思想，体现了社会主义的人道主义，继承了邓小平理论中“坚持人民是历史的主人，一切从人民利益出发，人民利益高于一切”的价值观，发展了“三个代表”重要思想中一切工作“为了实现好、维护好、发展好最广大人民的根本利益”的价值核心，继续将“三个有利于”作为压倒一切的价值标准，继续坚持把“人民拥护不拥护”、“人民赞成不赞成”、“人民高兴不高兴”、“人民答应不答应”作为评判各项方针政策的最终价值导向。继承了社会主义荣辱观的有关论述，坚持以“提高全民族素质”和“培养大批优秀人才”作为出发点，培养有理想、有道德、有文化、有纪律的社会主义公民。在习近平尚在福建从政时，他在接受《中华儿女》杂志专访时，就指出：对共产党人来说，要“为老百姓谋利益，带着老百姓奔好日子，绝不能高高在上，鱼肉老百姓，这是我们共产党与那些反动统治者的根本区别。封建社会的官吏还讲究‘为官一任，造福一方’，我们共产党人不干点对人民有益的事情，还说得过去吗”②？习近平多次指出：我们的党是全心全意为人民服务的党，我们的国家是人民当家作主的国家，党和国家一切工作的出发点和落脚点是实现好、维护好、发展好最广大人民群众根本利益。保证和支持人民当家作主不是一句口号、不是一句空话，必须落实到国家政治生活和社会生活之中。他提出坚持人民性，就是要把实现好、维护好、发展好最广大人民根本利益作为出发点和落脚

---

① 《毛泽东选集》第3卷，人民出版社1991年版，第857页。

② 曾伟：《〈习近平：我是如何跨入政界的〉透露7细节》，http://politics.people.com.cn/n/2015/0109/c1001-26358961-3.html。

点，坚持以民为本、以人为本，解决好“为了谁、依靠谁、我是谁”这个根本问题，坚持以人民为中心的工作导向和创作导向，把党的理论和路线方针政策变成人民群众的自觉行动，及时把人民群众创造的经验和面临的实际情况反映出来，丰富人民精神世界，增强人民精神力量①。他提出“中国梦归根到底是人民的梦”，中国梦的深厚源泉在于人民，中国梦的根本归宿也在于人民。习近平价值观建设思想延续了科学发展观“以人为本”“全面协调可持续”的价值理念，并根据新的形势和新的矛盾，在新的历史起点和新的奋斗目标下进行了拓展和升华，提出了“以人民为中心”的发展思想，形成和提出了五大发展理念，彰显了人民至上的价值取向。

习近平同志特别强调提倡和弘扬社会主义核心价值观必须从中华优秀传统文化中汲取丰富营养，养好用好中华民族的文化之“根”和文化之“魂”。正如马克思主义需要中国化、时代化、大众化，巩固中国社会的核心价值观念就需要知道中国文化的历史传承和民族特点。马克思曾指出：“人们自己创造自己的历史，但是他们并不是随心所欲地创造，并不是在他们自己选定的条件下创造，而是在直接碰到的、既定的、从过去承继下来的条件下创造。”② 一个民族的文化性格，尤其是价值观念是不可能凭空形成或割裂历史而强行进行塑造或改造的，它更多是一种传承与发展，或者说是一种根植于自身文化背景的延续和创造。正如 2014 年 10 月习近平同志在主持中央政治局就“我国历史上的国家治理”进行的第十八次集体学习时所强调的：一个国家的治理体系和治理能力是与这个国家的历史传承和文化传统密切相关的。解决中国的问题只能在中国大地上探寻适合自己的道路和办法。

中国传统文化中的民本思想产生于殷周时期，早于古希腊进入

① 参见《习近平在全国宣传思想工作会议上强调　胸怀大局把握大势着眼大事　努力把宣传思想工作做得更好》，http：//politics. people. com. cn/n/2013/0821/c1024-22635998. html。

② 《马克思恩格斯选集》第 1 卷，人民出版社 1995 年版，第 585 页。

民本主义时代数个世纪，是世界上最早萌生民本思想的国度。核心理念如“天视自我民视、天听自我民听”“民之所欲、天必从之”“民为贵、社稷次之、君为轻”等，一直是中国先进知识分子最为重视的文化遗产。中国的马克思主义者，从李大钊到毛泽东再到邓小平，都自觉地把民本思想贯穿于马克思主义唯物史观的再创造和中国特色社会主义的实践中，成为了中国化马克思主义哲学的最重要内容①。这也就是说，人民至上、以民为本是融合了中西方智慧成果的先进文化基因，已为当代中国的领导阶级所接受和推崇，它不仅适合中华民族的文化认知、心理需求和历史经验，也成为中国特色社会主义优于其他思想和其他制度的突出优势，对于进一步巩固我国主流价值观的方向和性质具有重大的认识意义和实践意义。

中华文明绵延数千年，中华优秀传统文化是我们的突出优势，是我们最深厚的国家文化软实力，其蕴含的丰富思想道德资源和人文底蕴应成为涵养社会主义核心价值观的重要源泉，要用中国故事、中国气派、中国风格贴近群众、服务人民。中华民族的伟大复兴需要以中华文化发展繁荣为条件，必须结合新的时代条件传承和弘扬好中华优秀传统文化②。习近平同志曾经举传统文化中“修身”“齐家”“治国平天下”的道德诉求与社会主义核心价值观“公民”“社会”“国家”三个倡导层面的对应关系，来说明这种文化承继和精神联系，并指出“中国人看待世界、社会、人生，有自己独特的价值体系”，“脱离了中国的历史，脱离了中国的文化，脱离了中国人的精神世界，脱离了当代中国的深刻变革，是难以正确认识中国的”③。面对西方国家通过全球化，使用“强制认同”和“引诱认同”这两种价值认同工具进行价值渗透和所谓

---

① 何萍：《论社会主义核心价值观的哲学基础——基于中国化马克思主义哲学的视角》，载《马克思主义哲学研究 2015（2）》，湖北人民出版社 2015 年版，第 191 页。

② 中共中央宣传部：《习近平总书记系列重要讲话读本（2016 年版）》，学习出版社 2016 年版，第 201 页。

③ 杜尚泽、许立群、刘歌：《习近平在欧洲学院发表重要演讲：在亚欧大陆架起友谊和合作之桥》，载《人民日报》2014 年 4 月 2 日，第 1 版。

“启蒙”，可能使民族和国家陷入精神上无可归依，甚至国民集体失去独立思考而不能自主决定文化命运的状态，他指出：必须尊重和传承中华民族历史和文化，不断增强中华民族的归属感、认同感、尊严感、荣誉感。“培育和弘扬社会主义核心价值观必须立足中华优秀传统文化。牢固的核心价值观，都有其固有的根本。抛弃传统、丢掉根本，就等于割断了自己的精神血脉。”① 在“古为今用”“推陈出新”的基础上，他创造性地提出“两有”“两相”“两创”方针②，体现了党对文化建设方针的新发展。

人民性还体现为习近平价值观建设思想继承了新中国在价值观领域不断深化的爱国主义和集体主义传统，他提出在社会主义核心价值观中，最深层、最根本、最永恒的是爱国主义，必须把爱国主义教育作为永恒主题，贯穿国民教育和精神文明建设全过程；必须坚持爱国主义和社会主义相统一，始终围绕实现民族富强、人民幸福而发展，最终汇流于中国特色社会主义；必须维护祖国统一和民族团结，旗帜鲜明反对分裂国家的图谋、破坏民族团结的言行。经典作家在不同时期不同方面强调了集体主义价值观对于革命和建设的重要意义，习近平继承了这种价值判断，他提出“要准确认识和对待改革发展过程中利益关系和利益格局的调整，正确处理个人利益和集体利益、局部利益和全局利益、眼前利益和长远利益的关系”，因为“团结出凝聚力、出战斗力、出新的生产力”，要打好“团结牌”③。他要求“通过多种方式加强爱国主义、集体主义、社会主义教育，引导人们树立和坚持正确的历史观、民族观、国家

① 《习近平在中共中央政治局第十三次集体学习时强调　把培育和弘扬社会主义核心价值观作为凝魂聚气强基固本的基础工程》，载《人民日报》2014 年 2 月 26 日，第 1 版。

② “两有”即对古代的文化要有鉴别地对待、有扬弃地继承；“两相”即中华优秀传统文化必须与当代文化相适应、与现代社会相协调；“两创”即对中华文化要实现创造性转化、创新性发展。三者的详细分析可参考陈来：《弘扬中华优秀传统文化的根本指引——深入学习贯彻习近平同志关于中华文化的系列重要讲话精神》，载《人民日报》2016 年 9 月 22 日，第 7 版。

③ 习近平：《之江新语》，浙江人民出版社 2007 年版，第 21 页。.

观、文化观”。在谈到全面建成小康社会新的目标要求时，他指出：要显著提高国民素质和社会文明程度，使中国梦和社会主义核心价值观更加深入人心，爱国主义、集体主义、社会主义思想得到广泛弘扬。

2.3.4 加强社会主义核心价值观宣传培育工作

文化的“化”字，体现出了培育工作的重要性，有文而无“化”，则先进文化难以转化为现代文明，社会的发展速度和质量就可能受到影响。面向群众宣传培育先进良善的价值观是中国共产党的一贯主张。十八大以来，以习近平同志为核心的党中央价值观建设思想贯穿了科学思想方法和工作方法，为自觉运用科学理论思维认识问题、分析问题、解决问题树立了典范。先进的价值观如果不能为人民所普遍认可和接受，不能内化为人们的内在信念和自觉行动，则核心价值观的凝练和提出就失去了现实意义，因此面向基层坚持不懈开展核心价值观的培育宣教工作就显得非常重要。习近平出席2013年8月在北京召开的全国宣传思想工作会议时指出：要加强社会主义核心价值体系建设，积极培育和践行社会主义核心价值观，全面提高公民道德素质，培育知荣辱、讲正气、作奉献、促和谐的良好风尚①。2014年2月24日，习近平在主持中共中央政治局第十三次集体学习时强调：把培育和弘扬社会主义核心价值观作为凝魂聚气、强基固本的基础工程。针对培育社会主义核心价值观对国家安全与发展的极端重要性，他进一步指出：核心价值观是文化软实力的灵魂、文化软实力建设的重点。这是决定文化性质和方向的最深层次要素。一个国家的文化软实力，从根本上说，取决于其核心价值观的生命力、凝聚力、感召力。他提出把教育引导作为基础性工作，区分层次、突出重点，强调要切实把社会主义核心价值观贯穿于社会生活的方方面面。要通过教育引导、舆论宣传、文化熏陶、实践养成、制度保障等，使社会主义核心价值观内

① 郑莉、张锐：《统一思想扩大共识鼓舞斗志凝聚力量 为实现中国梦提供思想保证和精神动力》，载《工人日报》2013年8月23日。

化为人们的精神追求，外化为人们的自觉行动。榜样的力量是无穷的，广大党员、干部必须带头学习和弘扬社会主义核心价值观，用自己的模范行为和高尚人格感召群众、带动群众。要从娃娃抓起，从学校抓起，做到进教材、进课堂、进头脑。要润物细无声，运用各类文化形式，生动具体地表现社会主义核心价值观，用高质量高水平的作品形象地告诉人们什么是真善美，什么是假恶丑，什么是值得肯定和赞扬的，什么是必须反对和否定的①。

加强培育工作要有创新意识创新思维。早在 2004 年，习近平在浙江嵊州调研时就强调：精神文明建设特别是思想道德建设一定要通过看得见、摸得着的方式，创造实实在在的载体，让广大群众喜闻乐见，寓教于乐②。他进一步指出，一种价值观要真正发挥作用，必须融入社会生活，让人们在实践中感知它、领悟它。要注意把我们所提倡的与人们日常生活紧密联系起来，在落细、落小、落实上下工夫。要按照社会主义核心价值观的基本要求，健全各行各业规章制度，完善市民公约、乡规民约、学生守则等行为准则，使社会主义核心价值观成为人们日常工作生活的基本遵循。要建立和规范一些礼仪制度，组织开展形式多样的纪念庆典活动，传播主流价值，增强人们的认同感和归属感。要把社会主义核心价值观的要求融入各种精神文明创建活动之中，吸引群众广泛参与，推动人们在为家庭谋幸福、为他人送温暖、为社会作贡献的过程中提高精神境界、培育文明风尚。要利用各种时机和场合，形成有利于培育和弘扬社会主义核心价值观的生活情景和社会氛围，使核心价值观的影响像空气一样无所不在、无时不有。

加强培育工作要注重协调协同协作。习近平同志强调，要发挥政策导向作用，使经济、政治、文化、社会等方方面面政策都有利

① 《习近平在中共中央政治局第十三次集体学习时强调把培育和弘扬社会主义核心价值观作为凝魂聚气强基固本的基础工程》，载《人民日报》2014 年 2 月 26 日，第 1 版。

② 周咏南：《深入开展“双建设双整治”活动 扎实推进城乡精神文明建设》，载《浙江日报》2014 年 12 月 15 日。

于社会主义核心价值观的培育。要用法律来推动核心价值观建设。各种社会管理要承担起倡导社会主义核心价值观的责任，注重在日常管理中体现价值导向，使符合核心价值观的行为得到鼓励，违背核心价值观的行为受到制约。他尊重心理认同规律，提出要坚持实事求是，坚持理论联系实际的马克思主义学风，坚持问题导向，注重回答人们普遍关注的问题，注重解答干部群众思想上的疙瘩。要求深入研究中国特色社会主义理论和十八大以来的治国理政新理念新思想新战略，要有自己的学科体系和话语体系，通过建设具有中国特色、中国风格、中国气派的哲学社会科学体系，为丰富和发展当代中国马克思主义作贡献，努力建设社会主义的文化强国。只有各个方面、各条战线共同努力、齐抓共建，价值观建设工作才能形成合力，开创新的局面。

2.3.5　核心价值观建设重在践行

实践性是马克思主义哲学的鲜明特征。习近平治国理政哲学思想根植于中国实践，以实践需要为导向、以回答中国问题为中心，是立足中国现实关注时代问题的实践哲学。2007 年习近平在上海文明委全体会议上提出："行是知之始，知是行之成"，文明素质重在实践，重在养成。"尽小者大，慎微者著"，要从人处着眼、小处着手，推动城市文明和市民素质有一个大提升①。2013 年 1 月 22 日他在十八届中央纪委第二次全会上指出，作风是否确实好转，要以人民满意为标准，强调要以踏石留印、抓铁有痕的劲头抓下去，善始善终、善做善成，防止虎头蛇尾，让全党全体人民来监督，让人民群众不断看到实实在在的成效和变化。

【用典链接】"行是知之始，知是行之成"语出教育家陶行知 1927 年发表的《行是知之始》一文。陶行知非常重视实

① 《习近平："尽小者大，慎微者著"，推动城市文明和市民素质大提升》，载《解放日报》2007 年 4 月 19 日。

践的作用，他认为“行”比“知”要重要得多。他反复强调：“行动是老子，知识是儿子，创造是孙子。”“由行动而发生思想，由思想产生新价值。”知识来源于行动并且是行动成败的关键。陶行知先生曾用名陶知行，后改为陶行知，他的思想与马克思主义辩证唯物主义认识论“实践第一”的观点是完全一致的。陶行知认为“知是行之始，行是知之终”不对，应该是“行是知之始，知是行之成”。例如富兰克林放了风筝才知道电气，瓦特看见蒸汽推动壶盖便知道蒸汽也能推动机器，伽利略在比萨斜塔上将轻重不同的球落下，便知道不同轻重之球是同时落地的。再如到太阳地里晒过几回，厨房里烧饭时去过几回，夏天的生活尝过几回，才知道抽象的热。……凡此种种，都证明了“行是知之始，知是行之成”。

【用典链接】 “尽小者大，慎微者著”语出《资治通鉴》。汉武帝建元元年（公元前 140 年）冬，汉武帝下诏，令大臣举荐贤良方正直言极谏的人才，武帝亲自出题，围绕着古往今来治理天下的“道”，进行考试。参加考试的董仲舒回答说：“我听说积少成多，积小成大，所以古代的圣人，没有一个不是由默默无闻而变成美名远扬，由卑微而达到显赫，因此，尧起步于诸侯之位，舜兴起于深山之中，并不是一日之内突然显赫起来，应该说是逐渐达到的。所以，能做好一切小事的人，才能成就大业，能注意一切细微的人，才能功德彰明。本身积累善德，就像人的身体长高时那样，每天都在增长自己却不知道；本身积累恶行，就像灯火消耗灯油一样，自己也没有察觉；这正是尧舜成就美名和夏桀商纣令人悲悼惧怕的原因。

在培育和践行工作上，习近平同志提出必须在落细、落小、落实上下工夫。习近平强调，于细微处见精神，于细微处也见品德。小事小节是一面镜子，能够反映人品、反映作风。“道自微而生，祸自微而成。”从细微之处抓起，从点滴小事抓起，要使核心价值观的影响像空气一样无所不在、无时不有，要与人们日常生活紧密联系起来，使人们在实践中感知它、领悟它，达到“百姓日用而不知”的程度，使之成为人们日常工作生活的基本遵循。要建立和规范实用又比较讲究的礼仪制度，组织开展形式多样的纪念庆典活动，传播主流价值，增强人们的认同感和归属感。他提出要把社会主义核心价值观的要求融入各种精神文明创建活动之中，利用各种时机和场合，形成有利于培育和弘扬社会主义核心价值观的生活情境和社会氛围。

2.3.6 增强弘扬社会主义核心价值观的坚定性

2014 年 4 月 1 日，习近平在比利时布鲁日欧洲学院的演讲时引用“图难于其易，为大于其细。天下之难事必作于易，天下之大事必作于细”这个名句，将难与易、大与小的相互转化阐释得淋漓尽致①。2014 年 5 月 4 日，他再次引用了该句，指出：核心价值观的养成绝非一日之功，要坚持由易到难、由近及远，努力把核心价值观的要求变成日常的行为准则，进而形成自觉奉行的信念理念。不要顺利的时候，看山是山、看水是水，一遇挫折，就怀疑动摇，看山不是山、看水不是水了。无论什么时候，我们都要坚守在中国大地上形成和发展起来的社会主义核心价值观，在时代大潮中建功立业，成就自己的宝贵人生②。

【用典链接】“天下之难事必作于易，天下之大事必作于细”见《老子》（第六十三章）。原文为：“图难于其易，为大于其细。天下难事，必作于易；天下大事，必作于细。是以圣人终不为大，故能成其大。”老子的旨意在于阐发“无

① 杜尚泽、许立群、刘歌：《习近平在欧洲学院发表重要演讲 在亚欧大陆架起友谊和合作之桥》，载《人民日报》2014 年 4 月 2 日，第 1 版。

② 徐京跃、霍小光：《习近平在北京大学考察时强调：青年要自觉践行社会主义核心价值观 与祖国和人民同行 努力创造精彩人生》，载《人民日报》2014 年 5 月 5 日，第 1 版。

为而无不为”的道理，体现了老子的处世哲学。该句提醒人们，做任何事情，都是从小到大，由少到多，由易到难，这是自然规律。这就是说，任何好高骛远、好大喜功之举都是违背事物发展规律的。列宁有一句名言：要想成就一件大事，必须从小事做起。这句话与老子之言有异曲同工之妙。

，

2.4　核心价值观的建设历程和主要经验

2.4.1　核心价值观建设的历史进程

中国共产党一直非常重视核心价值观建设。中共诞生之前的“五四精神”体现了中国人民和中华民族近代以来追求的先进价值观。爱国、进步、民主、科学，成为了今天依然应该坚守和践行的核心价值①。五四运动提倡新道德观，使新文化运动发展成为马克思主义性质的思想运动，在文化上推动了中国共产党的成立和发展。在建党初期形成的“红船精神”，凸显了共产党人的首创精神、奋斗精神和奉献精神②。在 1927—1928 年井冈山革命斗争时期党发布了《三大纪律六项注意》《井冈山土地法》等，红色革命军队和政权就通过严格的纪律建立了与群众的血肉联系和鱼水关系，在纠正和规范不文明不道德行为上树立了良好的作风，形成了实事求是、敢闯新路的精神，邓小平同志曾评价“井冈山精神是宝贵的，应当发扬”。在国内革命战争时期，“艰苦奋斗，以身作则”，“奖励廉洁，禁绝贪污”成为苏区的特色之一③，既树立了中国共产党的先进形象，也为最终赢得新民主主义革命胜利积蓄了

① 习近平：《青年要自觉践行社会主义核心价值观——在北京大学师生座谈会上的讲话》，载《人民日报》2014 年 5 月 5 日，第 2 版。

② 习近平：《弘扬“红船精神”走在时代前列》，载《光明日报》2005 年 6 月 21 日，第 A3 版。

③ 毛泽东：《论联合政府》，原作发表于 1945 年 4 月 24 日。

文化力量。在新民主主义革命时期形成的“苏区精神”“百色精神”“长征精神”“延安精神”“沂蒙精神”“西柏坡精神”等所体现出的坚定理想信念，坚持实事求是和以艰苦奋斗为核心的自强自立自律精神成为党取得革命成功的文化支撑和重要法宝①。

在1945年召开的中共七大上，党提出了建设一个独立、自由、民主、统一和富强的新中国的目标②，初步建立的核心价值体系中包含了四个方面的价值取向和工作方针，即：“全心全意为人民服务”的精神；“实事求是”的思想路线；“一切为了群众、一切依靠群众，从群众中来、到群众中去”的群众路线；“理论联系实际、密切联系群众、批评与自我批评”的思想作风。体现民本思想的“革命的三民主义”，“由中国人民、中国共产党和其他民主分子继承下来了”并向前发展，提出“人民，只有人民，才是创造世界历史的动力”③这一体现马克思主义价值观的重大理念，构建了毛泽东价值观念的理论依据和出发点。毛泽东在中共七大会议闭幕这天发表了题为《愚公移山》的总结讲话（即闭幕词），在会上他深情地说：“我们一定要坚持下去，一定要不断地工作，我们也会感动上帝的。这个上帝不是别人，就是全中国的人民大众。”他借用“愚公移山”这一古代寓言故事，要求共产党人应有“自立自强的民族志向，昂扬进取的精神面貌，造福子孙的高远境界”。在思想道德方面，在抗战期间，党提出“发扬艰苦奋斗、不屈不挠、再接再厉的革命精神”和白求恩“毫无自私自利之心的精神”④，揭露和批判了当时国民党“利用抗战发国难财，官吏即商人，贪污成风，廉耻扫地”和“剥夺人民的一切自由”的反动

① 可参考丁德科、王昌民：《红色精神百年史述论》，载《渭南师范学院学报》2016年第20期，第5~30页。

② 参见中共七大上毛泽东致题为《两个中国之命运》的开幕词。

③ 毛泽东：《论联合政府》，原作发表于1945年4月24日。

④ 毛泽东：《在纪念孙中山逝世十三周年及追悼抗敌阵亡将士大会上的讲话》（1938年3月12日），《毛泽东文集》第2卷，人民出版社1993年版，第112页；毛泽东：《纪念白求恩》（1939年12月21日），《毛泽东选集》第2卷，人民出版社1991年版，第660页。

价值观和“反人民”的本质①。党在中华人民共和国成立前夕提出了“务必使同志们继续地保持谦虚、谨慎、不骄、不躁的作风，务必使同志们继续地保持艰苦奋斗的作风”。全体国民要养成“爱祖国，爱人民，爱劳动，爱护公共财产”的公德②。

中华人民共和国成立以后，1950 年徐特立先生在《论国民公德》中提出：“我们新政权的纲领，规定爱祖国为人民最高的公德，且把爱祖国列为公德的第一位。”③ 1950 年 5 月 1 日颁布了《中华人民共和国婚姻法》，这是新中国的第一部法律，用立法的方式保障了妇女的婚姻恋爱自由，彻底改变了旧中国妇女的社会地位。1952 年开展了大规模的全国爱国卫生运动，宣传卫生科学知识，反对封建迷信，改善城乡环境，短时间内提高了全国的公共卫生和文明程度④。1954 年 9 月 20 日第一届全国人民代表大会第一次会议通过的我国第一部宪法，提出了“建成繁荣幸福的社会主义社会”的目标，规定和保障了“各民族一律平等”、“ 中华人民共和国公民在法律上一律平等”、“ 公民的人身自由不受侵犯”、“公民有居住和迁徙的自由”、“公民有宗教信仰的自由” 等社会价值观⑤。随着社会主义改造的基本完成，中国历史上第一次消灭了剥削制度，“完成了中华民族有史以来最为广泛而深刻的社会变革，为当代中国一切发展进步奠定了根本政治前提和制度基础”⑥，也为树立社会主义核心价值体系（尽管当时还没有这个提法）奠

---

① 毛泽东：《论联合政府》，原作发表于 1945 年 4 月 24 日。

② 毛泽东：《毛泽东题词墨迹选》，人民美术出版社、档案出版社 1984 年版，第 109 页。

③ 转引自袁贵仁：《价值观的理论与实践》，北京师范大学出版社 2006 年版，303 页。

④ 参见当代中国研究所：《中华人民共和国史稿》第 1 卷，人民出版社 2012 年版，第 120 页。

⑤ 摘自《中华人民共和国宪法（1954 年）》，见中国人大网，http：// www. npc. gov. cn/wxzl/wxzl/2000-12/26/content_4264. htm。

⑥ 习近平：《在庆祝中国共产党成立 95 周年大会上的讲话》，《人民日报》2016 年 7 月 2 日，第 2 版。

定了根本制度基础，为社会主义文化的大发展提供了组织保障。在我国社会主义建设遇到较大困难时，毛泽东同志号召人们艰苦奋斗、战胜困难，提出了“人总是要有点精神的”来激励民众，自力更生、砥砺奋进、攻坚克难的精神成为了社会主义先进文化的重要标志。

在社会主义建设初步探索期间党在精神文明领域也形成了若干成果。为了纪念雷锋同志，1963年2月15日，共青团中央发出《关于在全国青少年中广泛开展“学习雷锋”的教育活动的通知》。中华全国总工会等部门也相继发出向雷锋同志学习的号召。1963年3月2日，《中国青年》杂志第五、六期合刊发表毛泽东同志的题词：“向雷锋同志学习”，全国掀起了学习雷锋的活动热潮，其影响力延续至今。甚至在美国著名的西点军校，也曾兴起了广泛的学雷锋活动①。当然，在价值观建设的实践中，也并非一帆风顺，在“大跃进”期间（1958—1960）出现了大范围的浮夸风和刻意造假，社会诚信受到了考验。在“文化大革命”期间（1966—1976），个人迷信取代民主讨论，盲从语录取代逻辑论证，民主和法治都遭到严重破坏，政治迫害和文攻武卫一时盛行，“以阶级斗争为纲”“造反有理”的斗争哲学影响了一代人的价值观②，内部矛盾应有的“和为贵”的友善价值观遭到严重破坏，人民追求国家富强、社会和谐和生活幸福的理想愿望受到蓄意挑衅和严重干扰，以至于整个国家存在被“开除球籍”的危险。“文化大革命”实质上是一场摧残、毁灭文化的非理性运动③。而当个人迷信的狂

---

① 赵希庄、杨德山：《有感于“雷锋出国”》，载《思想政治工作研究》1989年第1期。

② 1998年12月11日，李瑞环在统一战线各界人士纪念党的十一届三中全会召开二十周年座谈会上的讲话中曾谈到：“文化大革命是先整、后整、横整、竖整，回头一看是前边我整你，后边你整我，大家都来整，大家都挨整。这个教训太深刻了。”参见《辩证法随谈》，中国人民大学出版社2007年版，第384页。

③ 张岱年、方克立等：《中国文化概论（修订版）》，北京师范大学出版社2004年版，第349页。

热冷静下来，独断论和权威主义走向反面，怀疑论和虚无主义俘虏了民众，又造成严重的信仰危机①。另外一些附着在先进模范上的价值宣传口号，如“毫不利己，专门利人”，“宁可少活二十年，也要拼命拿下大油田”，“做一个齿轮和螺丝钉”，“不爱红妆爱武装”等对群众树立集体主义精神和激励大众投身祖国建设起到了动员鼓劲的积极作用，但是由于忽视基础人性和人欲，缺乏对人基本价值的尊重而显得比较片面和极端，不符合实事求是的基本要求，后来逐渐淡化了。

改革开放以来，党领导人民“开辟了中国特色社会主义道路，形成了中国特色社会主义理论体系，确立了中国特色社会主义制度”②，构建了当代中国发展进步的根本制度保障，这当然也包括形成了对社会主义文化发展和文明进步的制度保障。改革开放新时期是在拨乱反正中恢复实事求是的思想路线和认识路线开始的。实事求是对恢复和牢牢坚持马克思主义的价值观起到了根本性的推动作用。“贫穷不是社会主义”③，“社会主义最大优越性就是共同致富，这是体现社会主义本质的一个东西”④ 等著名论断启发人们更加关注个人和集体发展，更加关注国家富强，在反对资本主义腐朽价值观的同时也要克服封建专制价值观的消极影响⑤。诸如“致富不是罪过”、“天下没有免费的午餐”、“时间就是金钱、效率就是生命”的新价值诉求极大地推动了市场经济的改革进程。人们的

① 冯契：《认识世界和认识自己》（增订版），华东师范大学出版社2016年版，第24页。

② 习近平：《在庆祝中国共产党成立95周年大会上的讲话》，载《人民日报》2016年7月2日，第2版。

③ 《邓小平文选》第3卷，人民出版社1993年版，第64页。

④ 《邓小平文选》第3卷，人民出版社1993年版，第364页。

⑤ 邓小平关于社会主义本质理论的重大创新对搞清楚“什么是社会主义”问题做出了重要历史贡献。正如卢梭指出的，“专制的目的不是为了使人民幸福而统治臣民，而是为了使他们贫穷困苦才便于统治”。（载《社会契约论》，商务印书馆2011年版，第89页。）邓小平把发展生产和增加人民收入看成是压倒一切的标准，这也是中国特色社会主义在经济政策上区别于原始社会主义和其他某些社会主义的本质所在。

价值观逐步脱离了非理性的禁欲主义和极端集体主义，开始敢于、勇于和能够追求个人及家庭的权利保障、利益实现和幸福梦想，逐步扭转了脱离社会生产力发展状况而空洞抽象地谈论社会主义的情况。

在文化上，文艺从“十年浩劫”中“样板戏”和“高大全”人物的单一模式中复苏，在改革开放初期，出现了诗歌热、报告文学热、纪实文学热，包括价值哲学在内关于价值观念的讨论与研究也日益广泛而深入，各项工作中都提倡按客观规律办事，将自身所处的世界地位和发展阶段作为决策的总依据。恢复高考之后，官员和社会精英的选拔多从大学生这些有文化素养、有科技知识的群体中产生，“智者尽其谋、勇者竭其力、仁者播其惠”。一段时期以来非理性的人云亦云，走向愚昧的反智主义和盲从迷信，轻视科技、钳制文化与压制人才的情况得到有效缓解，科教兴国逐渐成为共识。求真务实、崇尚科学、尊重知识、尊重人才成为一种美德。不仅如此，人们逐渐认识到在建设高度物质文明的同时，也要建设高度的精神文明。“不加强精神文明的建设，物质文明的建设也要受破坏，走弯路。光靠物质条件，我们的革命和建设都不可能胜利。”① 1979年春，时任中国科学院副院长的李昌首先向胡耀邦同志提出：十一届三中全会以后，我国在建设物质文明的同时，还必须建设社会主义精神文明。这个主张立即获得胡耀邦的高度赞同。随后在中宣部召集的一次会议上，胡耀邦提出：我们要建设高度物质、高度文明、高度民主的现代化国家，我们必须有高尚的精神生活。1979年9月29日，时任全国人大常委会委员长叶剑英在纪念共和国成立30周年的讲话中，正式提出“建设高度的社会主义精神文明”②。1980年12月，邓小平同志指出：要大力发扬革命战争年代形成的“革命和拼命精神，严守纪律和自我牺牲精神，大

① 邓小平：《在中国共产党全国代表会议上的讲话》（1985年9月23日），http://www.people.com.cn/GB/channel1/10/20000529/80767.html。

② 参见高天鼎：《新时期党的第一个精神文明建设决议诞生记》，载《党史文苑》2015年第1期，第42~47页。

公无私和先人后己精神，压倒一切敌人、压倒一切困难的精神，坚持革命乐观主义、排除万难去争取胜利的精神”，并提出“要大声疾呼和以身作则地把这些精神推广到全体人民、全体青少年中间去，使之成为中华人民共和国的精神文明的主要支柱，为世界上一切要求革命、要求进步的人们所向往，也为世界上许多精神空虚、思想苦闷的人们所羡慕”①。邓小平还提出要继续坚持集体主义精神而不是抛弃它，指出“在社会主义社会中，国家、集体和个人的利益在根本上是一致的”，“为了国家和集体的利益，为了人民大众的利益，一切有革命觉悟的先进分子必要时都应当牺牲自己的利益。我们要向全体人民、全体青少年努力宣传这种高尚的道德”②。

在道德文明方面，1980 年 6 月，中央领导同志充分肯定了无锡第三十四中学关于开展语言、仪表、行为美的审美教育活动的经验，明确指出，在思想上、政治上和社会风气上要来一个“五讲”。1981 年 2 月 15 日，全国学联、全国伦理学会、全国总工会、共青团中央、全国妇联、中国文联、中国语言学会等九个单位，联合倡议在全国人民，特别是青少年中开展文明礼貌月活动，大兴“五讲四美”之风。中宣部、教育部、文化部、卫生部、公安部等发出通知支持开展这一活动。此后，这项活动又和“三热爱”（即“热爱祖国、热爱社会主义、热爱党”）活动相结合。于是，从城市到农村、从内地到边疆，活动迅速开展起来。1981 年 2 月 25 日，全国总工会、团中央、全国妇联、中国文联、中国爱卫会、全国伦理学会、中华全国美学学会等 9 个单位联合做出《关于开展文明礼貌活动的倡议》，号召全国人民特别是青少年开展以“讲文明、讲礼貌、讲卫生、讲秩序、讲道德”和“语言美、心灵美、行为美”为主要内容的“五讲”、“四美”文明礼貌活动。1983 年

① 《邓小平文选》第 2 卷，人民出版社 1994 年版，第 368 页。

② 邓小平：《党和国家领导制度的改革》，载《人民日报》1980 年 8 月 18 日，第 1 版。

3 月 11 日，中央成立了以万里为主任的“五讲四美三热爱”委员会。之后，全国各省、市、自治区也都分别成立了“五讲四美三热爱”委员会。从此，“五讲四美三热爱”活动更加深入广泛地开展起来①。1980 年 5 月 26 日，时任中共中央副主席的邓小平给《中国少年报》和《辅导员》杂志题词：“希望全国的小朋友，立志做有理想、有道德、有知识、有纪律的人，立志为人民作贡献，为祖国作贡献，为人类作贡献。”做“四有新人”（即有理想、有道德、有文化、有纪律）的口号和以此为主题的活动（如 1985 年“祖国在我们心中，做四有新人”、1991 年“学雷锋精神，做四有新人”）在全国各行各业展开。1981 年 6 月 27 日至 29 日召开的十一届六中全会通过了《关于建国以来党的若干历史问题的决议》，实事求是地评价了中华人民共和国成立 32 年来的重大历史事件，分清了功过是非，彻底否定了“文化大革命”和“无产阶级专政下继续革命”的理论，为团结一致建立中国特色社会主义的价值观念做出了重要历史贡献。1982 年通过的《中华人民共和国宪法》规定了新时期的“五爱公德”，具体表述为：爱祖国、爱人民、爱劳动、爱科学、爱社会主义。1982 年党的十二大报告强调指出：在建设高度物质文明的同时，一定要努力建设高度的社会主义精神文明。这是建设社会主义的一个战略方针问题。社会主义的历史经验和我国当前的现实情况都告诉我们，是否坚持这样的方针，将关系到社会主义的兴衰和成败，并警示如果忽视建设社会主义精神文明这个伟大的任务，人们对社会主义的理解就会陷入片面性，就会使人们的注意力仅仅限于物质文明的建设，甚至仅仅限于物质利益的追求。那样，我们的现代化建设就不能保证社会主义的方向，我们的社会主义社会就会失去理想和目标，失去精神的动力和战斗的意志，就不能抵制各种腐化因素的侵袭，甚至会走上畸形

① 《把“五讲四美”同“三热爱”统一起来》，《人民日报》1983 年 1 月 6 日，第 1 版。

发展和变质的邪路①。这次大会确立了“社会主义精神文明”概念，具体界定了“社会主义精神文明”概念的内涵与外延，为社会主义核心价值体系的诞生和发展奠定了基础。

1986 年 7 月，邓小平同志在党的十二届六中全会召开前夕，提出“要好好把法制问题讲一下，我们国家要成为一个很讲法制的国家，上上下下、共产党员、非共产党员都要好好遵守法纪”②。1986 年 9 月召开了中共十二届六中全会，通过了《中共中央关于社会主义精神文明建设指导方针的决议》（以下简称《决议》），该《决议》指出“以马克思主义为指导的社会主义精神文明是社会主义社会的重要特征”，要“正确认识社会主义精神文明建设的战略地位”，号召“形成有利于社会主义现代化建设和全面改革的舆论力量、价值观念、文化条件和社会环境，有力地抵制资本主义和封建主义的腐朽思想，防止种种迷失方向的危险，振奋起全国各族人民的巨大热情和创造精神”。《决议》还特别指出：“公民都要遵守宪法，党员还要遵守党章。在法纪面前人人平等，绝不允许有任何超越法律和纪律的特殊人物，这应当成为我国政治和社会生活中不可动摇的准则。”③

1987 年 10 月召开的十三大号召为把我国建设成为富强、民主、文明的社会主义现代化国家而奋斗，首次将“富强”列入我国社会主义的奋斗目标，提出“社会主义的根本任务是发展生产力”，“实现中华民族伟大复兴”。1995 年党的十四届五中全会提出：“任何情况下，都不能以牺牲精神文明为代价去换取经济的一时发展。要积极探索在社会主义市场经济条件下，搞好精神文明建设的新思路、新办法，逐步形成有利于社会主义现代化建设的舆论

---

① 胡耀邦：《全面开创社会主义现代化建设的新局面——在中国共产党第十二次全国代表大会上的报告》，http：//www. gov. cn/test/2007-08/28/content_729792. htm。

② 高天鼎：《新时期党的第一个精神文明建设决议诞生记》，载《党史文苑》2015 年第 1 期，第 42~47 页。

③ 中共中央文献研究室：《十二大以来重要文献选编》（下），人民出版社 1988 年版，第 1173~1190 页。

力量、价值观念、道德规范和文化条件。”会议还强调“要把社会主义精神文明建设提到更加突出的地位”，要“树立正确的世界观、人生观、价值观”①。1996年10月，党的十四届六中全会通过了《中共中央关于加强社会主义精神文明建设若干重要问题的决议》，会议倡导培育“四有”（有理想、有道德、有文化、有纪律）社会主义公民，提高全民族的思想道德素质和科学文化素质，团结和动员各族人民把我国建设成为富强、民主、文明的社会主义现代化国家。会议指出社会主义道德建设要以为人民服务为核心，以集体主义为原则，以爱祖国、爱人民、爱劳动、爱科学、爱社会主义为基本要求，开展社会公德、职业道德、家庭美德教育，在全社会形成团结互助、平等友爱、共同前进的人际关系。1997年9月召开的“十五大”提出党在社会主义初级阶段的基本纲领，要求“党要始终代表中国先进文化的前进方向，就是党的理论、路线、纲领、方针、政策和各项工作，必须努力体现发展面向现代化、面向世界、面向未来的，民族的科学的大众的社会主义文化的要求，促进全民族思想道德素质和科学文化素质的不断提高，为我国经济发展和社会进步提供精神动力和智力支持”②。

在进入21世纪后，2000年中央提出社会主义道德建设要以马克思列宁主义、毛泽东思想、邓小平理论为指导，以为人民服务为核心，以集体主义为原则，以爱祖国、爱人民、爱劳动、爱科学、爱社会主义为基本要求，以社会公德、职业道德和家庭美德的建设为落脚点③。2001年中央颁发《公民道德建设实施纲要》，提出要坚持以为人民服务为核心，以集体主义为原则，以爱祖国、爱人民、爱劳动、爱科学、爱社会主义为基本要求，在全社会倡导

---

① 江泽民：《在党的十四届五中全会闭幕时的讲话》（第二部分），http：//www. people. com. cn/item/sj/sdldr/jzm/A102. html。

② 《高举邓小平理论伟大旗帜，把建设有中国特色社会主义事业全面推向二十一世纪——江泽民在中国共产党第十五次全国代表大会上的报告》，http：//www. china. com. cn/zyjy/2009-07/13/content_18122516_4. htm。

③ 江泽民：《在中央思想政治工作会议上的讲话》，载《江泽民文选》第3卷，人民出版社2006年版，第92页。

“爱国守法、明礼诚信、团结友善、勤俭自强、敬业奉献”的公民基本道德规范。在此期间中央提出以马列主义、毛泽东思想、邓小平理论为指导，以为人民服务为核心，以集体主义为原则，以爱祖国、爱人民、爱劳动、爱科学、爱社会主义为基本要求，以职业道德、社会道德、家庭美德的建设为落脚点，积极建立适应社会主义市场经济发展要求的社会主义思想道德体系，并使之成为全体人民普遍认同和自觉遵守的规范。2002 年召开的十六大强调依法治国与以德治国相结合，在“三个代表”重要思想中着重指出，党之所以能够赢得人民的拥护，原因之一就在于在各个历史时期党都“代表着中国先进文化的前进方向”。2005 年 2 月 19 日中共中央举办省部级主要领导干部提高构建社会主义和谐社会能力专题研讨班，时任中共中央总书记的胡锦涛在开班仪式上指出，我们所要建设的社会主义和谐社会，应该是“民主法治、公平正义、诚信友爱、充满活力、安定有序、人与自然和谐相处的社会”①，这进一步细化了新时期对精神文明的要求，对精神文明与物质文明、政治文明的有机统一关系进行了清晰的界定。2006 年 3 月 4 日，胡锦涛同志在参加全国政协十届四次会议民盟、民进界委员联组讨论时提出，要引导广大干部群众特别是青少年树立社会主义荣辱观(以热爱祖国为荣、以危害祖国为耻；以服务人民为荣、以背离人民为耻；以崇尚科学为荣、以愚昧无知为耻；以辛勤劳动为荣、以好逸恶劳为耻；以团结互助为荣、以损人利己为耻；以诚实守信为荣、以见利忘义为耻；以遵纪守法为荣、以违法乱纪为耻；以艰苦奋斗为荣、以骄奢淫逸为耻)，这集中反映了人们在一定社会中的道德认知水平和道德境界，同时也规定了社会道德行为的价值标准与评价尺度。

在 2006 年 10 月召开的党的十六届六中全会上，中国共产党第一次提出了“建设社会主义核心价值体系”的重大命题和战略任

① 胡锦涛：《在省部级主要领导干部提高构建社会主义和谐社会能力专题研讨班上的讲话》，http：//news. xinhuanet. com/newscenter/2005-06/26/content_3138887. htm。

务，指出：马克思主义指导思想，中国特色社会主义共同理想，以爱国主义为核心的民族精神和以改革创新为核心的时代精神，社会主义荣辱观，构成了社会主义核心价值体系的基本内容。

2007年10月召开的十七大强调应建设社会主义核心价值体系，增强社会主义意识形态的吸引力和凝聚力，把“加强公民意识教育，树立社会主义民主法治、自由平等、公平正义理念”确定为发展社会主义民主政治的一项重大任务。全会提出建设和谐文化，培育文明风尚，特别强调以增强诚信意识为重点，引导人们自觉履行法定任务、社会责任和家庭责任，这些号召和倡议为社会主义核心价值观要素的凝练，提供和建构了很好的思想准备和理论基础。会议还要求深入开展群众性的精神文明创建活动来贯彻实施社会主义核心价值体系。2011年10月，党的十七届六中全会提出“社会主义核心价值体系是兴国之魂”，成为党提出“四项基本原则是立国之本”、“改革开放是强国之路”等著名论断之后，提出的又一具有重大意义和深远影响的论断。会议认为应寻求一条解决文化问题的政治路径，融合多元文明，实现“先进文化的中国化”，同时部署“文化兴国”战略，发出了“建设社会主义文化强国”的动员令，倡导通过百家争鸣、百花齐放，发扬传统精神，凝聚文化共识，强调要“培养高度的文化自觉和文化自信”①。此后，2012年初又经过热烈的真诚的开放的学术讨论②，集合党内外和全国人民的智慧，在社会主义核心价值体系的基础上，于2012年11月召开的党的十八大上正式提出了“三个倡导”，明确了社会主义核心价值观的基本内容和关键要素。后经习近平同志的一系列重要讲话和论述，中央提出的一系列明确要求和期望，党内外对核心价值观的认识和基层对核心价值观的理解与掌握也在不断

① 钟言、闻实：《马克思主义中国化的重大成果——深入学习〈胡锦涛文选〉》，载《人民日报》2016年10月2日，第3版。

② 2012年2—9月，中国社科院社科网主办的社会主义核心价值观征文收到各界来稿2000多篇，《中国社会科学报》刊发近200篇。参见方旭光：《认同的价值与价值的认同——社会主义核心价值观论》，中国社会科学出版社2014年版，第4页。

深化，对为什么要提出核心价值观，为什么要大力培育和弘扬核心价值观，如何理解核心价值观的内涵和外延，怎样培育和践行核心价值观，为什么要牢牢树立文化自信、价值观自信这些重大问题逐步有了更加全面的深入的认识。

社会主义核心价值观的提出经历了一个长期的酝酿、积淀、形成的过程，是中国共产党在考虑了各方面情况之后慎重提出来的。用习近平同志的话说就是，“这个问题，是一个理论问题，也是一个实践问题”①，是“经过反复征求意见，综合各方面认识”才提出来的，是当前价值认识的“最大公约数”。因为核心价值观本身是共识，本身是当前广大群众的普遍期望，因而核心价值观的精神实质和基本内容是长期的、稳定的，也是动摇不得的。另外，也必须认识到核心价值观并不是一个封闭的体系和僵化的教条，我们党对核心价值观的认识是不断深化的，它必然随着实践的发展而不断发展，从实践到认识，再从认识到实践，在认识和实践的互动和统一中不断发展完善核心价值观的理论和体系，这是最符合辩证唯物主义和历史唯物主义的观点和要求的。

综上，中国共产党作为马列主义武装的长期执政党，作为代表先进文化和先进生产力的党，作为一个代表最广大人民利益的党，是最有资格、有信心、有能力去推进核心价值观建设的。“无产阶级的运动是绝大多数人的，为绝大多数人谋利益的独立的运动。”②推进核心价值观大众认同工作的科学方法论就是坚持辩证唯物主义和历史唯物主义，思想路线就是实事求是，一切从实际出发，理论联系实际，在实践中检验和发展真理，坚持在实践中赋予新的时代含义和政治要求，在实践中不断扩大核心价值观的影响力和凝聚力，在实践中不断完善培育和践行工作机制和实施办法，使之成为引领建设社会主义文化强国的根本动力，带领全国人民为了国家富强、民族振兴和人民幸福的美好愿望而努力奋斗。

---

① 参见陈振凯：《坚持社会主义核心价值体系（解码中国基本方略⑦）》，载人民日报（海外版）2017 年 12 月 20 日。

② 《马克思恩格斯选集》第 1 卷，人民出版社 2012 年版，第 411 页。

2.4.2 核心价值观大众认同的现实必要性与紧迫性

在一个转型社会，不稳定的不仅是经济体制，还有社会文化。尤其是处于精神秩序稳定状态的“集体无意识”被打破，以往的社会共享价值逐渐失去凝聚力，如果新的共同价值观尚未形成或者未得到大众认同，社会便容易形成共享价值的真空状态，个体可能处于目光短浅、茫然无奈、选择困难和心灵荒芜的状态，国家则濒临于行无所依、魂无所归的状态，社会流行投机和迷信，整体处于思想僵化、虚无或犬儒盛行的非正常状态，文化更是苍白无力、停滞不前，好像得了“肌无力”。在这样的状态下，重建人与人、人与社会的基本信任，重建社会的公平正义和伦理标准往往成为人们首要的需求，成为推动社会进入下一个稳定状态的根本力量。杜维明教授曾指出人类当前面临的一个极为重要的大问题是：“在我们现在所处的一个凡俗的人文主义大框架中，如何重新建构我们的共同价值观”，“价值重塑可能困难重重，但道路是宽广的，前途是光明的”。认识到培育和践行社会主义核心价值观的重要作用，首先是认识到树立核心价值观的必要性问题，也是树立共同价值标准和共同精神目标的必要性与紧迫性问题。

必要性的来源之一是团结人民凝聚力量的需要。邓小平在谈到如何建设中国特色社会主义时曾指出：“最重要的是人的团结，要团结就要有共同的理想和坚定的信念。我们过去几十年艰苦奋斗，就是靠用坚定的信念把人民团结起来，为人民自己的利益而奋斗。没有这样的信念，就没有凝聚力。没有这样的信念，就没有一切。”① “靠有理想，靠坚强的信念，什么困难都能克服。在某种情况下，这种精神有决定意义。”② 江泽民同志也说：在五千多年

---

① 《邓小平文选》第 3 卷，人民出版社 1993 年版，第 190 页。这是 1986 年 11 月 9 日，邓小平同志会见日本首相中曾根康弘时谈话的节录。

② 邓小平于 1982 年 8 月 10 日会见美籍华人科学家邓昌黎、陈树柏、牛满江、葛守仁、聂华桐等时的谈话，参见《邓小平年谱（1975—1997）》（下），中央文献出版社 2004 年版，第 838 页。

的发展中，中华民族形成了以爱国主义为核心的团结统一、爱好和平、勤劳勇敢、自强不息的伟大民族精神①。一个民族、一个国家，如果没有自己的精神支柱，就等于没有灵魂，就会失去凝聚力和生命力。有没有高昂的民族精神，是衡量一个国家综合国力强弱的一个重要尺度②。众所周知，我国正处于社会主义的初级阶段，又处于经济社会转型阶段，发展生产力和不断提高人民物质及精神文化生活水平的历史任务异常繁重，遭遇到的挑战和困难也层出不穷。伴随社会的分层，努力寻求多元社会价值观念之间的共识，从而构建共同追求的信仰，就成为处于社会转型时期的当务之急。求同存异，和而不同，本来就是中国传统文化的精髓，是中国构建和谐人际关系和社会关系的一个法宝和重要稳定器。从同心同德到天下大同，从建立命运共同体到同圆一个梦想，“求同”是中国人心灵世界的底层诉求，也是维系一个民族和国家得以独立、发展和进步的心理基础和精神支柱。因此当代中国非常需要研究和提炼“异中之同”。正如孙正聿教授指出的：“在英雄主义隐退的时代坚守英雄主义的精神，在实现民族振兴的过程中以文化认同来强化民族的凝聚力以及开显中华传统文化的人类性意义，并用中国特色的‘普照光’去照亮人类文明的新形态”③，这是推进中国特色社会主义伟大事业所呼唤的时代需要和来自社会的现实期待。

正如马克思主义的人生观所揭示的：“历史承认那些为共同目标劳动因而使自己变得高尚的人是伟大人物，经验赞美那些为大多数人带来幸福的人是幸福的人。”④ 积极在群众中培育和践行核心价值观，推进核心价值观的国家认同、社会认同、民族认同、公民个体认同，是形成正确的社会导向的需要，是全面推进中国特色社

① 江泽民：《全面建设小康社会，开创中国特色社会主义事业新局面》，载《江泽民文选》第3卷，人民出版社2006年版，第559~560页。

② 江泽民：《在全国抗洪抢险总结表彰大会上的讲话》，载《十五大以来重要文献选编》（上），人民出版社2000年版，第549页。

③ 王艳华：《“中华传统文化的思想智慧及其现代意义”研讨会综述》，载《哲学动态》2016年第3期，第108页。

④ 《马克思恩格斯全集》（第40卷），人民出版社1982年版，第7页。

会主义事业的需要，是巩固全党全国各族人民团结奋斗共同实现中国梦的需要，是端正价值取向提升全民族道德水准的需要，是增强民族凝聚力、激发爱国热情的需要，是提高国家文化软实力和核心竞争力建设社会主义文化强国的需要。人民有信仰，民族有希望，国家有力量。因此，核心价值观作为连接各阶层各族群的精神纽带和价值基础，推进大众认同就不仅仅是一项政治工作和教育任务，也不仅仅是自上而下单方面推进的舆论宣传工作，它本身是时代的要求和全民族的需求，是公民个体、全社会和整个国家的历史责任和历史担当，是三个层次上的统一，是三类主体的一致愿望和共同目标。

必要性的来源之二是建设文化强国的需要。亨廷顿提出“文明冲突论”，认为“人类群体之间的关键差别是他们的价值观、信仰、体制和社会结构，而不是他们的体形、头形和肤色”。他曾经举出韩国和加纳两国发展快慢异常悬殊的例子，两国在 20 世纪 60 年代的经济水平非常相似，但 30 年后韩国成为了一个工业巨人，经济名列世界第 14 位，而同期加纳只有韩国的 1/4。他认为韩国文化中节俭、投资、勤奋、教育、组织和纪律起了重要作用，他更进一步地赞同那种“最明智的说法”——真理的中心在于，对一个社会的成功起决定作用的是文化，而不是政治。苏联的解体和苏共执政地位的瓦解也给我国提出了一个问题，什么才是一个国家巩固和强大的最重要因素和最根本力量，恐怕不是以 GDP 为标志的经济实力，也不是以核武器为标记的军事实力，而是具有一定经济和军事实力前提下的文化软实力。

改革开放使中国社会结构发生了巨大变化，在社会分化的同时带来了利益多元化和思想的多样化，中国离不开世界，世界也开始了解中国、感受中国。在任何一种文化体系中，价值观都扮演着文化核心的角色，决定着文化的根本性质、基本方向和特色气质。文化和价值观之间的这种内在关联，决定了文化软实力建设的重中之重即是价值体系建设。冷战结束与全球化进程凸显了价值观竞争的作用，关于话语权和软实力的争夺和竞争成为大国间、不同体制间主要的博弈阵地，正因为不同的文化、不同的价值观碰撞在一块，社会主义核心价值观提上议程才显得尤为重要。事实上，价值观是否具有吸引力需要在竞争中检验。当今世界，不同的价值观都在争取人心，尤其是争取青年人，我们的价值观需要和西方价值观并行，直接对话。价值观是否具有吸引力，需要在竞争中检验。价值观已经成为一个国家、一个民族能否保持精神独立的关键，亦是一个国家软实力的精髓①。中华文化虽然源远流长，博大精深，但近代门户开放以来直至改革开放前的一百多年，随着经济和科技实力与发达国家的差距越来越大，民族复兴的道路蜿蜒曲折，中华文化的传播和国际影响力受到很大制约，中国人和中国文化都遭遇深深的误解和曲解，争取国际同情，与其他文化公平相处、平等交流变得非常困难。因此既注意到“文明冲突”的危险性和潜在风险，又积极促进整个世界进行“文明的对话”，始终面向人类未来发展的前进方向，立足于价值观竞合中的话语权建设和先进性建设，在文化开放和国际交流中维护自身价值观安全，在大国博弈中着力抢占价值观竞争的道德制高点，打造面向新时代的文明新标准，并最终建成社会主义文化强国是这一代和后几代中国人的梦想，也是责无旁贷的历史担当。

总之，即便是在一个稳定发展的社会中，价值观建设仍是不可或缺的。当代中国处在全面赶超发达资本主义国家，坚持和完善中国特色社会主义制度的关键时期，更加需要面向社会大众普及现代化的价值观念，培育先进的社会主义文化，通过强有力的宣传教育和实践探索来巩固已有的精神文明成果，克服和扭转庸俗、落后价值观的挑战和渗透，补足价值观虚无流失的精神之“钙”，建成更加健康更加先进的文化价值观念体系。

2.4.3　认同在认识与实践的互动过程中生发

价值观决定了“好与坏”的标准，影响和制约着人们“做什

---

① 这是 2016 年 3 月 29 日，在由中宣部宣教局、光明日报社共同主办的“核心价值观百场讲坛”工程第 37 场活动中，韩震作题为《民族振兴途中的价值观崛起》的观点摘要。

么”和“怎么做”，是哲学理论转向社会实践的主要环节之一，社会的普遍价值观念只有符合广大社会成员的价值期望并通过每一社会成员的认可和参与，才能真正具有现实普遍性。社会主义核心价值观作为我国社会生活中的重大政治文化概念，不仅历史地回应着中国近代以来价值文化领域的中西古今之争，更是直接切中中国特色社会主义实践最深层次的问题。马克思主义在“解释世界”的同时还致力于“改造世界”，从理论到实践有力推动了世界历史的进程。马克思曾指出：“全部社会生活在本质上是实践的。凡是把理论引向神秘主义的神秘东西，都能在人的实践中以及对这种实践的理解中得到合理的解决。”① 当前在公众普遍认同的价值规范尚未完全确立或十分牢固的背景下，基于认识和实践的辩证关系，我们可以发现从“内核凝练”到“入脑入心”、从宣传上“无处不在”“无时不有”到“求真务实”“知行合一”，提高社会认同的基本方法和有效路径都是围绕具体实践展开的，也只能在实践中不断强化认识和提高认识，最终推动社会认同的理论和部署能否见到成效，能否激活和掌握群众，能否有利于国家、民族和社会向前发展都必须也只能在实践中加以检验和发展。

马克思说：“理论只要说服人，就能掌握群众；而理论只要彻底，就能说服人。所谓彻底，就是抓住事物的根本。”②要抓住社会主义社会和国家文化的根本，就需要梳理和明确代表其社会性质和文化基因的根本特征和价值判断。邓小平也曾指出：“属于文化领域的东西，一定要用马克思主义对它的思想内容和表现方法进行分析、鉴别和批判。”③ 环顾当今世界，当代中国在整个国际社会主义运动处于低潮和徘徊期时仍保持了较好的发展，所以能够并且应该对社会主义社会的价值观念进行总结和创新的恰恰是当代中国，通过在中国的率先实践和创新发展，汲取来自社会认同的发展趋势和演化规律来构筑和维系新的面向未来的价值关系，这本身是通过

① 《马克思恩格斯文集》第1卷，人民出版社2009年版，第501页。
② 《马克思恩格斯文集》第1卷，人民出版社2009年版，第11页。
③ 《邓小平文选》第3卷，人民出版社1993年版，第44页。

社会实践对中国特色社会主义理论的检验和发展，也是对马克思主义所秉持的价值观与中国实际和中国人的实际相结合的一次重要尝试。另外，在面临当代核心价值观与传统价值观、西方价值观的比较甚至竞争中，也需要对抽象的要素进行详细而清晰的阐述，在理论建构上更加“人化”，更加“彻底”。如在中国特色社会主义语境中的核心价值观里，“自由”“民主”“法治”这些往往带有意识形态属性的价值理念到底和西方的同一词语在内涵和实质上有何异同？其先进性或符合历史阶段的合理性体现在哪些方面和哪些领域？不这样做，则无法解除人们的困惑和质疑，首先在理论上就失去了说服力和吸引力，也就必然在话语权和社会传播上受到较大的限制。

“人的思维是否具有客观的真理性，这不是一个理论的问题，而是一个实践的问题。”毛泽东同志在其经典著作《人的正确思想是从哪里来的？》中深刻指出，一个正确的认识，往往需要经过由物质到精神，由精神到物质，即由实践到认识，由认识到实践这样多次的反复，才能够完成。这就是马克思主义的认识论，就是辩证唯物论的认识论。社会主义核心价值观作为一种上层建筑，既是一种思想集成和理论创新，也是一种实践上的突破。毛泽东同志曾很形象地指出：“马克思说人比蜜蜂不同的地方，就是人在建筑房屋之前早在思想中有了房屋的图样……而这些图样不是别的，就是我们在中国革命实践中所得来的关于客观实际情况的能动的反映。”①当通过理论与实践的反复碰撞切磋，在文本和意涵两个层面提出国家、社会和公民的价值导向，明确应然层面倡导的价值观核心要素，就为阐发出未来的价值图景提供了可以参照的基点，大众精神的彼岸、理想国家的梦想和社会文明的目标也就有了根、有了魂、有了方向、有了动力。正确的思想或理论被掌握以后，就会得到实现并变为物质力量②，其前提是能看到“认识”的能动作用并基于问题和实践形成正确的理论认识，价值观理论当然也不例外。问

① 《毛泽东文集》第 2 卷，人民出版社 1993 年版，第 344 页。

② ［德］黑格尔：《小逻辑》，贺麟译，商务印书馆 1980 年第 2 版。

渠哪得清如许，为有源头活水来，只有通过不断赋予核心价值观鲜明的实践特色、民族特色、时代特色，在继承中延展，在延展中沉淀，在沉淀中坚守，不断增强其对社会大众的感召力和凝聚力，核心价值观才不是口号、不是教条、不是说教、不是乌托邦，才有可能成为具有生命力的，可被欣赏、被借鉴、被认同、被继承的中国精神火炬和民族文化基因。

对价值观认同反映到主体上就是一个人“立志”的过程，从知到行，或者说人从认知道德到有良知、有行动，依赖于人的主观能动性，依赖于人在认识自己和世界的觉悟中逐步达到心智的成熟，伴随心智的成熟就能树立良好意志力，从而具有内心的执着和坚定。有志之人形成了不逾矩的自我控制和自我约束，在追求理想信念的道路上就十分笃定和果敢。有志有为、无志难为。正确的认识来自实践，正确的认识加上“立志”就让人具备了积极践行良善价值观的动力和能力，就推动实现了从知到行的转换。

从上述分析可以发现，我国的社会主义核心价值观的提出具有深厚的中华文化底蕴，是在经历了近百年的革命洗礼和改革开放实践的淬炼后对共同理想中的文化价值观念进行的新论述新判断新发展，是在社会主义核心价值观体系的结构和内容提出后再次经过党内外充分讨论后所进一步明确的，并正在继续接受实践检验的新认识和新思想，它不是空想臆造，不是心血来潮，更不是所谓的“和国际接轨”，而是有本来、有依据、有基础、有特色的。未来，可以设想在这一范畴被逐步丰富又逐步凝练的过程中，在被民众认知和了解的进程中，在今后及未来长期的知与行、行与知的互动转化中，在培育和践行、探索和发展过程中，由人与社会的能动作用和实践结果提供的反馈将为不断丰富和完善社会主义核心价值体系，为更好地弘扬和践行核心价值观提供更多认识上的深化和发展。

第3章　实地调查结果和分析

本章以2014—2016年调查问卷录入的数据为基础，使用SPSS软件作数据统计和数据间的交叉性、相关性分析，再结合调研中收集的访谈记录、会议记录、汇报材料等作定性分析，力求在结果上完整呈现基层价值观建设实践的现状和问题，在调查结论上确保相对客观、真实、有针对性。在内容安排上首先按照问卷（见附件1）题目顺序发布统计结果和进行简要分析，分若干层次和组别反映基层民众对核心价值观认同程度的总体现状，对部分关键问题进行交叉分析，以便找出不同类型群体的认同差异，从而可以有针对性地提出政策实施建议。最后是调查结果的分析汇总和归纳。

3.1　问卷统计结果与简要分析

问题1：您了解社会主义核心价值观的内容吗？

图3-1显示，2014年在受访居民对社会主义核心价值观内容的了解程度方面，“比较了解”的占19%；“有所了解”的占42%，值得关注的是，还有29%的人“说不清”，10%的人“完全没听说过”。这说明约六成的居民知道和了解社会主义核心价值观，但还有四成的居民不太了解甚至完全不知道，反映出居民认知程度还有较大提升空间。由于第一次调查时（2014年6—8月），面向中小城市基层社区的价值观宣讲和文体活动尚未大规模开展，因此可以预见在未来这种状况会有明显改善。2015年的观测数据印证了这一判断，“比较了解”的占比上升将近一倍达到33.8%，“有所了解”占47.1%，“说不清”的占比下降到14.9%，只有4.2%的人

“完全没听说过”①。2016年选择“比较了解”的比例达到36%，“有所了解”的保持在41%，选择“说不清和完全没听说过”的大约维持在二成。这一结果清晰地说明在经历了广泛的群众宣教工作后，受访地区的居民对核心价值观认知程度有了明显提升，完全对此不了解的人已经是比较少了。当然如果宣教力度减缓，可以预见认知程度将维持现状而无法做到“无人不知、无人不晓”。

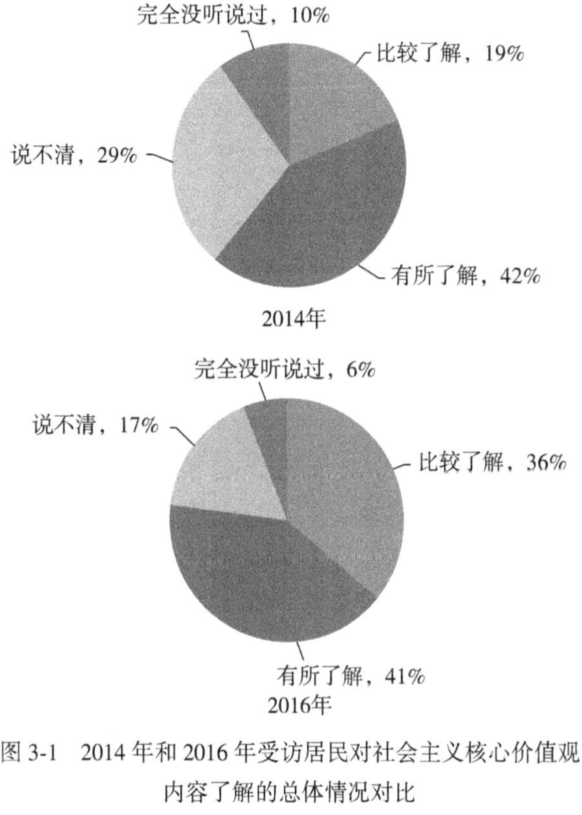

图3-1 2014年和2016年受访居民对社会主义核心价值观内容了解的总体情况对比

① 受访地区在2015年申报全国卫生城市期间曾开展了大规模的社会主义核心价值观宣教活动，认知程度提升比较快可能与此有关。

从表 3-1 中可以看出，2014 年受访者中男性认知度均值①为 2.76，女性的认知度均值为 2.64，2015 年和 2016 年的数据男性也高于女性，这说明男性受访者对社会主义核心价值观的了解程度一直高于女性。2014 年男性和女性个体间了解程度标准差②分别为 0.904 和 0.871，表明男性受访者个体间对核心价值观的了解程度差异比女性大，2015 年和 2016 年两性受访者的标准差都有所集中，认知程度普遍变好且维持在较高水平。

表 3-1　**社会主义核心价值观内容了解程度（性别差异）**

受访者性别	2014 年均值	2015 年均值	2016 年均值	2014—2016 年样本数	2014—2016 年标准差
男	2.76	3.16	3.14	412/405/516	0.904/0.782/0.869
女	2.64	3.04	2.99	368/337/503	0.871/0.823/0.878
总计	2.71	3.10	3.07	780/743/1019	0.890/0.802/0.876

从受访者的年龄段来看，90 后居民（25 岁以下青少年）选择“比较了解”和“有所了解”的比例为 72.2%；36~55 岁和 55 岁以上的受访者所占比例分别达到 60.3%和 63.3%；而 80 后居民受访者（25~35 岁）所占比例仅为 49.5%，而选择“说不清”和“完全没听说过”的高达 50.5%（参见表 3-2）。2015 年的调查表明选择“说不清”和“完全没听说过”的青年人下降较多达到 22.8%，说明宣传确实起到了效果，但 80 后居民不清楚核心价值观概念的比例仍旧是所有年龄组最高的。2016 年的数据稍有轻微回落，但仍比 2014 年的认知程度明显提高，2015—2016 年选择“有所了解和比较了解”的保持在八成左右。连续三年的数据都表明受访者中 25 岁以下青少年和 36~55 岁年龄组对于社会主义核心价值观内容的了解程度高于

① 均值是顺序变量，数值为 1、2、3、4 四级，均值越高表示了解或认知程度越强，反之则越不了解。下同。

② 标准差反映数据离散程度，数值越大反映统计个体间的差异越大，反之则说明个体间性质趋同，差异较小。下同。

其他年龄组，青少年、中老年人对社会主义核心价值观内容的了解程度明显高于青壮年。身处“上有老下有小”阶段的80后居民在社会主义核心价值观的了解认知上存在明显的缺失，亟待提升认知程度。各年龄层面在经过面向全社会的宣教后，有了明显改善，未来要逐渐转入加强认同和践行的教育，促进知行合一。

表 3-2 社会主义核心价值观内容了解程度（基于受访者年龄的交叉分析）

			受访者年龄				合计
			25岁以下	25~35岁	36~55岁	55岁以上	
问题1	完全没听说过	计数	14	22	30	10	76
		同类受访者占比	6.7% (2.9%) (3.1%)	10.8% (5.8%) (5.8%)	10.8% (3.6%) (6.7%)	11.1% (7%) (9.3%)	9.7% (4.2%) (6.1%)
	说不清	计数	44	81	80	23	228
		同类受访者占比	21.1% (15.4%) (17.1%)	39.7% (17%) (21.9%)	28.9% (13.6%) (12.9%)	25.6% (9.3%) (21.2%)	29.2% (14.9%) (17%)
	有所了解	计数	103	73	117	31	324
		同类受访者占比	49.2% (43.4%) (42%)	35.8% (51.5%) (48.8%)	42.2% (47.5%) (37.1%)	34.4% (46.5%) (38.1%)	41.5% (47.1%) (41.1%)
	比较了解	计数	48	28	50	26	152
		同类受访者占比	23.0% (38.3%) (37.8%)	13.7% (25.7%) (23.5%)	18.1% (35.3%) (43.3%)	28.9% (37.2%) (31.4%)	19.5% (33.8%) (35.8%)
合计		计数	209	204	277	90	780
		同类受访者占比	100.0%	100.0%	100.0%	100.0%	100.0%

注：表中括号内数字从上至下为2015年、2016年的调查数据。

从政治面貌上看，四个群体（中共党员、共青团员、爱国信教群众、一般群众）中受访者为中共党员的连续三年的均值都高于其他受访者的均值，远高于一般群众。非党员和党员群体的认知度均值都在提升，其中共青团员的增加最为明显，目前已高于一般群众，初步形成了党员>团员>群众的认知格局。观察单个群体的标准差数值，在个体程度的差异性上，中共党员也略小于其他群体（见表 3-3）。四类群体对社会主义核心价值观“比较了解”和“有所了解”的比例从高到低分别为 87.0%、68.7%、66.7%、46.8%。在一般群众中，有占 53.2%的人对核心价值观的内容不太了解，说明在价值观“落细落小落实”上还要多想办法，再加力度，使之融入普通居民的日常生活（见表 3-4-1）。调查都反映出中共党员对社会主义核心价值观的了解程度最高，居民里中共党员和共青团员的了解程度明显高于一般群众（见表 3-4-2）。中共党员和共青团员对社会主义核心价值观的内容普遍了解，在对核心价值观的认知上明显高于一般群众，可承担核心价值观培育和践行的骨干和引领作用。2015 年的变化趋势是一般群众的认知程度上升较快，从 2.44 上升到 2.98，和党员、团员的认知差距已越来越小。

表 3-3　　**不同政治面貌居民核心价值观内容了解程度**

受访者政治面貌	2014 年均值	2015 年均值	2016 年均值	2014 年样本数	2015 年样本数	2016 年样本数
中共党员	3.26	3.29	3.54	123	162	236
共青团员	2.83	3.16	3.20	259	244	220
爱国信教群众	2.75	3.07	3.00	24	14	36
一般群众	2.44	2.98	2.80	374	322	527
总计	2.71	3.10	3.07	780	743	1019

表 3-4-1 **2014 年核心价值观内容了解程度差异**
(基于政治面貌的交叉分析)

			受访者政治面貌				合计
			中共党员	共青团员	爱国信教群众	一般群众	
问题1	完全没听说过	计数	6	15	2	53	76
		同类受访者占比	4.9%	5.8%	8.3%	14.2%	9.7%
	说不清	计数	10	66	6	146	228
		同类受访者占比	8.1%	25.5%	25.0%	39.0%	29.2%
	有所了解	计数	53	126	12	133	324
		同类受访者占比	43.1%	48.6%	50.0%	35.6%	41.5%
	比较了解	计数	54	52	4	42	152
		同类受访者占比	43.9%	20.1%	16.7%	11.2%	19.5%
合计		计数	123	259	24	374	780
		同类受访者占比	100.0%	100.0%	100.0%	100.0%	100.0%

表 3-4-2 **2016 年核心价值观内容了解程度差异**
(基于政治面貌的交叉分析)

			受访者政治面貌				合计
			中共党员	共青团员	爱国信教群众	一般群众	
问题1	完全没听说过	计数	5	2	1	54	62
		同类受访者占比	2.1%	0.9%	2.8%	10.2%	6.1%

续表

			受访者政治面貌				合计
			中共党员	共青团员	爱国信教群众	一般群众	
问题1	说不清	计数	6	24	7	136	173
		同类受访者占比	2.5%	10.9%	19.4%	25.8%	17.0%
	有所了解	计数	81	121	19	198	419
		同类受访者占比	34.3%	55.0%	52.8%	37.6%	41.1%
	比较了解	计数	144	73	9	139	365
		同类受访者占比	61.0%	33.2%	25.0%	26.4%	35.8%
合计		计数	236	220	36	527	1019
		同类受访者占比	100.0%	100.0%	100.0%	100.0%	100.0%

2014年的数据表明，从居民身份背景来说，在“比较了解”和“有所了解”的人群中，城市居民、转型社区居民、农村居民所占比例分别为64%、69.8%、45.6%（参见表3-5-1），表明城市居民和转型社区居民对社会主义核心价值观的了解程度显著高于农村居民。说明城镇化后，原有农村居民变为城市社区居民后，通过各种途径接触到核心价值观相关内容的机会增多了，因而认知程度相对较高。这也间接印证了新型城镇化会带来“人”的城镇化、现代化，会促进居民文化水平和文明程度的提升。2015年的数据基本支持这样的判断，比较可喜的发现是农村居民“有所了解”核心价值观的占比已从36.4%提高到45.7%，“比较了解”的占比已从9.2%大幅提高到28.7%，说明社会主义核心价值观在受访地区的宣传已深入到农村和农户，在认知方面取得了比较明显的成效。2016年的数据反映农村居民选择“有所了解和比较了解”的

总比例从 2015 年的 74.4% 回落到 63.6%，虽仍高于 2014 年的 45.6%，但从一个侧面反映出农村文化建设仍任重而道远，不坚持抓培育就会松懈陷入停滞中（见表 3-5-2、表 3-5-3）。

表 3-5-1 **2014 年社会主义核心价值观内容了解程度差异（基于身份背景的交叉分析）**

			受访者身份背景			合计
			城市居民	转型社区居民	农村居民（以务农为主）	
问题1	完全没听说过	计数	24	19	33	76
		同类受访者占比	8.6%	6.7%	15.2%	9.7%
	说不清	计数	76	67	85	228
		同类受访者占比	27.3%	23.5%	39.2%	29.2%
	有所了解	计数	119	126	79	324
		同类受访者占比	42.8%	44.2%	36.4%	41.5%
	比较了解	计数	59	73	20	152
		同类受访者占比	21.2%	25.6%	9.2%	19.5%
合计		计数	278	285	217	780
		同类受访者占比	100.0%	100.0%	100.0%	100.0%

表 3-5-2 **2015 年社会主义核心价值观内容了解程度差异（基于身份背景的交叉分析）**

			受访者身份背景			合计
			城市居民	转型社区居民	农村居民（以务农为主）	
问题1	完全没听说过	计数	11	9	11	31
		同类受访者占比	3.2%	5.3%	4.8%	4.2%
	说不清	计数	29	34	48	111
		同类受访者占比	8.5%	20.1%	20.9%	14.9%

续表

			受访者身份背景			合计
			城市居民	转型社区居民	农村居民(以务农为主)	
问题1	有所了解	计数	161	82	105	350
		同类受访者占比	47.2%	48.5%	45.7%	47.1%
	比较了解	计数	140	44	66	251
		同类受访者占比	41.1%	26.0%	28.7%	33.8%
合计		计数	341	169	230	743
		同类受访者占比	100.0%	100.0%	100.0%	100.0%

表 3-5-3　**2016 年社会主义核心价值观内容了解程度差异**
(基于身份背景的交叉分析)

			受访者身份背景			合计
			城市居民	转型社区居民	农村居民(以务农为主)	
问题1	完全没听说过	计数	19	12	31	62
		同类受访者占比	3.3%	5.9%	13.4%	6.1%
	说不清	计数	75	45	53	173
		同类受访者占比	12.8%	22.1%	22.9%	17.0%
	有所了解	计数	240	94	85	419
		同类受访者占比	41.1%	46.1%	36.8%	41.1%
	比较了解	计数	250	53	62	365
		同类受访者占比	42.8%	26%	26.8%	35.8%
合计		计数	584	204	231	1019
		同类受访者占比	100.0%	100.0%	100.0%	100.0%

在职业身份上，本调查将人群分为体制内（包含机关和国有企事业单位职工）、体制外（非公有制经济人员、务农、自由职业

等）和在校学生三类。表 3-6-1 中，在“比较了解”和“有所了解”的人群中，体制内、体制外、在校学生所占比例分别为 71.6%、53.9%、77.7%，这表明体制内受访者的了解程度高于体制外的，而在校学生的了解程度最高。2014 年的数据表明有 46.1%的体制外居民说不清或完全不知道核心价值观的基本内容，这说明体制外的务农、打工人群在核心价值观的认知上还有较大提升空间。2015 年的数据则表明体制外居民选择“有所了解”和“比较了解”核心价值观的占比已经提高到 75.5%，和体制内居民的 86.8%比较起来，已经比较接近。2015 年学生群体选择“有所了解”和“比较了解”的占比从 77.7%上升到 85.3%，2016 年达到 90.1%（见表 3-6-2），虽然还不是人尽皆知，但已达到高位，再次说明主要的教育工作应逐渐转向实践养成和久久为功，教育的主要目标是外化于行动。

表 3-6-1　**2014 年社会主义核心价值观内容了解程度差异（基于职业身份的交叉分析）**

			受访者职业身份			合计
			体制内	体制外	在校学生	
问题1	完全没听说过	计数	5	66	5	76
		同类受访者占比	3.9%	12.8%	3.6%	9.7%
	说不清	计数	31	171	26	228
		同类受访者占比	24.4%	33.3%	18.7%	29.2%
	有所了解	计数	60	197	67	324
		同类受访者占比	47.2%	38.3%	48.2%	41.5%
	比较了解	计数	31	80	41	152
		同类受访者占比	24.4%	15.6%	29.5%	19.5%
合计		计数	127	514	139	780
		同类受访者占比	100.0%	100.0%	100.0%	100.0%

表 3-6-2　**2016 年社会主义核心价值观内容了解程度差异（基于职业身份的交叉分析）**

			受访者职业身份			合计
			体制内	体制外	在校学生	
问题1	完全没听说过	计数	5	56	1	62
		同类受访者占比	1.8%	9.4%	0.7%	6.1%
	说不清	计数	20	140	13	173
		同类受访者占比	7.1%	23.5%	9.2%	17.0%
	有所了解	计数	110	249	60	419
		同类受访者占比	38.9%	41.8%	42.6%	41.1%
	比较了解	计数	148	150	67	365
		同类受访者占比	52.3%	25.2%	47.5%	35.8%
合计		计数	283	595	141	1019
		同类受访者占比	100.0%	100.0%	100.0%	100.0%

从受教育水平上看，在“比较了解”和“有所了解”的人群中，大专以上（含高职）、高中或中专、初中、初中以下所占比例分别为 77%、63.2%、49.3%、44.6%（见表 3-7-1），到 2016 年大专以上文化程度了解核心价值观的占比已达 91%（见表 3-7-2），但初中以下程度的居民提升比较缓慢。从数据统计上可以发现，居民因受教育水平不同，对核心价值观的认知了解程度也存在明显差异，说明教育水平是一个显著影响因素，相关系数达 0.99①。受访者的了解程度随着受教育水平的增加呈递增趋势，文化水平较低的居民往往了解程度也较低，文化程度的提升也伴随着价值观自觉自信的提升②。这一结果带来的启示是：核心价值观的宣讲还要更

① 设自变量为受教育年限，使用 CORREL 函数计算得出。

② 需要指出文化程度并不必然和道德水平相关，例如在曾引起全国关注的佛山“小悦悦事件”中，一些路人无视而过，最后却是一个连大字都不识几个的拾荒阿姨陈贤妹将小悦悦送到了医院。许许多多文化水平不高的农民生性淳朴、待人友善、勤劳节俭，是中国优秀道德的“代言人”。此处结论是在控制其他因素下，将文化程度作为调节变量得出的结果。

加贴近群众，更加生活化、日常化，更接地气，使之符合当地居民的教育文化水平和文化传统。

表 3-7-1 **2014 年社会主义核心价值观内容认知程度差异**

(基于受教育水平的交叉分析)

			受访者受教育水平				合计
			初中以下	初中	高中或中专	大专以上(含高职)	
问题1	完全没听说过	计数	23	32	12	9	76
		同类受访者占比	31.1%	14.5%	4.2%	4.5%	9.7%
	说不清	计数	18	80	93	37	228
		同类受访者占比	24.3%	36.2%	32.6%	18.5%	29.2%
	有所了解	计数	25	72	131	96	324
		同类受访者占比	33.8%	32.6%	46.0%	48.0%	41.5%
	比较了解	计数	8	37	49	58	152
		同类受访者占比	10.8%	16.7%	17.2%	29.0%	19.5%
合计		计数	74	221	285	200	780
		同类受访者占比	100.0%	100.0%	100.0%	100.0%	100.0%

表 3-7-2 **2016 年社会主义核心价值观内容认知程度差异**

(基于受教育水平的交叉分析)

			受访者受教育水平				合计
			初中以下	初中	高中或中专	大专以上(含高职)	
问题1	完全没听说过	计数	26	18	11	7	62
		同类受访者占比	22.2%	8.4%	3.4%	1.9%	6.1%

续表

			受访者受教育水平				合计
			初中以下	初中	高中或中专	大专以上（含高职）	
问题1	说不清	计数	32	53	62	26	173
		同类受访者占比	27.4%	24.8%	19.1%	7.1%	17.0%
	有所了解	计数	43	76	140	160	419
		同类受访者占比	36.8%	35.5%	43.2%	44.0%	41.1%
	比较了解	计数	16	67	111	171	365
		同类受访者占比	13.7%	31.3%	34.3%	47.0%	35.8%
合计		计数	117	214	324	364	1019
		同类受访者占比	100.0%	100.0%	100.0%	100.0%	100.0%

问题 2：曾向您提及过核心价值观（如讲文明、爱岗敬业、遵纪守法、言行一致、尊老爱幼等）并最希望你遵守的人是(　　)：

从此题所调查统计的数据来看，不论何种职业和身份背景，“家庭成员或老师”所占的比例均为最高，达到 51.4%。这反映出家庭和家庭文化对其成员在思想和价值观塑造方面的重要影响，也反映出核心价值观内容进教材、进课堂的重要性。“亲朋好友、街坊邻里、同学同事”所占的比例次之，单位领导、纪检干部等所占的比例较小（见表 3-8-1、表 3-8-2）。但 2016 年出现的一个显著变化是单位领导和纪检干部进行宣教的比例明显上升，有 21.7%的受访者是通过单位的渠道知晓核心价值观。对转型社区居民而言，社区干部的价值观影响力比较大，说明基层自治组织对居民（原村民）在思想文化建设和价值观宣传上仍具有较大效力。对体制内职工来说，单位开展的宣传影响比较大，对体制外的居民来说，街坊邻里开展的社会宣传影响比较大。

表 3-8-1　　2014 年接受核心价值观的来源群体差异
（基于身份背景的交叉分析）

			受访者身份背景			合计
			城市居民	转型社区居民	农村居民（以务农为主）	
问题2	家庭成员或老师	计数	139	139	123	401
		同类受访者占比	50.0%	48.8%	56.7%	51.4%
	亲朋好友街坊邻里同学同事	计数	75	75	53	203
		同类受访者占比	27.0%	26.3%	24.4%	26.0%
	单位领导纪检干部	计数	31	27	18	76
		同类受访者占比	11.2%	9.5%	8.3%	9.7%
	机关干部社区干部外来专家	计数	33	44	23	100
		同类受访者占比	11.9%	15.4%	10.6%	12.8%
合计		计数	278	285	217	780
		同类受访者占比	100.0%	100.0%	100.0%	100.0%

表 3-8-2　　2016 年接受核心价值观的来源群体差异
（基于身份背景的交叉分析）

			受访者身份背景			合计
			城市居民	转型社区居民	农村居民（以务农为主）	
问题2	家庭成员或老师	计数	260	139	123	467
		同类受访者占比	44.5%	51.5%	44.2%	45.8%
	亲朋好友街坊邻里同学同事	计数	93	46	71	210
		同类受访者占比	15.9%	22.5%	30.7%	20.6%

续表

			受访者身份背景			合计
			城市居民	转型社区居民	农村居民(以务农为主)	
问题2	单位领导纪检干部	计数	167	28	26	221
		同类受访者占比	28.6%	13.7%	11.3%	21.7%
	机关干部社区干部外来专家	计数	64	25	32	121
		同类受访者占比	11.0%	12.3%	13.9%	11.9%
合计		计数	584	204	231	1019
		同类受访者占比	100.0%	100.0%	100.0%	100.0%

表 3-9-1　　**2014 年接受核心价值观的来源群体差异（基于职业身份的交叉分析）**

			受访者职业身份			合计
			体制内	体制外	在校学生	
问题2	家庭成员或老师	计数	57	249	95	401
		同类受访者占比	44.9%	48.4%	68.3%	51.4%
	亲朋好友街坊邻里同学同事	计数	38	140	25	203
		同类受访者占比	29.9%	27.2%	18.0%	26.0%
	单位领导纪检干部	计数	18	53	5	76
		同类受访者占比	14.2%	10.3%	3.6%	9.7%
	机关干部社区干部外来专家	计数	14	72	14	100
		同类受访者占比	11.0%	14.0%	10.1%	12.8%
合计		计数	127	514	139	780
		同类受访者占比	100.0%	100.0%	100.0%	100.0%

表 3-9-2 **2016 年接受核心价值观的来源群体差异**
（基于职业身份的交叉分析）

			受访者职业身份			合计
			体制内	体制外	在校学生	
问题2	家庭成员或老师	计数	94	266	107	467
		同类受访者占比	33.2%	44.7%	75.9%	45.8%
	亲朋好友街坊邻里同学同事	计数	37	158	15	210
		同类受访者占比	13.1%	26.6%	10.6%	20.6%
	单位领导纪检干部	计数	117	97	7	221
		同类受访者占比	41.3%	16.3%	5.0%	21.7%
	机关干部社区干部外来专家	计数	35	74	12	121
		同类受访者占比	12.4%	12.4%	8.5%	11.9%
合计		计数	283	595	141	1019
		同类受访者占比	100.0%	100.0%	100.0%	100.0%

针对不同职业背景的人，曾向“在校学生”提及过社会主义核心价值观的人当中，家庭成员或老师所占的比例为 2014 年的 68.3%和 2016 年的 75.9%（见表 3-9-1，表 3-9-2），远远领先于其他群体。说明在了解核心价值观的过程中，家庭成员或老师对居民自身的影响最大，亲朋好友或街坊邻里或同学同事次之，单位领导或社区干部的影响最小，因此应重视家庭教育和学校教育在践行和培育社会主义核心价值观中的主渠道作用，同时积极发挥用人单位和纪检部门的宣传和监督作用。

问题 3：在“24 字”的社会主义核心价值观表述中，您最为认同的三项倡导内容是什么?

十八大报告用 24 个字 12 个词组，分别从国家、社会、公民三个层面阐述了社会主义核心价值观的内容。分别是国家层面：富强、民主、文明、和谐；社会层面：自由、平等、公正、法治；公民层面：爱国、敬业、诚信、友善。调查显示所有倡导要求的选项都有受访者选择，说明社会主义核心价值观确实代表了全体人民的共识，是一种价值共识。相对于国家和个人层面，基层民众更为关切社会层面的选项，累计有 52%的居民选择认同社会层面的“自由、平等、公正、法治”。其中“公正”“平等”“自由”更符合受访者的认同，三者所占比率分别为 15%、16%、13%，其他的层面所占比率相近（见图 3-2、图 3-3）。

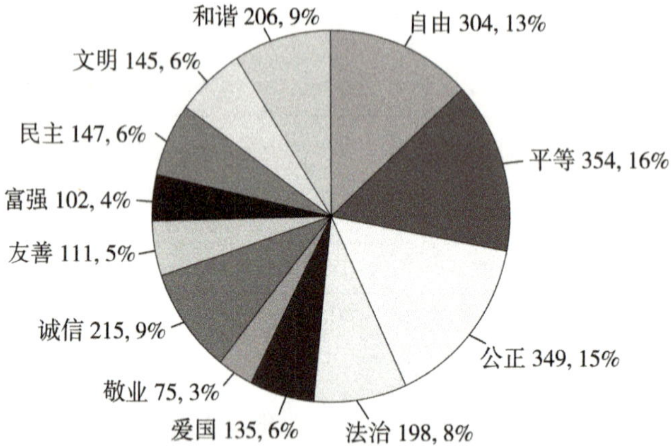

图 3-2　对社会主义核心价值观各倡导要求的认同比例（2014 年）

2014—2016 年数据表明受访者选择社会层面的“公正”“平等”“自由”的比例仍旧是所有关键词中最高的，“平等”也再次蝉联最为认同的关于价值导向的表述（见表 3-10），这反映出基层群众“社会人”的典型特征，相对于国家和个人的价值目标和价值导向，人们更期待更渴望社会的公平和自由的社会环境，更加珍视人人平等的社会氛围。对“法治”的认同随着普法和依法治国教育的深入开展，也有所上升。选择“爱国”的比率一直上升，反映出爱国主义精神和民族自信日益凸显。

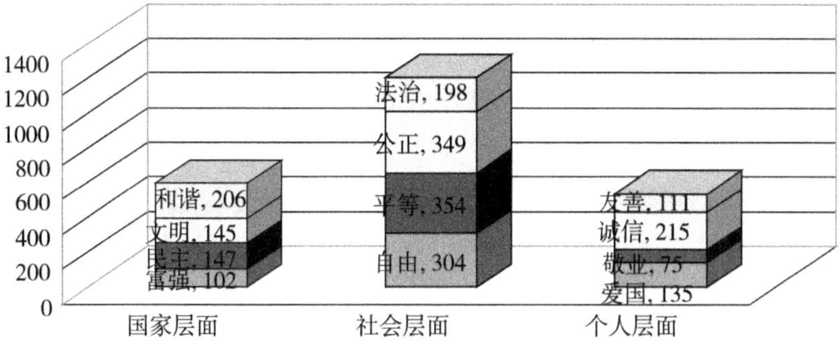

图 3-3 社会主义核心价值观在三个层面上的认同比较

表 3-10 **2014—2016 年最为认同的价值表述统计结果**

价值表述关键词	总占比（2014 年）	总占比（2015 年）	总占比（2016 年）
社会层面			
自由	13.6%	13.6%	11.0%
平等	15.9%	14.3%	15.3%
公正	14.9%	13.6%	13.7%
法治	7.9%	8.6%	9.1%
公民层面			
爱国	5.4%	6.4%	7.5%
敬业	2.6%	3.3%	4.0%
诚信	10.1%	8.5%	9.4%
友善	4.5%	4.2%	4.0%
国家层面			
富强	3.3%	5.7%	5.9%
民主	5.1%	7.1%	5.2%
文明	5.7%	6.7%	6.5%
和谐	11.1%	8.1%	8.4%

2014—2016 年的连续调查数据支持基本相同的结果，具体来说，三个层面里面每个要素选项所占比例又有所不同。国家层面中“和谐”更受认同，由此可以看出在国家层面，民众特别珍视“和谐”的价值理念，百姓更崇尚安居乐业，更憧憬安定祥和的生活。“和”所包含的和谐、和平、和美、和善、和顺、和为贵、和衷共济、和而不同等确实是体现中国精神和中国传统文化的一组重要关键词。在社会层面中“自由”、“平等”、“公正”均受重视，说明社会层面中“平等”、“公正”、“自由”还需要得到进一步重视，人们渴求社会更加公正、自由、平等。个人层面选择“诚信”的比率远超过其他三项，说明当今社会个人的诚信度和社会的诚信体系均亟待加强，基层民众对不诚信行为意见很大，对人与人之间、干群之间最基本的信任有时还得不到有效保障而痛心疾首。民众对“为人诚信、待人诚信”的道德要求和社会状态的认同是强烈的、直接的。诚信不仅仅表现为个人的道德选择，现代社会中强势的集体组织、权力组织、市场组织也需要讲诚信、守诚信，例如司法公信力、政务诚信、政府诚信、官员诚信、企事业单位守合同重信用等，对社会保持公平正义和和谐稳定至关重要。见诸报端由于政府机关出尔反尔、朝令夕改、以行政命令取消约定而导致的一些群体和企业合法利益受损，并引发不稳定事件时有出现，对制度自信和文化自信都造成了不良影响。

选择“富强”的人数较少，2014 年为 3.30%，2015 年为 5.7%，2016 年为 5.9%。一个可能原因是“富强”为国家层面的价值追求，感觉与公民个体的精神文明建设是不同方向的要求。选择“敬业”的人数较少，2014—2016 年均为 3%左右，可能的原因为：

（1）敬业是一种个性化的道德要求，主要针对干部和企事业单位职工。在全民敬业方面，其内涵有待进一步挖掘，尤其是对农民群体、体力劳动者、失业人员、待业人员、就业困难人员和在校学生，敬业要如何体现，可能需要在价值内涵上作一些扩展，增加解读阐释。一个可以考虑的方法是把勤劳、敬事、锲而不舍、自强自立的中华传统美德融入其中，通过以文化人来增强认同和理解，尤其是结合新时代的新故事新案例来宣传其教育效果可能会更为显著。比如《人民日报》登载一位从大学应征入伍的90后年轻人王冰的成长故事就非常感人，体现了当代青年人的敬业精神。

【敬业案例】陆军第26集团军某部的排长王冰，经过刻苦训练成为了百米穿“线”神枪手。为练就据枪稳定性，他身压15公斤重的沙袋，头顶矿泉水，枪管上放三个弹壳，每天据枪三小时，同时还自我加压，弹壳每掉一次就加练十分钟；为练习食指灵活性，每天练习食指摁压打火机，硬是摁坏了20多个打火机；为缩小视距误差，他每天拣一盘五色豆、码一次子弹壳来提高眼力；每次训练前先跑八百米，接着一分钟内穿十根缝衣针……王冰并不是只会苦练动作，他还善于动脑钻研，“打一枪就有一枪的体会，打一枪就有一枪的进步”！王冰的笔记本记录了训练中每天的气象情况，标注着几千个弹着点数据，记载了各式狙击步枪的性能参数、薄弱部位，外军各种战法、理论、经典案例……整整记了厚厚4本①。

另外还应该从不敬业导致的危害方面进行教育，《人民日报》曾经刊登了一篇文章《那么大个飞机，怎么忘了呢》②，讲述了2016年10月11日上海虹桥机场发生的惊险一幕，数百人的生命和价值不菲的两架客机差点因为塔台人员的疏忽和违反工作标准而灰飞烟灭。多传播这些故事不是传播负能量，而是居安思危、警醒民众，对树立人们的敬业意识非常有效。

（2）社会普遍存在着职业满意度较低的问题。一些体力劳动者收入偏低，对职业和身份不满意，会从心理上对以按劳分配为主的收入分配制度产生困惑。尤其是在一些社区中存在一些改革进程

---

① 卢晓琳：《百米穿“线”神枪手》，载《人民日报》2016年10月19日，第6版。

② 雅婷：《那么大个飞机，怎么忘了呢?》，载《人民日报》2016年10月19日，第16版。

中利益受损的群体，如年龄较大的失地农民在转变身份和主业之后如何敬业的问题就值得进一步探索。在 XT 市调研期间，位于城郊的高家渡社区提供了一个很好的案例：

> **【敬业案例】** 高家渡社区行政隶属于 XT 市某街道办事处，办事处党委曾被中央组织部授予“全国先进基层党组织”称号。该社区位于 XT 市西郊 318 国道，距离市区中心约 5 公里，系原高家渡村改制后形成的转型社区，人口约 1200 人。在 2005 年开始的大规模城镇化过程中，集体土地被大量征用，全村只留下 15 亩农地。由于当时土地补偿标准比较低，国家补偿商业用地的单价约 5 万元/亩，其他建设用地为 3.24 万元/亩，能分到个体农户手中的钱十分有限，因征地补偿等问题造成干群关系异常紧张，2007 年曾发生村民堵塞 318 国道的群体事件。
>
> 对此，社区干部痛定思痛，重点研究解决失地农民如何增收的问题。由于高家渡毗邻 318 国道和汉宜高速，交通十分方便，是 XT 市重点发展的商贸物流区域，已初步建成的富迪物流园区具有较大的辐射优势。社区采取的一项重要举措就是结合城镇化，在征地时留足产业用地兴办企业，实际建成 13 个企业，其中利用集体自留用地与大型企业合作开发的农贸物流大市场，占地近 250 亩，直接解决了近 100 位村民的就业问题，平均日工资可达 100 元。用高家渡社区负责人的话说：“居民从种土豆到贩土豆，实现了就近就业，45 岁以上居民外出打工的很少。”现在的高家渡社区依托这些集体企业，已逐步实现了从农民到居民的转变，在基础设施、医疗卫生、社区环境、居民养老方面都取得了较好效果。

从上述案例还可以得出，在中国走向制造业强国和深化结构性改革的过程中，提倡工匠精神是很有必要的，工匠精神就是一种敬业精神，体现出了脚踏实地、质量至上、精益求精、善于创新的精神。中国传统文化也很重视工匠精神，如“格物致知”、“板凳要坐十年冷、文章不写一句空”、“读不在三更五鼓，功只怕一曝十寒”、“十年磨一剑”等。当代文化里也提倡“工匠精神”，如20世纪六七十年代，我国在计划经济时期根据工人的技能设立了等级制度，一级最低，八级最高，后来流传的歇后语“八级工拜师——精益求精”反映了人们对敬业精神的肯定和推崇①。中央提倡的“钉钉子精神”也是一种锲而不舍、孜孜以求的敬业精神。这对当下一些领域一些群体普遍出现的心气浮躁、急功近利、“赚快钱”、热衷山寨模仿、只讲数量忽视质量提升确实很有针对性。

通过对问题3的统计调查结果，有一个重要启示，那就是我国在推进社会主义核心价值观深入人心深入基层大众的过程中，应注意到在不同选项上，民众的关注度认同度存在差异，因此在核心价值观实施活动的层次和力度上，应该统筹考虑地方社会现实和文化传统，应更加符合人民所需所想，更加符合基层的热切期待，更加具有时代特色，这样在提升总体认知度和做好思想引领上会更有效率。

问题4：您了解到社会主义核心价值观的最主要渠道是(　　)

据图3-4-1，2014年从居民了解社会主义核心价值观的渠道上看，通过“书籍杂志、教材、报纸、宣传手册”等传统大众媒介方式以及“影视媒体、互联网络、短信微博”等新媒体了解社会主义核心价值观的人占大多数，为73.1%。通过“宣讲、会议、专家讲座、社区文体活动”方式了解社会主义核心价值观的人占最小比例，还有13.6%居民通过此次调查工作才刚知道。城市居民和转型社区居民的了解渠道基本相同。2016年情况有所变化，居民通过宣讲、社区文体活动等渠道知道社会主义核心价值观的比例从13.3%上升到25.3%，而完全不知道的比例下降到7.1%（见图3-4-2）。

值得关注的是，2014年高达24.9%的农村居民是通过此次调查才刚知道核心价值观的有关内容（见表3-11），表明社会主义核

① 李泽泉：《建设制造强国需要强“软件”在全社会培育弘扬工匠精神》，载《人民日报》2016年9月20日，第7版。

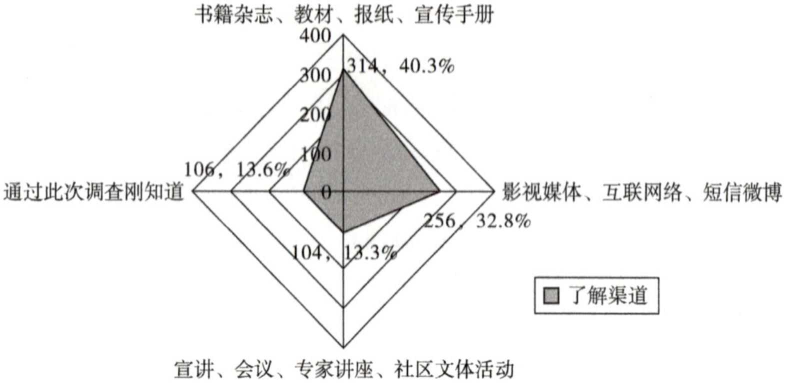

图 3-4-1　2014 年居民了解社会主义核心价值观的主要渠道

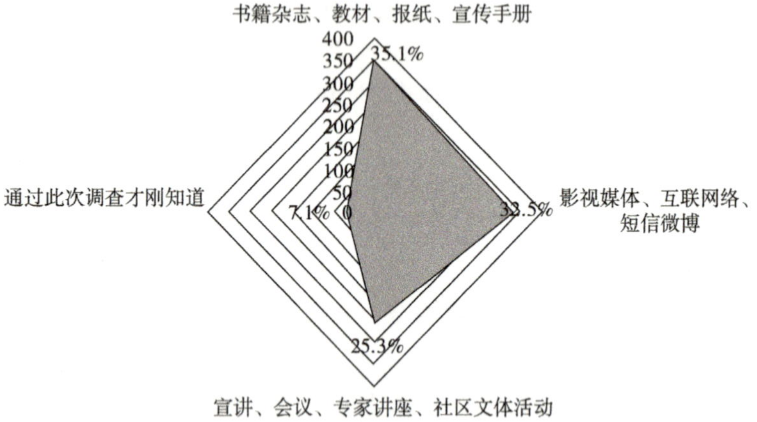

图 3-4-2　2016 年居民了解社会主义核心价值观的主要渠道

心价值观的宣传教育在基层还处于启动阶段，宣讲和文体活动未深入到农村群众中去。2015—2016 年这一状况得到了一定改善，总比例已下降到 7%左右。本课题组和其他一些下基层调查的人文社科团队在进行科研活动的同时，也承担了一些社会服务功能，也起到了在基层宣讲中央政策精神和推广核心价值观的作用。2015 年农村居民的认知状况有所改善，通过报纸和网络等各种媒体渠道使得完全不知道的比例下降了不少。城市居民了解社会主义核心价值观的方式中，传统大众媒介、新兴媒体所占的比例分别为43.2%、34.2%（见表3-11），说明不同身份背景的居民对核心价值观的了解方式存在显著差异，城市居民渠道相对多元，农村居民了解核心价值观的途径比较单一，主要通过影视、报纸这一渠道来了解。当前在平面媒体和电视里通过刊登和播发公益广告的方式来宣讲核心价值观是比较符合实际的做法。比较2014年和2015年的数据，可以发现通过“影视媒体、互联网络、短信微博”这些新媒体工具或手段了解核心价值观的比例对所有身份背景群众而言都是增长的，且2015年的总比例达到38.4%，已超过“书籍杂志、教材、报纸、宣传手册”这样的传统媒体的选择比例31.3%。2016年保持相对平衡的结果。

表3-11　**居民了解社会主义核心价值观的渠道差异（基于身份背景的交叉分析）**

			受访者身份背景			合计
			城市居民	转型社区居民	农村居民（以务农为主）	
问题4	书籍杂志、教材、报纸、宣传手册	计数	120	129	65	314
		同类受访者占比	43.2% (31.4%) (37.3%)	45.3% (26%) (34.3%)	30.0% (35.2%) (30.3%)	40.3% (31.3%) (35.1%)
	影视媒体、互联网络、短信微博	计数	95	94	67	256
		同类受访者占比	34.2% (38.1%) (32.4%)	33.0% (43.2%) (36.8%)	30.9% (35.2%) (29%)	32.8% (38.4%) (32.5%)
	宣讲、会议、专家讲座、社区文体活动	计数	32	41	31	104
		同类受访者占比	11.5% (26.4%) (25.7%)	14.4% (24.3%) (22.5%)	14.3% (17.8%) (26.8%)	13.3% (23.1%) (25.3%)
	通过此次调查才刚知道	计数	31	21	54	106
		同类受访者占比	11.2% (4.1%) (4.6%)	7.4% (6.5%) (6.4%)	24.9% (11.7%) (13.9%)	13.6% (7%) (7.1%)

续表

		受访者身份背景			合计
		城市居民	转型社区居民	农村居民(以务农为主)	
合计	计数	278	285	217	780
	同类受访者占比	100.0%	100.0%	100.0%	100.0%

注：括号内自上而下为2015年、2016年数据。

这一结果提示，核心价值观认同的受众和主体随着时代和科技的发展，随着智能手机和网络的普及，获取、阅读和分享信息的习惯已发生了根本的改变。网络阅读已经成为网民获取信息的主流渠道，在发达国家已经出现了像电视剧一样按“集”呈现小说等书籍的网站①，原有的报社、出版社的经营模式、出版模式都已经遭到颠覆。因此，在网络时代，各级党政机关和领导干部必须积极主动按照中央要求，适应信息传播和知识获取的新发展新动向，勇于善于通过网络走群众路线，经常上网看看听听聊聊，了解群众所思所愿所述所求，收集好想法好建议，积极回应网民关切，解疑释惑或者弘扬正能量，真正“让互联网成为了解群众、贴近群众、为群众排忧解难的新途径，成为发扬人民民主、接受人民监督的新渠道”②。

问题5：提及“爱国、敬业、诚信、友善”，您能立即联想起哪些具有这些价值观的先进榜样或典型人物(　　)

对于是否了解“具有这些价值观的先进榜样或典型人物”这

① 张紫璇：《像看美剧一样看小说》，载《光明日报》2016年10月4日，第8版。

② 参见新华社：《习近平：让互联网更好造福国家和人民》，此文系习近平同志2016年4月19日在京主持召开网络安全和信息化工作座谈会时的讲话。

个问题，有超过65%的受访者能说出自己所知道的先进榜样或典型人物，印证了先进榜样的精神力量确实是相当显著的。通过和年龄段进行交叉对比分析可知其中年龄在25岁以下和55岁以上的受访者对先进榜样或典型人物的知晓率均比25~35岁年龄段的受访者高，再次反映出80后一代缺乏对榜样的认可。

不同年龄段的单个受访者对先进人物的知晓程度也不尽相同，其中55岁以上受访者个体间知晓程度的差异性相对较小，而25岁以下和36~55岁的受访者个体间知晓程度的差异性最大，反映出不同价值观在青壮年阶层存在博弈和较量。据均值表（表3-12）统计，36岁以上人群对先进榜样或典型人物的认知率普遍高于其他年龄段，说明先进榜样的宣传和教育需要长期地、坚持不懈地进行，最终随着年龄增长会进入和固化到头脑中去，践行到日常生活中。类似“雷锋”这些具有优秀传统和历史积淀的学习榜样，仍然具有旺盛的思想生命力和强大的精神感召力，应在基层民众中继续不断深化和开展学雷锋活动，使其成为“永远的雷锋和永远的雷锋精神”，成为引领道德风尚的一面旗帜。

表3-12　**不同受访者年龄阶层对先进榜样和典型人物的认知程度**

受访者年龄	2014年均值	2015年均值	2016年均值	标准差
25岁以下	3.67	3.58	3.79	0.884（0.872）
25~35岁	3.62	3.71	3.69	0.931（0.895）
36~55岁	3.72	3.92	3.91	1.038（0.992）
55岁以上	4.00	3.77	3.69	0.983（1.00）
总计	3.71	3.73	3.80	0.969（0.95）

注：（1）本题认知程度最大值为5，最小值为1；（2）括号内为2016年数据。

对比2014—2016年数据（表3-12），可以看出55岁以上的居民与其他三个阶层呈现明显区别，对于先进榜样和典型人物的认知程度有比较明显的降低，个体标准差也呈上升趋势，说明不断高速发展的现代社会对于中老年层的固有价值观带来冲击，需要政府、社会、家庭及时关注关心这一群体的生活状况与思想动态，在中老年基层民众中继续不断深化和开展有利于价值观建设的文体康乐活动，并使这一群体具有传承优秀家风家训的功能。

问题 6：倡导社会主义核心价值观是一种正能量，将有助于改善社会风气和提高道德水平(　　)

从图 3-5 可以看出，2014 年对于“倡导社会主义核心价值观是一种正能量，将有助于改善社会风气和提高社会道德水平”这一判断，受访居民大多持“非常同意”和“基本同意”的态度，两者比例高达 86. 3%，按李克特量表统计均值达到 4. 31（最大值为 5）。这一指标在 2016 年高达 93. 3%，按李克特量表统计均值达到 4. 69（最大值为 5）。同时 2014 年有 11. 9%的居民对此持“不

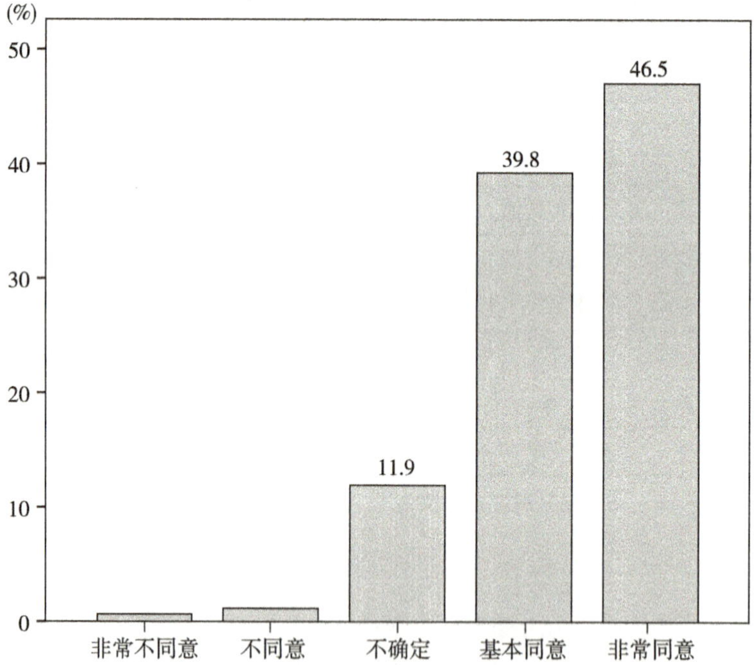

图 3-5　对核心价值观正面作用的认可程度（2014 年）

确定的”态度在2016年已下降到5.4%，仅有极少数居民持有“不同意”和“非常不同意”的态度，说明居民非常认可社会主义核心价值观在提高社会风气和提高社会道德水平上的作用。

根据表3-13，2014年和2015年两年的调查数据都显示农村居民选择“不确定”的比例相对较高，可能的原因是农村居民对核心价值观的内容不够了解，对核心价值观能够起到的正面作用缺乏信心。这就要求在农村开展价值观培育活动重在落实落地，见到实效。在开展英雄模范、孝心诚信、勤政廉洁等“荆楚楷模”评选表彰活动时，应更加注重发掘和弘扬农村的先进典型，让村民能感受到身边社会风气的变化。2016年这一现象已得到明显改善，农村居民选择“不确定”的比例已下降到9.5%，选择“非常同意”和“基本同意”的达到88.8%，已接近城镇居民。

表3-13 **受访者身份背景对核心价值观正面的认可程度分析**

			受访者身份背景			合计
			城市居民	转型社会居民	农村居民(以务农为主)	
问题6	非常不同意	计数	0	2	3	5
		同类受访者占比	0.0%	0.7%	1.4%	0.6%
	不同意	计数	4	2	3	9
		同类受访者占比	1.4%	0.7%	1.4%	1.2%
	不确定	计数	25	17	51	93
		同类受访者占比	9.0%	6.0%	23.5% (17.8%) (9.5%)	11.9%
	基本同意	计数	115	111	80	306
		同类受访者占比	41.4%	38.9%	36.9% (39.6%) (40.7%)	39.2%

续表

			受访者身份背景			合计
			城市居民	转型社会居民	农村居民(以务农为主)	
问题6	非常同意	计数	134	153	80	367
		同类受访者占比	48.2%	53.7%	36.9% (41.3%) (48.1%)	47.1%
合计		计数	278	285	217	780
		同类受访者占比	100.0%	100.0%	100.0%	100.0%

注：括号内自上而下为2015—2016年数据。

问题7：如果社区举行宣传倡导核心价值观的文体活动您会积极参加(　　)

对于社区举办关于宣传倡导社会主义核心价值观的文体活动居民是否会积极参加这一问题，2014年80.3%的居民持“积极参加”（非常同意和基本同意）的态度，15.5%的居民持“不确定”态度，剩余极少居民持消极态度或观望态度（选择“不同意”或“非常不同意”项），见图3-6。2015—2016年的指标继续保持“积极参加”的比例达八成。根据调查访谈记录分析得出，居民对文体活动尤其是重大节庆时期举行的纪念活动、文体表演等是非常期待的，参与程度也很高。开展弘扬优秀中华文化系列活动如合唱比赛、功夫表演、地方戏曲、广场舞、群艺晚会就很受欢迎。

通过对被调查居民的年龄、职业以及身份背景的交叉对比分析可得出，不同年龄段对于社区举办关于宣传倡导社会主义核心价值观的文体活动是否会积极参加这一问题持有不同的意见。从均值表3-14可以看出，25岁以下居民参与社区内的文体活动的积极性低于其他年龄层次，反映出青少年比较“宅”，如果算上25~35岁层次，可以发现青年人相对于中老年人可能更为热衷于

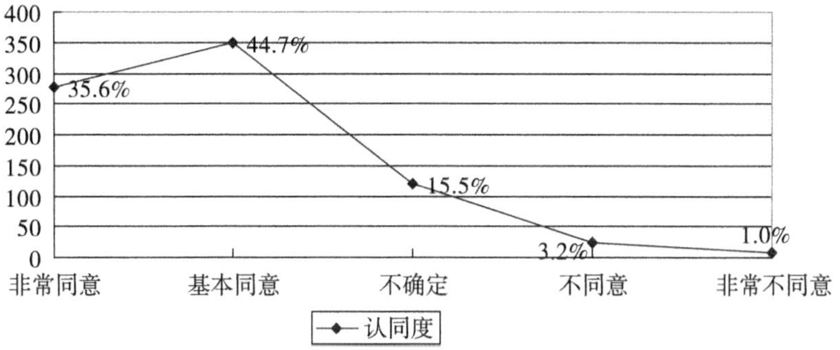

图 3-6 社区居民对积极参与宣传倡导社会主义核心价值观的社区文体活动认同情况（2014 年）

非现场的网络、手机、影视娱乐等，社会参与度比较低。四个年龄段中随着年龄增长偏向于“非常同意”的呈递增趋势，从27.3%上升到47.8%，反映出中老年人更倾向于积极参与社区内的群体活动。2016 年呈现出相同的趋势。反过来说，各级组织进行核心价值观宣讲的群体性活动，直接影响对象将是中老年人。如何将中青年吸引到正能量的文体活动中，仍需要多动脑筋，多想办法，多考虑时间和内容安排上的便利性、趣味性、获得感等内容。

表 3-14 **群众对参与倡导核心价值观相关文体活动的认同（均值分析）**

受访者年龄	2014 年均值	2015 年均值	2016 年均值
A 25 岁以下	3.94	3.96	4.05
B 25~35 岁	4.06	4.05	4.08
C 36~55 岁	4.22	4.29	4.34
D 55 岁以上	4.24	4.19	4.16
总计	4.11	4.10	4.20

表3-15 群众对参与倡导核心价值观相关文体活动的认同差异
（基于年龄的交叉分析）

			受访者年龄				合计
			25岁以下	25~35岁	36~55岁	55岁以上	
问题7	非常不同意	计数	2	3	2	0	7
		同类受访者占比	1.0%	1.5%	0.7%	0.0%	0.9%
	不同意	计数	9	5	7	4	25
		同类受访者占比	4.3%	2.5%	2.5%	4.4%	3.2%
	不确定	计数	44	31	33	13	121
		同类受访者占比	21.1%	15.2%	11.9%	14.4%	15.5%
	基本同意	计数	97	102	120	30	349
		同类受访者占比	46.4%	50.0%	43.3%	33.3%	44.7%
	非常同意	计数	57	63	115	43	278
		同类受访者占比	27.3%	30.9%	41.5%	47.8%	35.6%
合计		计数	209	204	277	90	780
		同类受访者占比	100.0%	100.0%	100.0%	100.0%	100.0%

表3-16交叉对比各职业背景层面的活动参与程度，体制内居民总体参与度和积极性都大于体制外和在校学生，其中体制外的相对积极性较低，说明体制内的人员更加有责任且热衷于参与社区文体活动。因此要吸引体制外的居民积极参与活动，就要搭建群众方便参加的活动平台和宣教阵地，增加活动的趣味性、参与性，让活动聚人气、接地气。

表 3-16 居民对参与倡导核心价值观相关文体活动的认同差异
(基于职业身份的交叉分析)

			受访者职业身份			合计
			体制内	体制外	在校学生	
问题7	非常不同意	计数	2	5	0	7
		同类受访者占比	1.6%	1.0%	0.0%	0.9%
	不同意	计数	1	18	6	25
		同类受访者占比	0.8%	3.5%	4.3%	3.2%
	不确定	计数	12	86	23	121
		同类受访者占比	9.4%	16.7%	16.5%	15.5%
	基本同意	计数	59	219	71	349
		同类受访者占比	46.5%	42.6%	51.1%	44.7%
	非常同意	计数	53	186	39	278
		同类受访者占比	41.7%	36.2%	28.1%	35.6%
合计		计数	127	514	139	780
		受访者职业身份中的 %	100.0%	100.0%	100.0%	100.0%

表 3-17 交叉对比被调查者身份背景，城市居民（“基本同意”和“非常同意”共占 81.3%）和转型社区（“基本同意”和“非常同意”共占 85%）居民参加社区举办关于宣传倡导社会主义核心价值观的文体活动的积极性总体要明显高于农村居民。

表 3-17 居民对参与倡导核心价值观相关文体活动的认同差异
(基于身份背景的交叉分析)

			受访者身份背景			合计
			城市居民	转型社会居民	农村居民(以务农为主)	
问题7	非常不同意	计数	1	3	3	7
		同类受访者占比	0.4%	1.1%	1.4%	0.9%

续表

			受访者身份背景			合计
			城市居民	转型社会居民	农村居民(以务农为主)	
问题7	不同意	计数	5	9	11	25
		同类受访者占比	1. 8%	3. 2%	5. 1% (2. 6%)	3. 2%
	不确定	计数	46	31	44	121
		同类受访者占比	16. 5%	10. 9%	20. 3% (27. 3%)	15. 5%
	基本同意	计数	121	123	105	349
		同类受访者占比	43. 5%	43. 2%	48. 4% (39. 4%)	44. 7% (36. 3%)
	非常同意	计数	105	119	54	278
		同类受访者占比	37. 8%	41. 8%	24. 9% (30. 7%)	35. 6% (43. 2%)
合计		计数	278	285	217	780
		同类受访者占比	100. 0%	100. 0%	100. 0%	100. 0%

注：表中括号为 2016 年数据。

问题 8：您对当前开展的反腐倡廉、群众路线教育、厉行节约、打击制假造假、关怀弱势群体的行动持赞同态度(　　)

从图 3-7 可以看出，绝大多数受访者对于当前全国普遍开展的活动（反腐倡廉、群众路线教育、厉行节约、打击制假造假、关怀弱势群体等）持肯定态度，持“不同意”态度所占的比例极少。2014 年和 2015 年整体均值达到 4. 67 和 4. 57（最高值为 5），显示当前开展的反腐倡廉和打击制假造假等活动深得人心，得到了绝大多数人的拥护和支持，直接或间接地有利于培育和践行社会主义核心价值观。

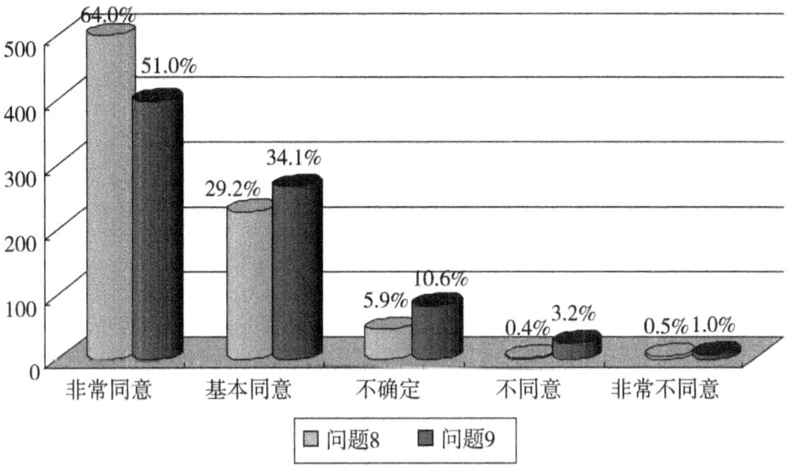

图 3-7 对“反腐倡廉、群众路线教育、厉行节约、打击制假造假、关怀弱势群体”等行动的认同情况

表 3-18 **对当前反腐倡廉等重点活动的态度差异**

(基于政治面貌的交叉分析)

			受访者政治面貌				合计
			中共党员	共青团员	爱国信教群众	一般群众	
问题8	非常不同意	计数	1	1	0	2	4
		同类受访者占比	0.8%	0.4%	0%	0.5%	0.5%
	不同意	计数	1	0	1	1	3
		同类受访者占比	0.8%	0.0%	4.2%	0.3%	0.4%
	不确定	计数	4	12	0	30	46
		同类受访者占比	3.3%(6.8%)(2.5%)	4.6%	0%(14.3%)(2.8%)	8.0%	5.9%

续表

			受访者政治面貌				合计
			中共党员	共青团员	爱国信教群众	一般群众	
问题8	基本同意	计数	24	92	7	105	228
		同类受访者占比	19.5% (26.5%) (14.4%)	35.5%	29.2%	28.1%	29.2% (25.6%) (19.8%)
	非常同意	计数	93	154	16	236	499
		同类受访者占比	75.6% (65.4%) (82.2%)	59.5% (70.5%) (73.6%)	66.7% (57.1%) (72.2%)	63.1% (64.9%) (72.9%)	64.0% (66.6%) (75.2%)
合计		计数	123	259	24	374	780
		同类受访者占比	100.0%	100.0%	100.0%	100.0%	100.0%

注：括号内自上而下为 2015—2016 年数据。

选择倾向与受访者的政治面貌息息相关，2014 年中共党员在“基本同意”和“非常同意”中选择的比例更高，占 95.1%。2014 年调查中共青团员选择“非常同意”的比例低于其余群体，令人担忧，2015 年的统计数字已提升到 70.5%，因此在青少年中加强形势与政策教育，使之在学习一般科学文化的同时，也了解时事、关注社会是必要和紧迫的，只要持之以恒就会见到明显成效（见表 3-18）。2015 年与 2014 年比较可以发现党员的认识出现了一些波动，联想到基层出现了较为突出的“为官不为”现象，说明在贯彻实施大政方针和战略布局时，要充分考虑加大对基层官员的激励机制和考核机制建设，着力解决部分干部思想困惑增多、积极性不高的问题，推动和提高政策落实落地的力度和效率。

观察表 3-19，发现居民受教育水平的差异也影响着居民的选择倾向。选择“非常同意和基本同意”的比例随着受教育者水平的提高，基本呈逐步上升的趋势。这再次印证了提高居民的教育文化水平，可有效提高对政策的了解、响应和拥护程度。

表 3-19　　**对当前反腐倡廉等重点活动的态度差异**

(基于受教育水平的交叉分析)

			受访者受教育水平				合计
			初中以下	初中	高中或中专	大专以上	
问题8	非常不同意	计数	0	1	1	2	4
		同类受访者占比	0%	0.5%	0.4%	1.0%	0.5%
	不同意	计数	1	1	0	1	3
		同类受访者占比	1.4%	0.5%	0%	0.5%	0.4%
	不确定	计数	8	20	12	6	46
		同类受访者占比	10.8%	9.0%	4.2%	3.0%	5.9% (3.4%)
	基本同意	计数	22	57	88	61	228
		同类受访者占比	29.7%	25.8%	30.9%	30.5%	29.2% (19.8%)
	非常同意	计数	43	142	184	130	499
		同类受访者占比	58.1%	64.3%	64.6%	65.0%	64.0% (75.2%)
合计		计数	74	221	285	200	780
		同类受访者占比	100.0%	100.0%	100.0%	100.0%	100.0%

注：括号内为 2016 年数据。

问题 9：如发现食品药品造假行为或遭遇道德败坏和欺诈行为，您会主动检举并配合调查(　　)

从图 3-8 可以看出，受访者对于主动检举“造假、道德败坏和欺诈行为”持“肯定会做”和“一般会做”态度的，其比例分别为 51.02%和 34.1%，还有近 14.9%的居民持“不确定”及“基本不会”等态度。

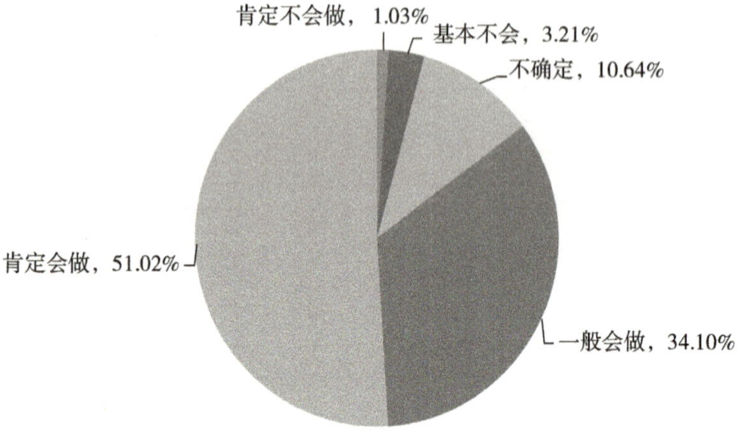

图 3-8　社区居民对检举造假、道德败坏和欺诈行为践行情况的自我评价

观察表 3-20，居民的选择倾向与其政治面貌显著相关，通过数据交叉表得出：2014 年和 2016 年中共党员选择“肯定会做”的比例都占 69.1%，高于平均水平；同时值得我们注意的是，2014 年共青团员选择“肯定会做”的比例占 40.2%，甚至比平均水平还低 10.8 个百分点，一个可能的原因是年轻人的责任感和主动参与社会事务的意识不足，这在核心价值观进课堂进头脑活动中应该加以注意。2016 年这一情况有所改善，选择“肯定会做”的比例已提升到 53.6%，接近于总体平均水平，略高于一般群众。

表 3-20 在“检举制假造假、道德败坏、欺诈行为”方面的态度差异（基于政治面貌的交叉分析）

			受访者政治面貌				合计
			中共党员	共青团员	爱国信教群众	一般群众	
问题9	肯定不会做	计数	1	1	0	6	8
		同类受访者占比	0.8%	0.4%	0%	1.6%	1.0%
	基本不会	计数	2	10	0	13	25
		同类受访者占比	1.6%	3.9%	0%	3.5%	3.2%
	不确定	计数	8	32	3	40	83
		同类受访者占比	6.5%	12.4%	12.5%	10.7%	10.6%
	一般会做	计数	27	112	8	119	266
		同类受访者占比	22.0%	43.2%	33.3%	31.8%	34.1%
	肯定会做	计数	85（163）	104（118）	13（20）	196（280）	398（581）
		同类受访者占比	69.1%（69.1%）	40.2%（53.6%）	54.2%（55.6%）	52.4%（53.1%）	51.0%（57%）
合计		计数	123	259	24	374	780（1019）
		同类受访者占比	100.0%	100.0%	100.0%	100.0%	100.0%

注：括号内为2016年数据。

表 3-21 说明，城市居民和转型社区居民的维权意识较高，在面对造假行为时主动检举或配合调查的比例均高于农村居民。表 3-22 显示，体制内居民主动践行性高于体制外和在校学生，一个可能的原因是体制内职工更加了解检举或配合调查的程序和渠道。表 3-23 表明湖北某省受访区域受访者主动践行性相对较高。表 3-24 表明，居民受教育水平程度的高低与主动检举和配合调查不法行为无显著关系。由于整体受访者该项目的均值为 4.3，接近于最高值 5，说明基层民众对造假等丑恶现象深恶痛绝，社会弘扬正气、抵御邪恶的正能量是比较足的，具有良好的群众基础。下一步结合全面依法治国的总体部署和逐步实施，可以考虑在依靠法治的同时，借助于这种社会共识推动社会风气的进一步好转。

表 3-21　在“检举制假造假、道德败坏、欺诈行为”方面的态度差异（基于身份背景的交叉分析）

			受访者身份背景			合计
			城市居民	转型社会居民	农村居民（以务农为主）	
问题9	肯定不会做	计数	2	3	3	8
		同类受访者占比	0.7%	1.1%	1.4%	1.0%
	基本不会	计数	4	8	13	25
		同类受访者占比	1.4%	2.8%	6.0%	3.2%
	不确定	计数	22	29	32	83
		同类受访者占比	7.9%	10.2%	14.7%	10.6%
	一般会做	计数	104	84	78	266
		同类受访者占比	37.4%	29.5%	35.9%	34.1%
	肯定会做	计数	146	161	91	398
		同类受访者占比	52.5%（62.8%）	56.5%（53.4%）	41.9%（45.5%）	51.0%（57%）

续表

		受访者身份背景			合计
		城市居民	转型社会居民	农村居民（以务农为主）	
合计	计数	278	285	217	780
	同类受访者占比	100.0%	100.0%	100.0%	100.0%

注：括号内为 2016 年数据。

表 3-22 在“检举制假造假、道德败坏、欺诈行为”方面的态度差异（基于职业身份的交叉分析）

			受访者职业身份			合计
			体制内	体制外	在校学生	
问题9	肯定不会做	计数	1	7	0	8
		同类受访者占比	0.8%	1.4%	0.0%	1.0%
	基本不会	计数	2	17	6	25
		同类受访者占比	1.6%	3.3%	4.3%	3.2%
	不确定	计数	6	51	26	83
		同类受访者占比	4.7%	9.9%	18.7%	10.6%
	一般不会	计数	53	159	54	266
		同类受访者占比	41.7%	30.9%	38.8%	34.1%
	肯定会做	计数	65	280	53	398
		同类受访者占比	51.2%（66.8%）	54.5%（54.8%）	38.1%（46.8%）	51.0%（57%）
合计		计数	127	514	139	780
		同类受访者占比	100.0%	100.0%	100.0%	100.0%

注：括号内为 2016 年数据。

表 3-23　在"检举制假造假、道德败坏、欺诈行为"方面的态度差异
（基于受访者所在地域的交叉分析）

			受访者地域			合计
			湖北 XT 市	湖北其他	湖北以外	
问题9	肯定不会做	计数	4	1	3	8
		同类受访者占比	0.9%	1.0%	1.2%	1.0%
	基本不会	计数	12	2	11	25
		同类受访者占比	2.8%	2.0%	4.3%	3.2%
	不确定	计数	39	18	26	83
		同类受访者占比	9.2%	18.2%	10.1%	10.6%
	一般会做	计数	112	38	116	266
		同类受访者占比	26.5%	38.4%	45.0%	34.1%
	肯定会做	计数	256	40	102	398
		同类受访者占比	60.5%（61.2%）	40.4%（54%）	39.50%（49.3%）	51.0%（57%）
合计		计数	423	99	258	780(1019)
		同类受访者占比	100.0%	100.0%	100.0%	100.0%

注：括号内为 2016 年数据。

表 3-24　在"检举制假造假、道德败坏、欺诈行为"方面的态度差异
（基于受教育水平的交叉分析）

			受访者受教育水平				合计
			初中以下	初中	高中或中专	大专以上（含高职）	
问题9	肯定不会做	计数	2	1	2	3	8
		同类受访者占比	2.7%	0.5%	0.7%	1.5%	1.0%
	基本不会	计数	3	8	6	8	25
		同类受访者占比	4.1%	3.6%	2.1%	4.0%	3.2%

续表

			受访者受教育水平				合计
			初中以下	初中	高中或中专	大专以上（含高职）	
问题9	不确定	计数	9	22	30	22	83
		同类受访者占比	12.2%	10.0%	10.5%	11.0%	10.6%
	一般不会	计数	18	71	111	66	266
		同类受访者占比	24.3%	32.1%	38.9%	33.0%	34.1%
	肯定会做	计数	42	119	136	101	398
		同类受访者占比	56.8%（41%）	53.8%（54.2%）	47.7%（58.6%）	50.5%（62.4%）	51.0%（57%）
合计		计数	74	221	285	200	780（1019）
		同类受访者占比	100.0%	100.0%	100.0%	100.0%	100.0%

注：括号内为2016年数据。

为了测试基层民众对社会主义核心价值观重大意义和根本作用的认同，本课题组在调查问卷上连续设计了三个问题，分别是问题10、11、12。

问题10：我认为倡导核心价值观的作用是实现中国特色社会主义的共同理想（　　）

依据表3-25，从受访者对“倡导核心价值观的作用是实现中国特色社会主义的共同理想”这个问题的回答来看，总体均值为4.28，众数①为5.0（即选择非常同意这一观点），证明基层民众对核心价值观的政治作用非常认同，也从一个侧面反映了基层宣教时具有较强的意识形态意味。受访居民的受教育水平越高，对此观

① 众数是在一组数据中，出现次数最多的数据。

点的认同度越高（均值在 4~4.45 之间），认同程度在同一群体中的差异性越小。表 3-26 呈现的 2014 年数据显示，以务农为主的农村居民认同程度低于城市居民和转型社区居民，2015—2016 年的均值分析仍然支持这一结论，从城市居民到转型社区居民到农村居民的认同均值呈现递减趋势。

表 3-25　对核心价值观作用的认同（基于受教育水平的分析）

受访者受教育水平	2014 年均值	2015 年均值	2016 年均值	标准差
初中以下	4.0548	4.07	4.09	0.99848
初中	4.2760	4.17	4.30	0.70763
高中或中专	4.1825	4.28	4.45	0.80165
大专以上（含高职）	4.3750	4.23	4.44	0.78579
总计	4.2465	4.22	4.37	0.79739（0.84）

表 3-26　对核心价值观作用的认同（基于身份背景的分析）

<table>
<tr><td colspan="3" rowspan="2"></td><td colspan="3">受访者身份背景</td><td rowspan="2">合计</td></tr>
<tr><td>城市居民</td><td>转型社区居民</td><td>农村居民（以务农为主）</td></tr>
<tr><td rowspan="8">问题10</td><td rowspan="2">非常不同意</td><td>计数</td><td>1</td><td>4</td><td>2</td><td>7</td></tr>
<tr><td>同类占比</td><td>0.4%</td><td>1.4%</td><td>0.9%</td><td>0.9%</td></tr>
<tr><td rowspan="2">不同意</td><td>计数</td><td>4</td><td>2</td><td>2</td><td>8</td></tr>
<tr><td>同类占比</td><td>1.4%</td><td>0.7%</td><td>0.9%</td><td>1.0%</td></tr>
<tr><td rowspan="2">不确定</td><td>计数</td><td>31</td><td>28</td><td>50</td><td>109</td></tr>
<tr><td>同类占比</td><td>11.2%</td><td>9.8%</td><td>23.1%</td><td>14.0%</td></tr>
<tr><td rowspan="2">基本同意</td><td>计数</td><td>105</td><td>116</td><td>96</td><td>317</td></tr>
<tr><td>同类占比</td><td>37.8%</td><td>40.7%</td><td>44.4%</td><td>40.7%</td></tr>
</table>

续表

			受访者身份背景			合计
			城市居民	转型社区居民	农村居民(以务农为主)	
问题10	非常同意	计数	137	135	66	338
		同类占比	49.3%(63.0%)	47.4%(51.0%)	30.6%(47.6%)	43.4%(57.1%)
合计		计数	278	285	216	779
		同类占比	100.0%	100.0%	100.0%	100.0%

注：括号内为2016年数据。

问题11：十八大提出的“24字核心价值观”很好地概括了社会主义核心价值体系，使之变得清晰易懂，方便宣传(　　)

在回答对“24字核心价值观是否很好地概括了社会主义核心价值体系，使之清晰易懂，方便宣传”问题上，统计结果如图3-9-1所示，2014年有87.5%的人“基本同意和非常同意”，但是还有10.8%的人“不确定”，1.7%的人“非常不同意和不同意”。2016年选择“基本同意和非常同意”的上升到91.55%（图3-9-2）。这在客观上说明绝大多数居民认可这种核心价值体系的凝练方式。分析表3-27，农村居民选择“不确定”项相对多一些，这

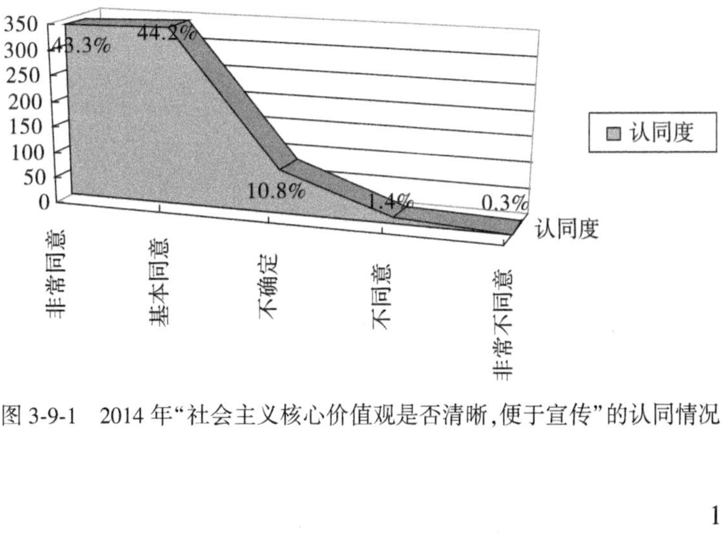

图3-9-1　2014年“社会主义核心价值观是否清晰，便于宣传”的认同情况

就要求社会主义核心价值观在针对农村的宣传内容上要考虑到文化和教育水平差异，尽量具体化、通俗化，有针对性和可操作性。

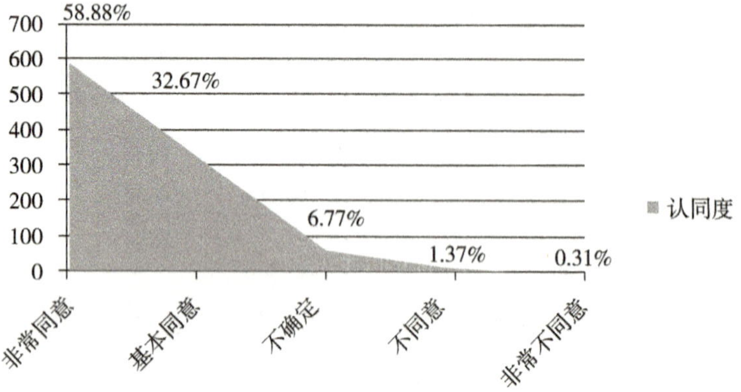

图 3-9-2　2016 年“社会主义核心价值观是否清晰，便于宣传”的认同情况

表 3-27　**选择“不确定”受访民众的身份背景分析**

问题 11 专项分析		受访者身份背景			合计
		城市居民	转型社区居民	农村居民（以务农为主）	
选择“不确定”受访者	计数	19	26	39	84
	横向占比	22.6%	31.0%	46.4%	100.0%
	纵向占比	6.8%	9.1%	18.0%	10.8%
合计	计数	278	285	217	780
	横向占比	35.6%	36.5%	27.8%	100.0%
	纵向占比	100.0%	100.0%	100.0%	100.0%

问题 12：社会主义核心价值观确实体现了全体人民的共识，应该成为大家共同的行为准则(　　)

该题的统计结果如表 3-28 所示，2014 年大多数基层民众（占

全部受访者的 86.2%）认同社会主义核心价值观应成为人们日常践行的道德遵循和行为准则，而且认同均值达到 4.3，标准差为 0.755，2016 年认同均值提升到 4.5，显示受访群体对这一论断的高度认同，认识也比较一致。根据表 3-29 中的数据可得：35 岁以下人群的认同度要略低于其他年龄段且群体间差异度较大。表 3-30 表明，城市居民对全民都应遵守核心价值观的意识略高于农村居民，显示出较高收入和文化水平的民众在理解和掌握核心价值观的目标和作用上情况相对要好一点。表 3-31 显示出党员的政治意识和政治觉悟比较好，均值高于一般群众和爱国信教群众。

表 3-28 **2014 年对“核心价值观应成为共同行为准则”的认同**

		频率	百分比	有效百分比	累积百分比
有效	非常不同意	2	0.3	0.3	0.3
	不同意	11	1.4	1.4	1.7
	不确定	94	12.1	12.1	13.7
	基本同意	310	39.7	39.7	53.5
	非常同意	363	46.5	46.5	100.0
	合计	780	100.0	100.0	

表 3-29 **对“核心价值观应成为共同行为准则”的认同**
（基于年龄阶层的分析）

受访者年龄	2014 年均值	2015 年均值	2016 年均值	标准差
A 25 岁以下	4.26	4.23	4.36	0.69520
B 25~35 岁	4.14	4.26	4.45	0.85430
C 36~55 岁	4.39	4.33	4.67	0.73201
D 55 岁以上	4.56	4.51	4.47	0.62010
总计	4.31	4.29	4.53	0.75541（0.688）

表 3-30　**2015 年民众对“核心价值观应成为共同行为准则”的认同（基于身份的分析）**

受访者身份背景	均值	N	标准差
城市居民	4. 35	341	0. 715
转型社区居民	4. 30	169	0. 856
农村居民（以务农为主）	4. 17	230	0. 779
总计	4. 29	740	0. 772

表 3-31　**2015 年民众对“核心价值观应成为共同行为准则”的认同（基于政治面貌的分析）**

受访者政治面貌	均值	N	标准差
中共党员	4. 42	162	0. 711
共青团员	4. 26	244	0. 818
爱国信教群众	4. 07	14	1. 269
一般群众	4. 25	322	0. 732
总计	4. 29	742	0. 772

问题 13：“践行社会主义核心价值观需要依靠法治”（　　）

该问题的统计结果如表 3-32 所示：

表 3-32　　**对“践行核心价值观需要依靠法治”的认同（基于职业身份的分析）**

受访者身份背景	2014 年均值	2015 年均值	2016 年均值	标准差
城市居民	4. 33	4. 33	4. 54	0. 86144
转型社区居民	4. 31	4. 31	4. 22	0. 81971
农村居民（以务农为主）	4. 07	4. 26	4. 36	0. 87126
总计	4. 25	4. 3	4. 43	0. 85559

从调查数据总体来看，基层民众不但认可法治作为社会层面应倡导的价值观要求，而且相当认同核心价值观的践行也需要依靠法治。2014年其认同均值达到4.25，2015年上升到4.30，2016年更上升到4.43，这反映了一个十分可喜的变化，印证社会对全面依法治国战略布局的高度认同。从培育和践行社会主义核心价值观的角度看，一方面倡导法治是为了在社会层面提倡和鼓励形成一个有法可依、有法能依、有法应依、有法必依、有法尽依的状态与氛围，带有以法治国、依法立法、依法行政、依法治理、公正司法、公平执法、法律面前人人平等的丰富内涵，这是一种对社会理想状态和社会发展目标的描述。另一方面，正如中办印发《关于培育和践行社会主义核心价值观的意见》所指出的，要注重把社会主义核心价值观相关要求上升为具体法律规定，充分发挥法律的规范、引导、保障、促进作用，形成有利于培育和践行社会主义核心价值观的良好法治环境。中央2016年10月通过的《关于进一步把社会主义核心价值观融入法治建设的指导意见》也要求将社会主义核心价值观融入法治国家、法治政府、法治社会建设全过程，融入科学立法、严格执法、公正司法、全民守法各环节，把社会主义核心价值观的要求体现到宪法法律、行政法规、部门规章和公共政策中，以法治体现道德理念，强化法律对道德建设的促进作用，推动社会主义核心价值观更加深入人心。法治的核心在于依法"治"理，其内涵相当丰富，包含了全面的、主观能动的意味，因此推进法治既是推进全面依法治理、依法执政、依法行政任务的逐步实现，又可起到保障社会主义核心价值观有效践行的作用，在这方面群众的认识和中央精神以及本研究第三章的理论分析结果是完全一致的。

就具体影响因素来说，如表3-32显示，2014年农村居民的认可程度低于城市居民和转型社区居民，反映出农村法治建设仍旧任重而道远，2015年该指标有了一定的提高，与城市的差距在缩小。表3-33表明体制内的受访者认为法治在践行社会主义核心价值观中具有更为重要的作用；由标准差（体制内0.802，体制外0.862）可看出，体制内的受访者个体间差异程度更小。表3-34显示，由均值（初中以下 4.14，初中 4.21，高中或中专 4.29，大专以上 4.28）分析可知，居民受教育水平越高，认为依靠法治的重要性越强。从表 3-35 可以发现，党员对依法治国还是有着清醒的认识，对法治与道德的关系把握得比较好，认同法治在规范道德上的作用，其均值高于一般群众和信教群众。

表 3-33　对“践行核心价值观需要依靠法治”的认同
（基于职业身份的分析）

受访者职业身份	均值	N	标准差
体制内	4.3071	127	0.80190
体制外	4.2451	514	0.86192
在校学生	4.2158	139	0.88270
总计	4.2500	780	0.85559

表 3-34　对“践行核心价值观需要依靠法治”的认同
（基于受教育水平的分析）

受访者受教育水平	2014 年均值	2015 年均值	N	标准差
初中以下	4.1351	4.28	74	0.88091
初中	4.2081	4.20	221	0.86976
高中或中专	4.2912	4.35	285	0.78907
大专以上（含高职）	4.2800	4.32	200	0.91969
总计	4.2500	4.30	780	0.85559

表 3-35　2015 年对“践行核心价值观需要依靠法治”的认同
（基于政治面貌的分析）

受访者政治面貌	均值	N	标准差
中共党员	4.38	162	0.849

续表

受访者政治面貌	均值	N	标准差
共青团员	4.27	244	0.875
爱国信教群众	4.07	14	1.207
一般群众	4.30	322	0.764
总计	4.30	742	0.830

问题 14：出门旅游、开车上路、上网发言、进餐购物、环境保护等公民日常生活都与践行社会主义核心价值观有关(　　)

日常生活中体现出的道德准则和行为规范显然应该与核心价值观有关，而且践行核心价值观的一个重要方面就是要落实到日常生活中的“小事”，使其影响无处不在、无时不有。该问题主要测试基层民众对这一判断的认同程度，是否理解践行社会主义核心价值观与居民日常行为紧密关联。

如图 3-10-1 和图 3-10-2 所示，2014 年在全体受访者中，选择“基本同意和非常同意”的共占 82%；选择“不确定”、“不同意”和“非常不同意”的人数比例共计达 18%。2016 年选择“基本同意和非常同意”的小幅提升到 87%，仍有 13%对此比较犹豫或不同意，说明还有一部分居民对社会主义核心价值观在日常生活中的地位和作用的认识有待提高。这提示在政策制定上，应该注意研究如何将核心价值观植入到学生守则、市民公约、小区业主公约、乡规民约、组织章程、商务合同中，重点体现和谐、法治、诚信等价值观核心元素，让什么可以干、什么不能干、干了有什么后果有什么影响清楚明白地传达到每一个人。

如表 3-36 和 3-37 所示，中共党员和大专以上文化程度的居民更为认可这一论断，反映出党员和知识分子对自身日常行为要求比较谨慎，而初中及初中以下文化程度的一般群众在此问题上相对来说比较“无所谓”、“马马虎虎”。根据本题统计结果，也印证了充分发挥党员、干部在践行核心价值观方面的模范带头作用是可行

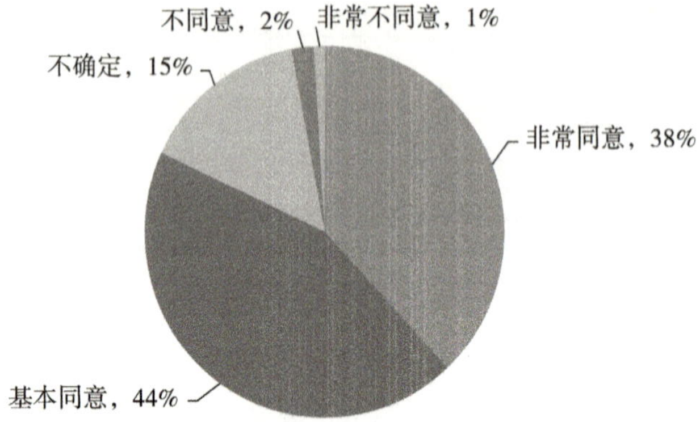

图 3-10-1 2014 年社会主义核心价值观与日常生活的相关度认同情况

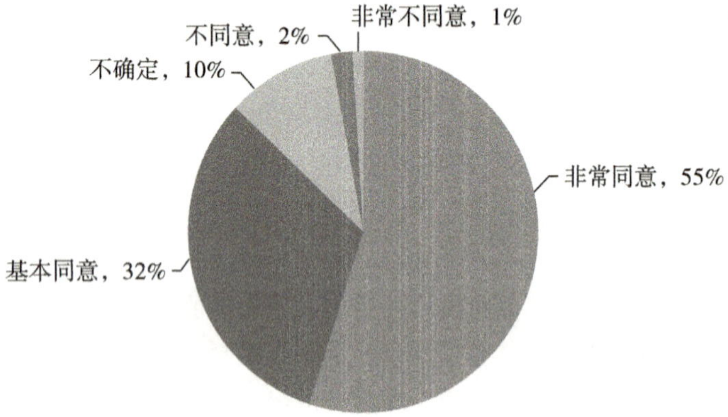

图 3-10-2 2016 年社会主义核心价值观与日常生活的相关度认同情况

的、必要的和有效的。不断提高居民的文化素养和教育水平是一项基础工程，可以在潜移默化中提高人们践行核心价值观的动力和自觉意识。

表 3-36 对“践行核心价值观与日常生活紧密关联”的认同
（基于政治面貌水平的分析）

受访者政治面貌	2014 年均值	2015 年均值	2016 年均值	标准差
中共党员	4.43	4.38	4.64	0.69047
共青团员	4.22	4.27	4.37	0.74307
爱国信教群众	4.30	4.07	4.17	0.75060
一般群众	4.04	4.30	4.28	0.85626
总计	4.17	4.30	4.38	0.80355

表 3-37 对“践行核心价值观与日常生活紧密关联”的认同
（基于受教育水平的分析）

受访者受教育水平	2014 年均值	2015 年均值	2016 年均值	标准差
初中以下	3.86	4.28	4.07	0.92639
初中	3.95	4.20	4.24	0.87788
高中或中专	4.26	4.35	4.39	0.68891
大专以上（含高职）	4.39	4.32	4.55	0.73449
总计	4.17	4.3	4.38	0.80355

问题 15：您认为下列哪个群体对社会主义核心价值观认同相对薄弱，而应该首先给予关怀和教育（ ）

如表 3-38、3-39、3-40 所示，2014 年总体有 35.5%的受访者认为核心价值观认同最为薄弱的群体在农村，这一结果在 2015 年几乎是相同的。排在后面特别需要给予关怀和教育的依次是党员干部（22.8%）和青少年学生（19.2%）。不同政治面貌、不同职业身份、不同身份背景群体均普遍认为农村居民是社会主义核心价值观认同最薄弱的群体，各群体选择“农村居民”项的比率范围在 29.2%~46.5%之间；甚至大部分农村居民（2014 年占比达到

46.5%，2015 年也达到 40.4%）也认为最需要加强价值观认同教育的居民还是在农村而不是在城市，这说明农村居民对自身所处环境的道德氛围存在忧虑。这一结果提示做好农村居民和转型社区居民的核心价值观认同提升工作，对促进全体公民价值观培育和践行具有突出重要的作用。

表 3-38　对“何种群体是认同核心价值观相对薄弱的群体”的回答（基于政治面貌的分析）

			受访者政治面貌				合计
			中共党员	共青团员	爱国信教群众	一般群众	
问题15	党员干部	计数	30	44	7	97	178
		同类受访者占比	24.4% (11.1%) (14.8%)	17.0% (16.4%)	29.2% (14.3%)	25.9% (18.3%) (13.7%)	22.8% (16%) (14.6%)
	企事业单位职工	计数	9	12	3	19	43
		同类受访者占比	7.3% (9.9%)	4.6% (3.7%)	12.5% (7.1%)	5.1% (7.5%)	5.5% (6.7%)
	社会精英和富裕群体	计数	10	23	1	34	68
		同类受访者占比	8.1% (9.3%)	8.9% (11.9%)	4.2% (0%)	9.1% (9.9%)	8.7% (10.2%)
	青少年学生	计数	21	58	5	66	150
		同类受访者占比	17.1% (23.5%) (18.2%)	22.4% (18.9%) (10.9%)	20.8% (28.6%) (19.4%)	17.6% (19.3%) (22.8%)	19.2% (20.1%) (19%)
	城市居民和转型社区居民	计数	17	16	1	30	64
		同类受访者占比	13.8% (11.1%)	6.2% (7.4%)	4.2% (14.3%)	8.0% (11.5%)	8.2% (10.1%)

续表

			受访者政治面貌				合计
			中共党员	共青团员	爱国信教群众	一般群众	
问题15	农村居民	计数	36	106	7	128	277
		同类受访者占比	29.3% (35.2%) (29.7%)	40.9% (41.8%) (43.6%)	29.2% (35.7%) (25.0%)	34.2% (33.5%) (37.8%)	35.5% (36.6%) (36.7%)
合计		计数	123	259	24	374	780
		同类受访者占比	100.0%	100.0%	100.0%	100.0%	100.0%

注：括号内自上而下为 2015 年数据（745 个样本中有 2 个样本无效）和 2016 年数据。

表 3-39 对“何种群体是认同核心价值观相对薄弱的群体”的回答（基于职业身份的分析）

			受访者职业身份			合计
			体制内	体制外	在校学生	
问题15	党员干部	计数	23	132	23	178
		同类受访者占比	18.1% (13.7%) (16.6%)	25.7% (17.0%) (15.1%)	16.5% (16.2%) (8.5%)	22.8% (16%) (14.6%)
	企事业单位职工	计数	8	31	4	43
		同类受访者占比	6.3% (8.6%) (8.1%)	6.0% (7.1%) (8.1%)	2.9% (4.5%) (5.7%)	5.5% (6.7%) (7.8%)
	社会精英和富裕群体	计数	9	40	19	68
		同类受访者占比	7.1% (11.4%) (14.5%)	7.8% (8.8%) (5.7%)	13.7% (11.6%) (8.5%)	8.7% (10.2%) (8.5%)

续表

			受访者职业身份			合计
			体制内	体制外	在校学生	
问题15	青少年学生	计数	27	86	37	150
		同类受访者占比	21.3% (22.9%) (18.7%)	16.7% (17.3%) (18.5%)	26.6% (23.2%) (22.0%)	19.2% (20.1%) (19.0%)
	城市居民和转型社区居民	计数	10	50	4	64
		同类受访者占比	7.9% (10.3%)	9.7% (11.3%)	2.9% (8.1%)	8.2% (10.1%)
	农村居民	计数	50	175	52	277
		同类受访者占比	39.4% (33.1%) (28.3%)	34.0% (38.5%) (39.0%)	37.4% (36.4%) (44.0%)	35.5% (36.6%) (36.7%)
合计		计数	127	514	139	780
		同类受访者占比	100.0%	100.0%	100.0%	100.0%

注：括号内自上而下为 2015 年数据和 2016 年数据。

表 3-40　对“何种群体是认同核心价值观相对薄弱的群体”的回答（基于身份背景的分析）

			受访者身份背景			合计
			城市居民	转型社区居民	农村居民（以务农为主）	
问题15	党员干部	计数	61	69	48	178
		同类受访者占比	21.9% (12.3%)	24.2% (15.4%)	22.1% (22.3%)	22.8% (16.0%)
	企事业单位职工	计数	18	16	9	43
		同类受访者占比	6.5% (9.7%)	5.6% (4.1%)	4.1% (4.3%)	5.5% (6.7%)

续表

			受访者身份背景			合计
			城市居民	转型社区居民	农村居民（以务农为主）	
问题15	社会精英和富裕群体	计数	34	20	14	68
		同类受访者占比	12.2%（11.1%）	7.0%（11.8%）	6.5%（7.8%）	8.7%（10.2%）
	青少年学生	计数	59	52	39	150
		同类受访者占比	21.2%（24.0%）	18.2%（13.0%）	18.0%（19.1%）	19.2%（20.1%）
	城市居民和转型社区居民	计数	32	26	6	64
		同类受访者占比	11.5%（10.9%）（15.1%）	9.1%（14.2%）（13.2%）	2.8%（6.1%）（9.1%）	8.2%（10.1%）（13.3%）
	农村居民	计数	74	102	101	277
		同类受访者占比	26.6%（32%）（34.4%）	35.8%（41.4%）（37.3%）	46.5%（40.4%）（42.0%）	35.5%（36.6%）（36.7%）
合计		计数	278	285	217	780（743）（1019）
		同类受访者占比	100.0%	100.0%	100.0%	100.0%

注：括号内自上而下为2015年数据（745个样本中有2个样本无效）和2016年数据。

值得注意的是，基层中共党员和共青团员认为自身所在的群体对社会主义核心价值观的认同相对薄弱，这是启动阶段普遍遇到的问题①。这对党的基层组织和领导干部在推动核心价值观培育和践

① 例如湖南省委党校的杨振闻教授在一次主讲“积极培育和践行社会主义核心价值观”时作了一个小测验，要求学员将社会主义核心价值观说出来，结果全班53人将内容顺序完全答对的只有1人。

行方面提出了更高要求。打铁还得自身硬，基层组织如何“发挥政治核心作用和战斗堡垒作用”，党员干部如何“以身作则、率先垂范”显然大有文章可做。从 2014—2016 年的数据来看，党员干部的作风建设取得了成效，认为该群体对核心价值观认同比较薄弱的比例已经从 22.8%下降到 14.6%（见表 3-39），印证了群众路线教育、“两学一做”等党建工作有力地推动了价值观建设。

连续三年的调查都有约 20%的受访者认为青少年学生特别需要得到关怀和教育，这也证明了培育和践行核心价值观“要从小抓起，从学校抓起”，务必扣好第一颗纽扣。在访谈中，课题组也明显感到，家长们对新时期多元多变多样环境下青少年思想道德发展变化的担心，希望社会氛围和校园文化能带来正能量。良好的社会风气、校园环境文化和家庭氛围是青少年树立良好价值观的重要基础，三者缺一不可，必须形成合力。

问题 16：在日常生活中您有无亲身遭遇过不平等或者不公正待遇（　　）

图 3-11-1 显示，对于“日常生活中有无遭遇过不平等或者不公正待遇”这类问题，2014 年有 55%的居民反映“偶尔有过几次”，19%的居民反映“有过较多次”，“完全没有”的仅占 2%。2016 年的调查显示社会风气大致维持在同一个水平（图 3-11-2）。在不同身份背景的受访者中，“偶尔有过几次”所占的比率都为最大，明显多于“完全没有”、“基本上没有”、“有过较多次”。这说明不平等不公平现象受访者基本都遇到过，是普遍存在的，发生频率的均值为 2.92，接近“偶尔有过几次”的状态①，总体处于尚可忍受的状态。

在三个群体中有过较多次不公正待遇经历的，农村居民所占的比率最大，为 21.7%，高于城市居民和转型社区居民（见表 3-41）。在不同年龄层的受访者中，25～35 年龄段的居民有过较多

① 该状态下标准值设定为 3。“有过较多次”状态设定为最大值 4，“完全没有”状态设定为最小值 1，本题下同。

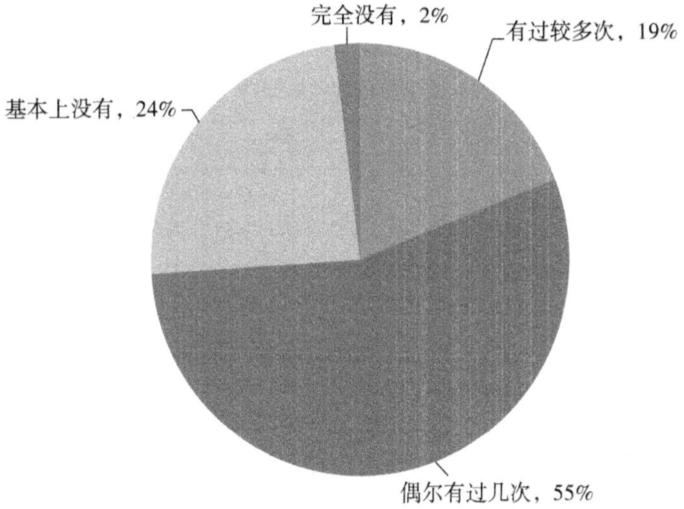

图 3-11-1　居民日常生活中遭遇不平等或者不公正待遇的反映（2014 年）

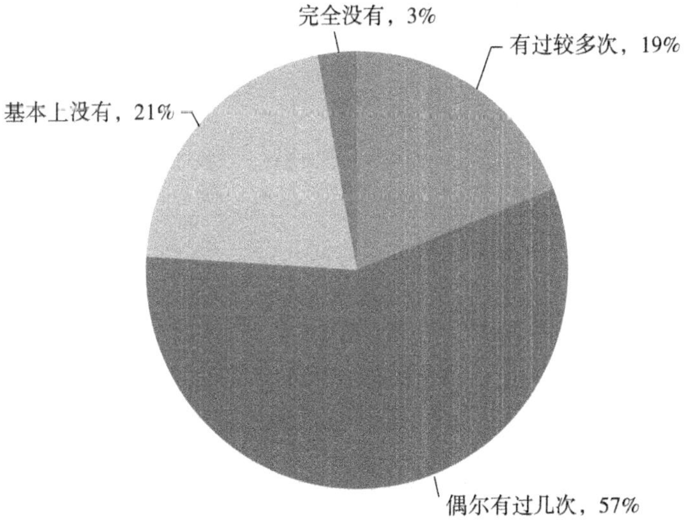

图 3-11-2　居民日常生活中遭遇不平等或者不公正待遇的反映（2016 年）

次的不公正待遇经历（见表 3-42）。

表 3-41　受访民众日常生活中遭遇不平等、不公正待遇的概率
（基于身份背景的分析）

			受访者身份背景			合计
			城市居民	转型社区居民	农村居民（以务农为主）	
问题16	完全没有	计数	7	6	6	19
		同类受访者占比	2.5%	2.1%	2.8%	2.4%
	基本上没有	计数	71	70	45	186
		同类受访者占比	25.5%	24.6%	20.7%	23.8%
	偶尔有过几次	计数	149	156	119	424
		同类受访者占比	53.6.%	54.7%	54.8%	54.4%
	有过较多次	计数	51	53	47	151
		同类受访者占比	18.3%（18.7%）	18.6%（19.1%）	21.7%（19.9%）	19.4%（19.0%）
合计		计数	278（584）	285（204）	217（231）	780（1019）
		同类受访者占比	100.0%	100.0%	100.0%	100.0%

注：括号内为 2016 年数据。

表 3-42　受访民众日常生活中遭遇不平等、不公正待遇的概率
（基于受访者年龄的分析）

			受访者年龄				合计
			25 岁以下	25~35 岁	36~55 岁	55 岁以上	
问题16	完全没有	计数	8	1	6	4	19
		同类受访者占比	3.8%	0.5%	2.2%	4.4%	2.4%

续表

			受访者年龄				合计
			25 岁以下	25~35 岁	36~55 岁	55 岁以上	
问题16	基本上没有	计数	55	36	65	30	186
		同类受访者占比	26.3%	17.6%	23.5%	33.3%	23.8%
	偶尔有过几次	计数	113	120	147	44	424
		同类受访者占比	54.1%	58.8%	53.1%	48.9%	54.4%
	有过较多次	计数	33	47	59	12	151
		同类受访者占比	15.8%（13.0%）	23.0%（18.8%）	21.3%（20.3%）	13.3%（24.6%）	19.4%（19.0%）
合计		计数	209（193）	204（260）	277（448）	90（118）	780（1019）
		同类受访者占比	100.0%	100.0%	100.0%	100.0%	100.0%

注：括号内为 2016 年数据。

本题的测试目的在于验证一个假设：居民有过不平等、不公正待遇的经历会影响其对社会主义核心价值观认同程度的判断，而且遭遇频率越小（即社会公正），则认同程度越高。反之，则认同度较低。如果该假设成立，则调查收集的反映主观感受的认同度数据可能失真。该题数据分析和相关性检验见表 3-43 和表 3-44。结果证明两者只存在弱负相关性（皮尔逊相关系数 R 值为-0.102），这一假设不被完全接受。因此本调查认同测试的结果是可以接受的。

表 3-43　**受访民众日常生活中遭遇不平等、不公正待遇的概率是否影响认同程度的统计分析**

			对周边多数人认同的判断					
			初步了解	尊重并逐步接受	心理认同但还没有主动参与和践行	完全认同并有所行动	主动践行和承担捍卫者	合计
遭遇不公平待遇的概率	完全没有	计数	6	1	5	3	4	19
		占比	31.6%	5.3%	26.3%	15.8%	21.1%	100.0%
	基本上没有	计数	108	43	21	10	4	186
		占比	58.1%	23.1%	11.3%	5.4%	2.2%	100.0%
	偶尔有过几次	计数	220	112	66	14	4	416
		占比	52.9%	26.9%	15.9%	3.4%	1.0%	100.0%
	有过较多次	计数	105	22	25	2	5	159
		占比	66.0%	13.8%	15.7%	1.3%	3.1%	100.0%
合计		计数	439	178	117	29	17	780
		占比	56.3%	22.8%	15.0%	3.7%	2.2%	100.0%

表 3-44　**受访民众日常生活中遭遇不平等、不公正待遇的概率是否影响认同程度的相关分析**

		值	渐进标准误差 a	近似值 Tb	近似值 Sig.
按区间	Pearson 的 R	−0.102	0.042	−2.868	0.004[c]
有效案例中的 N		780			

问题 17、18、19 是基于受访者的主观感受，测试自身和两个群体——“身边多数人”和“基层领导、社区干部”对核心价值观的认同程度，在选择项上将基层民众的认同发展状况所处的阶段量化为 5 级，其中 5 级为最高级，处于主动践行和承担捍卫者的阶

段，4级为处于完全认同并有所行动的阶段，3级为处于心理上认同但还没有主动参与和践行的阶段，2级为处于尊重并逐步接受的阶段，1级为处于初步了解阶段。统计结果如下：

图3-12-1中，2014年在核心价值观认同度的自我评价、对身边他人的评价以及对基层领导或社区干部的评价三个方面，约50%的受访者认为均处于1级，即“初步了解阶段”；约23%的受访者认为处于2级，即“尊重并逐步接受的阶段”。这和本次调查时间段处于社会主义核心价值观尚未在受访区域全面启动有关。2016年有较大部分的原初步了解者过渡到更高阶段（图3-12-2），出现这样可喜的变化是由于大范围的宣教活动产生了明显效果。三年的调查都显示自我评价略高于对他人的评价，符合正常的心理表现。

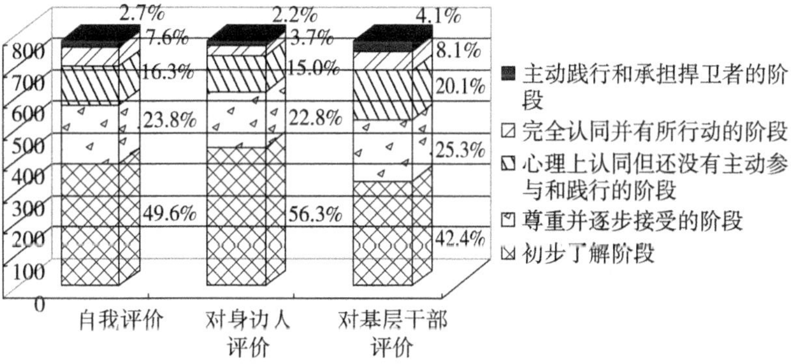

图3-12-1 社会主义核心价值观认同度的自我评价、对身边他人的评价以及对基层领导或社区干部的评价（2014年）

从总体均值分析，2014年调查对基层干部的评价均值最高，为2.06，明显高于自我评价的总体评价均值1.90和对身边多数人的总体评价均值1.73，三个评价值的算术平均值为1.897①。2015年调查对基层干部的评价仍为最高且上升到2.68，中值实现突破

① 换算成百分制为37.9。

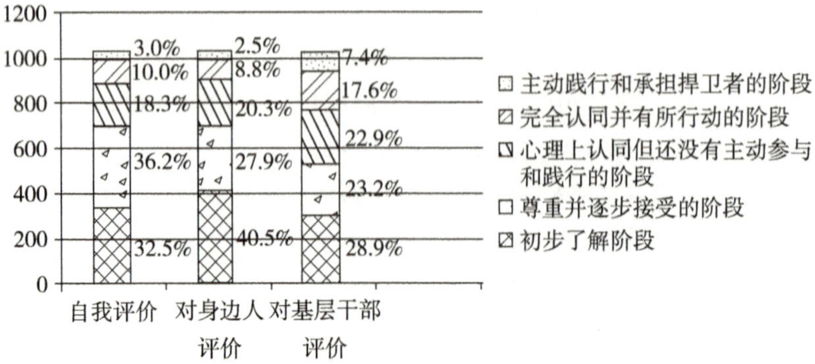

图 3-12-2　社会主义核心价值观认同度的自我评价、对身边他人的评价以及对基层领导或社区干部的评价（2016 年）

达到了 3，相当于已从逐步接受进入到心理认同阶段。2016 年对基层干部维持在 2. 52（见表 3-45）。从均值看对基层干部的评价均略高于自我评价，说明受访地区群众对干部队伍认同并践行核心价值观状况是基本满意的，认为他们在“德”的方面更加符合倡导要求。上述指标说明总体上基层民众践行程度还处于初级阶段，基层领导或社区干部在认同和践行程度上高于普通群众，仍是可起到先进引领作用的重要群体，应充分发挥其在精神文明建设中的带头作用。

在自我评价方面，存在性别差异，2014 年男性相对女性略为自信，中值为 2，高于女性中值 1 级，说明男性相对了解核心价值观的内容，2015—2016 年数据显示女性均值逐渐追上并略高于男性，显示出更好的认同与践行程度，这似乎和近些年来中国女性受教育程度以及地位话语权的上升不无关系。2014—2016 年的调查都证实，从居民身份背景考虑，处于“完全认同并有所行动的阶段”的群体中，城市居民（2014 年为 11. 2%和 2016 年为 13. 7%）和转型社区居民（2014 年为 7. 0%和 2016 年为 4. 9%）所占比例远高于农村居民（2014 年为 3. 7%和 2016 年为 5. 2%）（见表 3-46）。

表 3-45 **对社会主义核心价值观认同发展状况的主观评价（总体状况）**

受访者性别		问题 17（自我评价）			问题 18（对周边多数人评价）			问题 19（对基层领导或社区干部的评价）		
		2014 年	2015 年	2016 年	2014 年	2015 年	2016 年	2014 年	2015 年	2016 年
男	均值	1.98	2.48	2.14	1.73	2.35	2.01	2.06	2.62	2.51
	样本数	412	405	516	412	405	516	412	404	516
	中值	2.00	2	2.00	1.00	2	2.00	2.00	3	2.00
女	均值	1.80	2.62	2.16	1.73	2.50	2.09	2.07	2.76	2.53
	样本数	368	337	503	368	337	503	368	337	503
	中值	1.00	3.00	2.00	1.00	2.00	2.00	2.00	3.00	2.00
总计	均值	1.90	2.54	2.15	1.73	2.42	2.05	2.06	2.68	2.52
	样本数	780	742	1019	780	742	1019	780	741	1019
	中值	2.00	2.00	2.00	1.00	2.00	2.00	2.00	3.00	2.00

从政治面貌上分析，中共党员践行程度明显高于其他群体（参见表 3-47）。针对职业身份不同的受访者来说，差异也相当明显：选择完全认同的比例，体制内居民（17.3%）远远高于体制外居民（5.4%）和农村居民（6.5%）（见表 3-48）。

表 3-46　**对社会主义核心价值观认同发展状况的自我评价（基于身份背景的差异）**

			受访者身份背景			合计
			城市居民	转型社区居民	农村居民（以务农为主）	
问题17	初步了解阶段	计数	132	127	128	387
		同类受访者占比	47.5%	44.6%	59.0%	49.6%
	尊重并逐步接受的阶段	计数	62	81	43	186
		同类受访者占比	22.3%	28.4%	19.8%	23.8%
	心理上认同但还没有主动参与和践行的阶段	计数	43	50	34	127
		同类受访者占比	15.5%	17.5%	15.7%	16.3%
	完全认同并有所行动的阶段	计数	31	20	8	59
		同类受访者占比	11.2%（13.7%）	7.0%（4.9%）	3.7%（5.2%）	7.6%（10.0%）
	主动践行和承担捍卫者的阶段	计数	10	7	4	21
		同类受访者占比	3.6%（4.3%）	2.5%（1.5%）	1.8%（1.3%）	2.7%（3.0%）

续表

		受访者身份背景			合计
		城市居民	转型社区居民	农村居民（以务农为主）	
合计	计数	278（584）	285（204）	217（231）	780（1019）
	同类受访者占比	100.0%	100.0%	100.0%	100.0%

注：括号内为2016年数据。

表3-47　对社会主义核心价值观认同发展状况的自我评价（基于政治面貌的差异）

			受访者政治面貌				合计
			中共党员	共青团员	爱国信教群众	一般群众	
问题17	初步了解阶段	计数	34	114	7	232	387
		同类受访者占比	27.6%	44.0%	29.2%	62.0%	49.6%（32.5%）
	尊重并逐步接受的阶段	计数	32	68	8	78	186
		同类受访者占比	26.0%	26.3%	33.3%	20.9%	23.8%（36.2%）
	心理上认同但还没有主动参与和践行的阶段	计数	24	59	4	40	127
		同类受访者占比	19.5%	22.8%	16.7%	10.7%	16.3%（18.3%）
	完全认同并有所行动的阶段	计数	25	16	1	17	59
		同类受访者占比	20.3%（18.2%）	6.2%（4.1%）	4.2%	4.5%	7.6%（10.0%）

续表

			受访者政治面貌				合计
			中共党员	共青团员	爱国信教群众	一般群众	
问题17	主动践行和承担捍卫者的阶段	计数	8	2	4	7	21
		同类受访者占比	6.5%（7.2%）	0.8%	16.7%	1.9%	2.7%（3.0%）
合计		计数	123（236）	259（220）	24（36）	374（527）	780（1019）
		同类受访者占比	100.0%	100.0%	100.0%	100.0%	100.0%

注：括号内为 2016 年数据。

表 3-48　对社会主义核心价值观认同发展状况的自我评价（基于职业身份的差异）

			受访者职业身份			合计
			体制内	体制外	在校学生	
问题17	初步了解阶段	计数	56	287	44	387
		同类受访者占比	44.1%	55.8%	31.7%	49.6%（32.5%）
	尊重并逐步接受的阶段	计数	23	118	45	186
		同类受访者占比	18.1%	23.0%	32.4%	23.8%（36.2%）
	心理上认同但还没有主动参与和践行的阶段	计数	22	67	38	127
		同类受访者占比	17.3%	13.0%	27.3%	16.3%（18.3%）
	完全认同并有所行动的阶段	计数	22	28	9	59
		同类受访者占比	17.3%（18.0%）	5.4%（6.4%）	6.5%（9.2%）	7.6%（10.0%）

续表

			受访者职业身份			合计
			体制内	体制外	在校学生	
问题17	主动践行和承担捍卫者的阶段	计数	4	14	3	21
		同类受访者占比	3.1%	2.7%	2.2%	2.7%(3.0%)
合　计		计数	127(283)	514(595)	139(141)	780(1019)
		同类受访者占比	100.0%	100.0%	100.0%	100.0%

注：括号内为2016年数据。

以对“身边他人的评价”为例，在“心理上认同但还没有主动参与和践行”阶段，在校学生群体比例明显高于其他体制内、体制外群体（见表3-49），说明校园内风气明显好于社会风气，学生群体接触的人际关系在践行程度上优于其他群体。

表3-49　对他人社会主义核心价值观认同发展状况的评价（基于职业身份的差异）

			受访者职业身份			合计
			体制内	体制外	在校学生	
问题18	初步了解阶段	计数	63	312	64	439(413)
		同类受访者占比	49.6%	60.7%	46.0%	56.3%(40.5%)
	尊重并逐步接受的阶段	计数	39	103	36	178(284)
		同类受访者占比	30.7%	20.0%	25.9%	22.8%(27.9%)

续表

			受访者职业身份			合计
			体制内	体制外	在校学生	
问题18	心理上认同但还没有主动参与和践行的阶段	计数	17	69	31	117（207）
		同类受访者占比	13.4%（23.0%）	13.4%（19.7%）	22.3%（17.7%）	15.0%（20.3%）
	完全认同并有所行动的阶段	计数	5	19	5	29（90）
		同类受访者占比	3.9%（9.2%）	3.7%（8.2%）	3.6%（10.6%）	3.7%（8.8%）
	主动践行和承担捍卫者的阶段	计数	3	11	3	17（25）
		同类受访者占比	2.4%（3.5%）	2.1%（1.7%）	2.2%（3.5%）	2.2%（2.5%）
合计		计数	127（283）	514（595）	139（141）	780（1019）
		同类受访者占比	100.0%	100.0%	100.0%	100.0%

注：括号内为 2016 年数据。

基层领导和社区干部不仅在经济建设工作中起着重要的作用，更在精神文明的建设中发挥着重要的纽带作用，从转型社区居民对其认同状况的判断来看，64.6%的受访者认为还处于“初步了解阶段”和“尊重并逐步接受的阶段”，13.4%的受访者处于完全认同并有所行动和主动践行的状态，这反映出基层社区中存在一些能起模范引领作用的干部，但总体上距离中央、省委要求和群众期望还有距离（见表 3-50）。因此为了更好地发挥党员、干部应有的模范带头作用，必须在培育和践行核心价值观方面将其列为重点对象，进一步提升广大党员干部的认同和践行程度。

表 3-50 **对基层干部社会主义核心价值观认同发展状况的评价（基于身份背景的差异）**

			受访者职业身份			合计
			城市居民	转型社区居民	农村居民（以务农为主）	
问题19	初步了解阶段	计数	118	112	101	331（294）
		同类受访者占比	42.4%（26.7%）	39.3%（31.9%）	46.5%（31.6%）	42.4%（28.9%）
	尊重并逐步接受的阶段	计数	65	72	60	197（236）
		同类受访者占比	23.4%（23.3%）	25.3%（22.5%）	27.6%（23.4%）	25.3%（23.2%）
	心理上认同但还没有主动参与和践行的阶段	计数	55	63	39	157（233）
		同类受访者占比	19.8%（21.6%）	22.1%（27.5%）	18.0%（22.1%）	20.1%（22.9%）
	完全认同并有所行动的阶段	计数	26	23	14	63（179）
		同类受访者占比	9.4%（19.2%）	8.1%（13.7%）	6.5%（26.9%）	8.1%（17.6%）
	主动践行和承担捍卫者的阶段	计数	14	15	3	32（77）
		同类受访者占比	5.0%	5.3%	1.4%	4.1%（7.6%）

续表

		受访者职业身份			合计
		城市居民	转型社区居民	农村居民（以务农为主）	
合计	计数	278（584）	285（204）	217（231）	780（1019）
	同类受访者占比	100.0%	100.0%	100.0%	100.0%

注：括号内为2016年数据。

问题20：如何才能提高老百姓对社会主义核心价值观的认同（　　）

该问题政策备选选项如下：

A. 进一步提高官方主流渠道的宣传力度和质量

B. 加强法治建设和严格执法，惩戒和淘汰不符合要求者

C. 建立表彰和奖励制度，并与个人考核和晋升相结合

D. 与青少年教育和国民教育密切结合

E. 丰富广大群众的公共文化生活，改进影视剧和基层文体活动的亲民特色和宣传效果

F. 在利益分配和招聘就业上更加平等公正，营造良好的社会氛围

G. 大力发展社会主义市场经济，切实提高群众收入，实现共同富裕

H. 加强反腐倡廉工作，从干部作风的改善来引领整体风气的好转

问卷设计中“如何才能提高老百姓对社会主义核心价值观的认同”涉及的政策选项涵盖了国家、社会、个人三个层面。由图3-13可知，2014年每个选项均有超过30%以上比例的受访者选择，按选择频率从高到低排列是A>B>H>D>E>G>C>F。前五位的选项比例分别为A、B、H、D和E。2015年选择选项H（加强反腐倡

廉工作，从干部作风的改善来引领整体风气的好转）仍旧处于高位，这契合中央的部署，也反映了民意。2015 年有一个明显的变化是选择 F（在利益分配和招聘就业上更加平等公正，营造良好的社会氛围）的居民明显增多，说明基层期盼共享发展的愿望非常强烈，希望社会处于公平正义之中，也希望社会主义核心价值观关于社会方面的价值导向能产生实际效果。总体看各选项比较均匀，大家逐渐认识到推进核心价值观的落实落地，需要全面协调可持续，需要政府、社会和公民的共同努力。

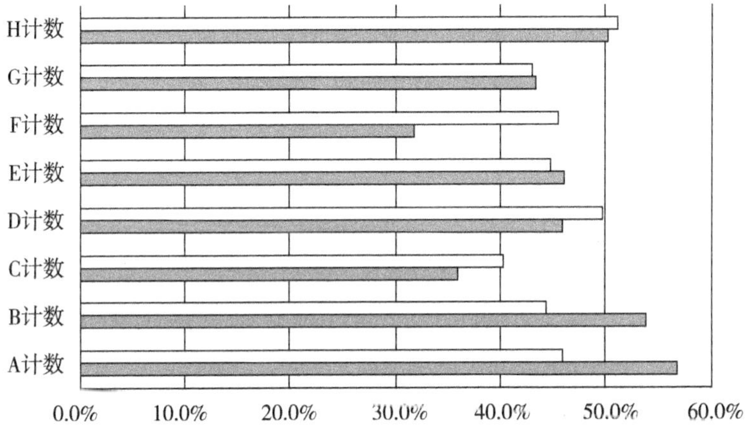

	A计数	B计数	C计数	D计数	E计数	F计数	G计数	H计数
□2015年	45.9%	44.3%	40.3%	49.7%	44.8%	45.6%	43.1%	51.1%
■2014年	56.8%	54.2%	36.0%	46.1%	46.0%	31.8%	43.4%	50.1%

图 3-13　提高老百姓对社会主义核心价值观认同的对策分析

由上可见，受访居民最为认可的举措是：（1）在国家层面，应进一步加强官方主流渠道的宣传力度和质量，重视宣传载体和平台建设，发挥新闻媒体传播社会主流价值的主渠道作用；（2）加强法治建设和严格执法，惩戒和淘汰不符合要求者，坚决捍卫宪法和法律尊严；（3）进一步加强反腐倡廉工作，当领导干部为民、务实、清廉，就能“以人格力量感召群众、引领风尚”，就能建成支点、带来希望，也必然带来整体对核心价值观认同的进一步提升；（4）与国民教育和青少年教育密切结合，融入国民教育全过程，推动社会主义核心价值观进教材进课堂进学生头脑；（5）丰富公共文化生活，改进影视剧和基层文体活动的亲民特色和宣传效果。这就要求培育和践行工作要有创新意识和美育思路，善于运用基层群众乐于接受的方式，多利用真实故事或群众身边的典型事例，多运用清晰、明白的大众化语言，在聚焦普遍、复杂、尖锐的现实问题上也能做到举重若轻①，用“有意思”的构思包裹“有意义”的内涵②，做到更加贴心贴地，更加走近百姓、接近基层。通过持之以恒的“润物细无声”，实现“水滴石穿”、“以文化人”。

3.2　调查主要结论

通过本次调查走访，课题组对基层民众的社会主义核心价值观认同状况有了进一步的认识，发现了一些普遍存在的问题，总结得出了以下主要结论。

3.2.1　基层民众对核心价值观的认知认同度获得较大提升

2014 年受访者关于社会主义核心价值观总体认知度量化值为 67.75%，2015 年达到 77.5%，2016 年基本维持在 76.75%。2014 年认同程度量化值为 37.9%，2015 年达到 49.6%，2016 年稍回落到 42%，但仍然高于 2014 年（见图 3-14）。

这反映出经历持续不懈的培育和践行工作后，基层民众对社会主义核心价值观的了解与认知持续上升，大多数居民已经知道并认识到核心价值观的文本表述和基本内容。更为可喜的是认同并主动

---

① 《光明日报》以反映城市拆迁故事的热播剧《安居》为例，说明现实主义题材也可以拍得有温度、有风度。参见范咏戈：《〈安居〉：聚焦现实问题也可以举重若轻》，载《光明日报》2016 年 10 月 31 日，第 14 版。

② 闫伟：《如何让喜剧更有内涵》，载《光明日报》2016 年 11 月 5 日，第 9 版。

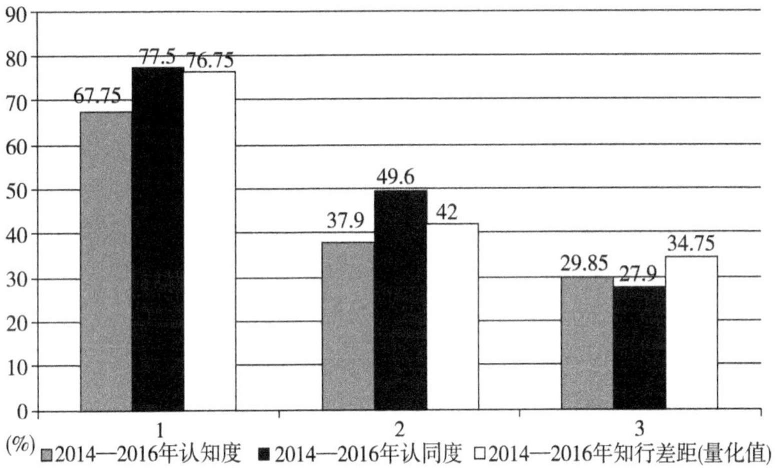

图 3-14 社会主义核心价值观认知认同状况滚动调查（2014—2016 年）

践行的人员比例三年间也明显提升，这印证了受访区域培育和践行社会主义核心价值观工作强基固本、方向对路、目标明确、上下协力，总体成绩比较显著，为中国梦和“两个一百年”的宏伟目标提供了强劲精神动力，开创了文明建设的新局面。当然，从认知和认同度的差值来看，2015 年比 2014 年仅略有减少，2016 年甚至还略有增加，反映出由广泛认知进而内化于心并外化于行的过程仍比较缓慢，促进社会主义核心价值观的入脑入心和知行合一仍需要常抓不懈、久久为功。

3.2.2 社会主义核心价值观的大众认同状况存在不均衡现象

研究表明总体认知认同度受到多方面因素影响，其中社区所处城镇化类型、居民政治面貌、受教育年限、年龄因素、宣传力度的影响较为显著。在认同度方面，城市居民高于转型社区居民和农村居民；中共党员高于普通群众；体制内职工远高于体制外居民；男性先略高于女性后落后于女性；除 80 后居民外，青少年和中老年群体高于 36~55 岁的青壮年；25 岁以下青少年了解程度最高。受教育水平越高，参与精神文明活动意愿越强的居民相应认同度也越高①。

从滚动调查结果可发现，几年来农村居民（以务农为主）的认知认同状况有了较大改善，但总体状况和增速仍旧低于城市居民大约10百分点（见图3-15）。这反映出受到经济发展水平、宣传教育力度和居民整体文化素质的影响，城市居民在精神面貌和培育践行方面基础较好。而在农村，由于城乡经济和社会治理差异的始终存在，农村公共服务供给比较薄弱和不均衡，农民的社会流动日益频繁，农村文化和技能程度相对较高的精英分子流向城市，以小农意识为特征的金钱至上、只顾眼前的实用价值观、世俗价值观比较普遍和流行，农村青少年在遭受外来价值观冲击后处于迷失状态等诸多原因导致矛盾相对集中。在农村社区尤其是城乡交错的社区内，由于农村居民生产生活方式变化较大、社会矛盾相对集中、文化活动相对匮乏、治理体系有待完善，成为了认同度最为薄弱的区域和群体之一。跟踪调查显示，所有受访社会阶层（包括农民自身）都认为农村居民是核心价值观认同最为薄弱的群体，农村居民对自身所处环境的社会风气和道德氛围普遍感到忧虑，这反映出农村价值观建设仍亟待加强。这和地方实际开展培育工作时重视中心城区、轻视远城区，重视城市、轻视农村，重视党员干部、轻视普通群众的情况是有密切联系的。

3.2.3　基层民众对核心价值观的认知渠道存在显著差异

从对社会主义核心价值观的认知渠道来看，受访者主要从家庭成员或老师、传统媒介和新兴媒介三个方面了解社会主义核心价值观。家庭是主要认知平台。有超过60%的受访者能说出践行核心价值观的先进榜样或典型人物。这表明针对社会主义核心价值观的

① 连续三年的问卷调查在样本结构上略有不同，可能造成统计学差异，故经标准化并分组后进行比较，在本小节中仅保留了特征和趋势基本一致的部分。

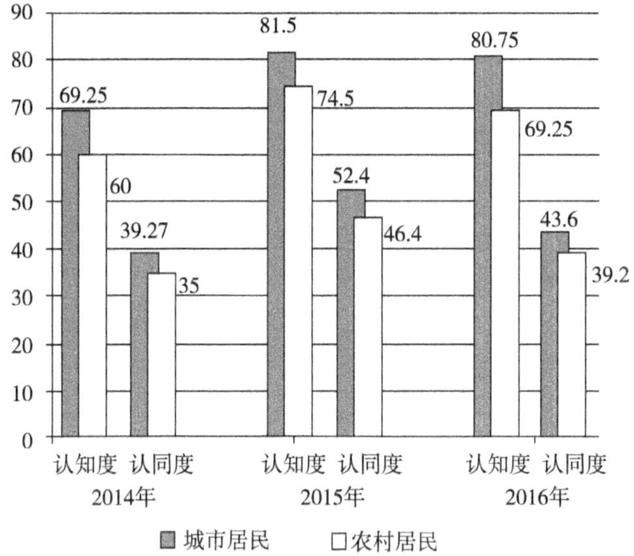

图 3-15 城市居民与农村居民社会主义核心价值观认知认同程度比较表（2014—2016 年）

宣传工作具有一定基础和成效，未来应考虑途径多样化，避免罗列单词型的单一传播方式，逐步实现宣传方式、内容、载体的生活化、多元化、项目化，有重点有针对性地开展工作。

3.2.4 党员和城镇居民对核心价值观的认同程度相对较高

从对社会主义核心价值观的认同度及评价来看，受访者对核心价值观的了解认知程度有一定基础，认知程度统计均值为 2.71，换算成百分制为 67.75%①。但在不同年龄阶层、政治面貌、身份背景、职业身份以及受教育水平程度上都存在着显著差异。如基层中共党员的认知度达 81.5%，明显高于其他群体。当然基层受访

① 认知程度量表使用 4 个等级，故用统计均值乘以 25 可得到百分制均值。湖北区域受访者均值为 67.97，与总体均值相当。

者中仍有9.7%的人表示完全没有听说过核心价值观，反映出在培育启动阶段宣传上还存在空白。在对核心价值观认同度的自我评价、对他人的评价以及对基层领导或社区干部的评价三个方面，受访者普遍认为自身和他人均处于初步了解和逐步接受阶段，认同均值为1.895，换算成百分制为37.9①，说明基层群众距离主动践行阶段还有较大差距。

男性对社会主义核心价值观的了解程度高于女性，但是，男性个体间了解的差异程度比女性大。25岁以下青少年的了解程度最高，青少年、中年人以及老年人对社会主义核心价值观的了解程度明显高于青壮年，其中80后青年在社会主义核心价值观的了解上存在较明显缺失。

中共党员对社会主义核心价值观的了解程度最高，且明显高于一般群众。从了解程度的差异性上看，党员也同样小于其他群体，说明党员普遍对核心价值观的内容比较了解。

城市居民和转型社区居民对社会主义核心价值观的了解程度显著高于农村居民；社区所处的城镇化程度越高，认知程度也越高。职业属于体制内的受访者的了解程度高于体制外的，在校学生的了解程度最高。受访者的认知程度随着受教育水平的增加呈递增趋势，相关系数达0.99。以上数据反映出虽然受访者对社会主义核心价值观认同度的整体情况较好，但农村和转型社区居民相对薄弱，80后青年群体认知度有待提升，因此面向基层以提高认同度为主要内容的宣传和培育工作有待加强。

3.2.5 对核心价值观的功能作用认同存在较大差异

从对社会主义核心价值观的功能、地位、作用上来看，社区居民对此的认同也有显著的差异。有86.3%的受访者认可社会主义核心价值观在改善社会风气和提高社会道德上的作用；82.2%的受

① 因自我评价和对他人评价值相差约10%，此处将两者进行算术平均作为最终取值。在问卷中评估核心价值观认同程度的李克特量表使用5级，用统计均值乘以20可得到百分制均值。

访者认为践行社会主义核心价值观与居民日常生活存在关联，说明还有一部分居民尚未意识到核心价值观规范日常行为的作用；83%的受访者认为社会主义核心价值观应成为人们日常工作生活践行的准则。青壮年的认同度略低于其他年龄段人群，且群体间差异度较大；88%的受访者认为社会主义核心价值观能够实现中国特色社会主义的共同理想，其中，受教育水平越高，对此认同度越高，且差异性越小。在问及“24 字核心价值观”是否清晰易懂、方便宣传时，大多数受访者（占比 87.5%）持同意态度。这在客观上要求社会主义核心价值观在宣传内容上要具体化、形象化，以便于教育水平和专业水平较低的民众接受和学习。同时应持续加大核心价值观在基层群众中的宣传和普及力度，使其影响无处不在，力求得到全民认可、共同践行。

3.2.6 当前开展的各项精神文明活动受到拥护

从对社会主义核心价值观的践行层面来分析，受访者对于当前重点开展的活动（包括反腐倡廉、从严治党、“两学一做”、节约资源保护环境、打击制假造假、关怀弱势群体、文化扶贫、文明单位创建等）大都持肯定和拥护的态度。其中党员中对此持认同态度的人所占比例最高，反映出基层党建工作取得很大成效，看齐意识等四个意识有显著提升。持同意态度的受访者随着受教育水平的提高基本呈现逐步上升的趋势。在问卷调查填写过程中提及是否会主动与不法行为或不道德行为作斗争时，有 84%的受访者均表示会。但在访谈中，多数受访者表示自己少有此行为。另一个值得注意的是，共青团员从心理认同度和行为践行度都低于其他群体（中共党员、爱国信教群众、一般群众）。综合分析表明，绝大多数受访者对社会主义核心价值观存在心理认同、语言认同和行为认同上的差异，证实了“认知”文本易实际“践行”难，价值观从文本和理论变为行动和力量还需要一个长期涵养培育的过程。一个可能的原因是当前社会主义核心价值观在践行方面缺乏从共识到行为的具体准则。然而在制定落实核心价值观的具体准则上存在两难，条款太粗则难以落实或不好操作，规则“没有牙齿”形同虚设；太细则往往流于形式，“法不责众”，同时执法部门或监督机构也将因此承受过大的工作压力，不堪重负，疲于应付。由于教育文化普及和广泛开展精神文明活动的方式能够防患于未然，在潜移默化中提升国民素质，改善社会风气，因此受访民众更为倾向于开展有针对性的精神文明活动，同时寓教于乐，以文化人。

3.2.7　公正、平等、自由、诚信更受基层民众认同

从居民对核心价值观三个层面（国家、社会、个人）的具体内容来看，“公正、平等、自由”三个要素更受人们认同，三者所占比率分别为 15%、16%、13%，其他层面所占比率相近。三个层面里各要素所占比例又有所不同，国家层面中“和谐”更受认同，社会层面中“自由”、“平等”、“公正”均受重视，个人层面“诚信”所占比率远超过其他三项。

与希腊谚语所描述的“公正是一切德性的总汇”类似，在实际访谈中，受访者最关注社会层面的“公正”，最渴求得到公正的对待。然而在基层社区里，还存在不少有违公平正义的现象和问题，集中表现在改革发展进程中的不平衡甚至失衡、资源分配不公、收入差距拉大、社会建设相对滞后、公共服务供给不平等或不足、腐败现象滋生等方面。比如说接受课题组采访的一位从事瓷砖批发的中年商户表示：“在机关办事时看人，认识的人与不认识的人办事态度与办事效率都不一样。”① 正如亚里士多德所揭示的“不公正不是邪恶的一个部分，而是整个邪恶”②，群众在遭遇不公正上受到的直接伤害大于其他要素，而且还会导致人们因此而对社会失去信心甚至出现“近墨者黑”似的模仿。以上数据和访谈表明，社会更加呼唤和谐的价值理念，百姓更加崇尚安居乐业，人们渴求社会更加公正、自由、平等，期待人与人之间充满信任与友善。因此，在推进社会主义核心价值观入脑入心、外化于行的过程

① 参见 2014 年 7 月 1 日课题组在 XT 市某街道桂花台小区的访谈记录。

② 亚里士多德：《尼各马科伦理学》，中国社会科学出版社 1990 年版，第 90 页。

中，应该进一步结合地方社会现状，合人民所需，顺人民所想，应人民所求，为更有效率地建设好中国特色社会主义奠定文化思想基础。

农村居民对“敬业”的认同偏少①，说明对农民群体而言何谓敬业、如何敬业仍有待挖掘，将“工匠精神”所体现的质量意识和工作态度引入个体农业的生产进而树立新时代农民的整体形象有很长一段路要走。

3.2.8 基层期盼巩固“基础工程”地位和深化基层法治建设

针对“如何提高老百姓对社会主义核心价值观的认同度”这一问题，多数受访者认为国家（战略）层面的措施更有助于老百姓提高对社会主义核心价值观的认同。我们的核心价值观是与共产主义理想和社会主义体制相关联的，是与中国特色社会主义道路相关联的，既代表了人民意志，也体现了国家意志、政党意志。因此，国家（政府）应坚持在培育和践行社会主义核心价值观上充分发挥指导和协调推动作用，建立长效机制和保障机制，进一步提高和优化官方主流渠道的宣传力度和质量，真正将其作为一项“基础工程”，用几代人甚至十几代人的努力来完成此项工程，而不能因为领导人的变动或其他文化战略、文明工程的出台而有所减弱，更不能用运动式治理的方式推进价值观建设。

从受访群众的反馈看，当前要着重强化核心价值观的培育，加强基层法治建设和严格执法，按照全面从严治党和全面依法治国的总要求深化反腐倡廉工作和诉讼体系。当领导干部和关键少数做到了为民、务实、清廉，就能“以人格力量感召群众、引领风尚”，

① 江苏师范大学课题组曾经对“社会主义核心价值观12词组您最认可哪6个词”的问题开展问卷调查，结果发现，人们认可度从高到低依次为“民主”（12.06%）、“法治”（9.94%）、“平等”（9.73%）、“文明”（9.69%）、“富强”（9.61%）、“和谐”（9.42%）、“公正”（8.81%）、“爱国”（8.38%）、“自由”（7.92%）、“诚信”（7.82%）、“敬业”（3.99%）、“友善”（3.26%）。可以发现“敬业”排名也是相对靠后。

就能建成支点、以上率下，为全社会尤其是给广大中青年群体带来希望，也必然带来社会整体对核心价值观认同的进一步提升。通过加强法治建设和严格执法，惩戒和淘汰不符合要求者，打造公平正义的司法体系来推动实现积善行德不吃亏、为非作歹必受惩的社会风尚。在日常生活中，坚决捍卫宪法和法律尊严，就会在根本上起到守护道德底线、行为红线的屏障作用，就会给整个社会风气的进一步向好向善带来希望。

第4章　调研反映的问题和形成原因

4.1　问题归纳

实践精神是同现实问题紧密联系的。“问题是时代的声音”，习近平同志多次引用马克思的这句名言，呼吁关注和研究实践中的问题，强调只有立足时代、解决特定的时代问题，才能推动这个时代的社会进步；只有立足时代、倾听特定的时代声音，才能吹响促进经济社会发展的时代号角。通过调研，可以发现广大基层民众普遍对核心价值观已有所了解，对核心内容“三个倡导”比较认可，对各项举措非常拥护支持，但对核心价值观改善基层社会风气、提升民众道德修养和思想文化水平的功能和作用持保守态度，自我践行仍处于初级阶段，群体和阶层间也存在明显的认同差异。对基层社区尤其是处于经济社会转型社区在社会主义核心价值观的认同、培育和践行工作方面暴露出的问题，本书从理论发展本身、宣传方式和方法、党员干部、公众个人认知以及社会环境五个视阈和层面进行归纳总结。

4.1.1　理论发展方面

社会主义核心价值观是在社会主义初级阶段提出的体现中国特色社会主义基本特征的道德目标和基本行为遵循，具有先进性、时代性和深远历史意义。作为党的十八大提出的新要求，这一理论和具体实践本身也有待进一步丰富和完善。经过本次调研，课题组发现了一些在基层开展核心价值观培育和践行活动中必须格外注意的问题。例如存在核心价值观单个词语间的字面联系不明显、内容宣传教育容易两极化、理论倡导与社会现状的结构化反差引发的认同障碍、家庭层面的倡导要求不突出等问题，这也对整个核心价值观在基层社区的宣传、教育和落实，尤其是对基层民众的情感共鸣和理性认同造成了一定的困难。

（1）核心价值观单个词语间的字面联系不明显

社会主义核心价值观的 24 个字包含国家、社会、个人三个方面的倡导要求，在每个层面间是相互依存和紧密联系的，但当三个层面的词语罗列在一起时，因涉及面广，词语跳跃度较大，造成了单个词语间字面联系不明显，也不符合一般人的逻辑思维习惯。有学者认为其表述尚达不到上下贯通浑然一体的逻辑严谨效果。因此，普通居民如果缺乏理论知识背景，在认知和理解社会主义核心价值观时就难以抓住其本质，导致其在认同和践行的过程中面临诸多障碍。例如，问卷调查显示，在回答“社会主义核心价值观是否清晰易懂、方便宣传”时，有 12.5%的受访居民给了否定答复。有居民认为当前大部分宣传标语和展板就是罗列 24 个字，看不出层次，也看不出重点①。有学者认为与中国传统价值观和西方核心价值观相比较，社会主义核心价值观的凝练度还不够。在社会层面的具体词汇方面，“法治”和“法制”两个词发音相同，易于混淆，在基层宣传上容易将“法治”误写为“法制”②，但前者内涵更为丰富，表达的是一种现代化的治理状态。

（2）理论倡导与社会现状的结构化反差引发认同障碍

在城镇化进程中，各种问题和矛盾比较突出，因得不到有效解决有时还会激化，造成了在某些社区社会主义核心价值观所宣扬的理念与实际情况相差较大的局面。部分人认为社会主义核心价值观仅仅是纸上谈兵，说说而已，对社会不良现象和风气起不到扭转作用。比如：在实际走访过程中，就存在一些居民拒绝接受问卷和访

① 媒体出现过类似问题，如《长江日报》2014 年 10 月 15 日第 4 版公益广告，词组排列就出现了错乱。

② 参见张齐武、董榜、邵晚晴等：《图中差错知多少？法制应为法治》，载《咬文嚼字》2014 年第 11 期，封底。

谈调查，他们认为核心价值观所倡导的道德规范起不到明显作用，对解决社区转型期出现的问题可能无效。这反映出培育和践行社会主义核心价值观是一项长期的战略任务，需要坚持不懈地、毫不动摇地抓下去。在启动阶段任务非常艰巨，需要克服相当大的阻力才能形成一种人人践行的生动局面和良性循环、运行顺畅的社会氛围。

(3) 倡导内容和践行途径相对忽视家庭因素

社会主义核心价值观只涉及国家、社会与公民三个方面，而忽视了家庭这一重要角色。家庭是一个国家的"细胞"，也是构成社会的基本单元，在社会主义核心价值观的培育和践行上起着不容忽视的传承、凝聚和整合作用。正如在本次调研问卷中，在问及谁曾向居民提及社会主义核心价值观并要求其付诸实践时，51.4%的受访者选择的是家庭成员或老师。在实际访谈中，也有许多居民表示家庭成员对自己的影响最大，尤其是在面临诚信缺失和曾遭受不公正待遇的时候，家庭成为了精神堡垒和信任的高地。

当前社会主义核心价值观的字面内容并未明显地与民众关系密切的家庭方面联系起来，仅有大"和谐"而缺小"和睦"。对传统文化中的仁、义、礼、孝、慈、爱、悌观念，重视骨肉手足之情等没有直接反映，在某种程度上减弱了社会主义核心价值观在基层民众间的吸引力与说服力，这也会影响家庭教育在宣扬和凝聚价值观认同方面的作用。比如一位学生家长提到畅销书《好妈妈胜过好老师》，她认为在小学阶段家庭教育是超越学校教育的。这种带有普遍性的看法提醒理论工作者，在形成合力推进社会主义核心价值观融入育人过程中，要兼顾学校教育、家庭氛围和社会风气，三者不可偏废，也只有家庭主动配合学校教育，抵御不良社会风气的侵袭，才能巩固德育成果。

(4) 具体行为导向不明显

事物往往具有两面性，受到字数的影响，社会主义核心价值观的12个词组无法直接指明具体行动的规范要求。在面对这些词语时，如爱国、民主、自由、敬业等，部分居民会感到疑惑或产生其他联想，也不清楚该以何种具体行动去践行社会主义核心价值观。

对此问题，在调研走访过程中，一位在社区从事网格化管理的工作者（女，48 岁）在介绍工作经验时表示：社区干部在宣传社会主义核心价值观时，不会从正面直接宣传社会主义核心价值观的 24 个字，因为居民尤其是文化程度较低的居民难以理解，也不清楚具体该怎么做，因此社区干部会举些事实和案例从侧面进行宣传，告知居民具体该做什么、不该做什么。这种面向基层的通俗易懂的教育和实践活动往往收效比较明显①。

4.1.2　基层宣传方面

随着全国全省培育和践行核心价值观活动的深入开展，核心价值观的宣传在转型社区已取得了一定的进展，但仍然存在着宣传渠道较少、宣传形式单一、宣传面窄、宣传力度和可持续性不足等问题。

（1）基层宣传渠道创新不足

近几年社会主义核心价值观的传播还是以传统的大众传播媒介为主，尤其是纸质媒体，如报纸、杂志、书籍等，对电视和网络新媒体的利用程度不够。宣讲、会议、专家讲座、社区文体活动等渠道的积极作用尚没有得到充分发挥，在本次问卷调查数据统计的结果中所占比例最小。传统的大众传播媒介，有其固有的优势，但新媒体则可以超越时间和空间的限制，以最快速度、最大范围、最大限度传播和宣扬社会主义核心价值观。宣讲、会议、专家讲座、社区文体活动等实际活动其感染力和直观性不言而喻，显然将三种渠道结合使用才能使宣传培育效果达到最优。

（2）基层社区宣传形式单一

通过实地调查走访发现，在宣传形式上目前社区主要通过拉横幅、贴标语、发宣传册、开群众会议等传统形式进行宣讲，没有新意，缺乏创意，无法使基层民众尤其是青少年群体真正认识和了解到社会主义核心价值观的必要性和重要性。而新的传播方式，如公益微博、博客、公益短信、文艺表演、电视短片、微电影、校园幕

---

① 参见 2014 年 6 月 30 在某省 XT 市某街道小南社区的访谈记录。

课等形式还没有得到充分的重视和利用，在素材库建设、网络公开课建设、结合重大节庆选准宣传时机上还有待改进。

(3) 启动阶段宣传面比较狭窄

宣传社会主义核心价值观活动的受众面窄是XT市六个被调查基层社区都反映出来的问题。在启动阶段，直接宣传的对象主要集中在社区干部和党员群体。一般群众，特别是受教育水平较低的群众并不在社会主义核心价值观的重点宣传范围内，而这一群体的认同程度又是比较低的。有超过10%的基层民众是在接受本调查时才第一次知道社会主义核心价值观。尽管全覆盖的宣传比较困难，可能对基层组织带来负担，但只有不留死角空白，进行彻底的动员和全面的部署，才能从总体上提升基层民众的认知认同程度。因此针对这一现状，可进一步研究有针对性有层次的宣传方式和策略。

(4) 宣讲容易出现两极化倾向

两极化表现为一个是深奥化理论化，一个是简单化官方化。社会主义核心价值观中的若干组词汇比较简短，词义相当浓缩。当进行宣讲教育时如过于理论化，搞得深不可测，玄而又玄，好像在“天上”在“空中”在“书本”，倡导作用就容易受到多方面限制，会造成文化较低和体制外的居民不愿认真了解。此外，一些居民反映社会主义核心价值观的内容仅仅是一个一个的词语，没有贴切形象化的语句来对其进行说明和描述，不具有很强的说服力和感染力。因此，即使感兴趣的居民往往也无法深入了解社会主义核心价值观的深层次内涵和意义。这就要求在开展涵养社会主义核心价值观的实践活动中，必须要以人为本，积极探索落细落小落实的方式，既做好解读阐释工作，又脱离刻板说教印象，以更加鲜活更加生活化的方式予以呈现。例如微信朋友圈是网民经常浏览的新媒体平台，一些庸俗文化很有市场。如关于酒文化的段子曾经流行一时，如“领导干部不喝酒，一个朋友也没有；基层干部不喝酒，一点希望也没有；男女之间不喝酒，一点机会都没有”等，这就和节俭守礼的传统文化互相冲突，也和社会主义荣辱观完全背道而驰，对建构良善的现代的餐饮文化、交往文化和朋友之道、待客之道杀伤力很大。与此相反，有一段视频给笔者留下了深刻印象，一个卡通形象的可亲可爱的猫咪劝人行善积德，宣扬德者有得、好人好报，它用十分萌宠的语调说道："再烦也要想通，有理也要让人，有权也要低调，不疲劳也要休息，不富也要知足，再忙也要锻炼……遇到夜里摆地摊的能买就买一点，别还价，东西都不贵，家境凡是好一点，谁会大冷天摆地摊；遇到学生出来勤工俭学的，他卖什么你就买点什么，如果他不是家庭困难，出来打工也是需要勇气的，鼓励鼓励他吧；捡到钱包就找找失主……遇到问路的你又碰巧知道那个地址，就主动告诉一声；如果丢的垃圾里有碎玻璃、大头针、刀片等，请用胶带把它们多缠几层，这样就降低了保洁者和捡垃圾者受伤害的概率，他们大多是弱势群体，体贴体贴他们吧，好人会有好报；遇到迷路的小孩和老太太，能送回家的送回家，不能送回家的送上车，送到派出所也行，替老人或小孩打个电话再走，反正你也不缺那几个电话费；雨雪的时候，天冷的时候，遇到卖菜的卖水果的，能买就买一点，反正吃什么也是吃，买下了让人早点回家，都不容易；上车遇到老弱病人孕妇主动让座，留出空位子给需要的人。事不分大小，人不分老幼，人这一辈子一定要多做好事，多做善事，对于你帮助的人来讲，可能就是涌泉相报、铭记终生。我相信爱是有回报的，只是不要计算时间，好人一定有好报。如果觉得有道理请转发朋友圈。"这条动画视频用很通俗的语言，用罗列具体事例、场景的办法宣传了正能量，充分运用卡通造型平易近人的特性拉近了与媒体受众的距离，在欢乐中让人有种感动，有种激励，无形中推动了文明、友善的价值观，获得民众情感上的认同，体现了融入生活、潜移默化的特点。再如辽宁丹东的价值观宣讲志愿者采取"就事论理，解思想扣子"的办法，让宏大的宣传主题细化、具象化、形象化，老百姓觉得不空、不虚、不远、不硬，"贴地皮"，"接地气"。参与活动的群众之所以愿意听，就是因为他们讲老百姓身边的事、关心的事，自己听的时候自然能够"走心"①。凡此种种，无不说明核心价值观的宣传不一定非要

① 毕玉才、刘勇：《丹东有支"理论宣传志愿军"》，载《光明日报》2014 年 1 月 29 日，第 3 版。

正襟危坐、庄严肃穆，如果能在轻松娱乐、家庭欢聚、旅行观光等时刻彰显价值诉求、凸显价值倡导、或理性或感性地表达出向善向上的价值观念，就会克服两极化、“空心化”的问题，真正让好的理论“回到人间”、回归人民。

(5) 宣传力度的可持续性不足

“村改居”社区化作为城镇化过程中的重要一环，无论是人口数量、身份，还是生活方式、经济发展水平等诸多方面都在急速变革，思想层面亦是如此。而社会主义核心价值观作为社区思想文化建设的核心内容，其宣传力度和覆盖范围远远跟不上社区转型和城市扩张的步伐。一些宣传活动还停留在表面、流于形式，没有深入到基层群众的日常生活中去。

据调查，相当一部分干部和基层群众对社会主义核心价值观的了解都是浅层次的，停留在字面理解上，还没有深刻理解其重大意义和逐步形成自发的理性认同，更不用说在实际生活中的践行状况了。从以往基层进行精神文明宣讲贯彻的历史过程看，在宣传持续时间上往往都是阶段性的，没有构建长期持续有效的宣传机制和相应的保障机制。事实上，对社会主义核心价值观的宣传培育不仅仅是一个循序渐进、不断改进的过程，也是一个长期坚持、代代相传的过程，不可能一蹴而就，也无法毕其功于一役。

4.1.3 基层党员干部认同状态

基层党员干部的认同状态与群众的认同状态息息相关。青年毛泽东在新文化运动期间分析中华传统文化的缺陷时曾指出：“思想道德，必真必实，吾国思想与道德，可以伪而不真、虚而不实之两言括之。五千年流传到今，种根甚深，结蒂甚固，非有大力不易催陷廓清。”① 著名哲学家冯契曾谆谆告诫：“价值领域，虚伪是最大破坏；表里不一，言行不一，破坏价值。现在讲克服信仰危机，当然有一个客观的原因、大气候，但不能责怪群众。克服信仰危机

① 参见陈晋：《毛泽东的文化性格》，中国青年出版社 1991 年版，第 15 页。

要多方努力，但领导阶层说真话，心口如一、言行一致很重要。不然的话，说明领导自己没有真正的信念，怎么引导群众?”① 党性要求党员干部要时刻以共产党人的高尚品格和廉洁操守感召周围群众，引领社会风尚。尽管中国文化自古以来就注重民意，如老子提出“以百姓心为心”（见《老子》第 49 章），孔子提过“古之为政，爱人为大”（见《大戴礼记·哀公问于孔子》），但中华传统文化中的一个糟粕就是君主特别擅长“居阴而为阳”的统治术。资产阶级政客为了胜选多数是“口惠而实不至”乃至信口开河，怀有理想信念的共产党人和以人民为中心的干部就不应如此，需力戒虚伪，一身正气。作为党员干部，在宣传落实社会主义核心价值观方面要做到以身作则、表里如一，充分发挥示范带头作用。然而，根据上节调查数据的分析可以看出，确实存在一些基层党员和干部并未发挥其应有的引领、示范、带动和帮扶作用，在宣传落实和自我践行社会主义核心价值观方面仍存在许多不足之处。

（1）部分基层干部自身认同不足

要想更好地向基层群众宣传社会主义核心价值观，首先党员干部自身素质要高，能够较为深刻地了解社会主义核心价值观的重要内涵。由上述调查数据可知，比较了解和非常了解社会主义核心价值观的人中，中共党员、共青团员、爱国信教群众和一般群众分别为 87%、68.7%、66.7%、46.8%。由此可看出，在社会主义核心价值观认知方面，还有超过 10%以上的党员干部尚不了解。另外，与其他社会群体相比较，党员干部认知认同优势也不够明显。党员干部自身对社会主义核心价值观认识不够深入则会导致其在宣传效果、引领风气等方面受到影响，进而严重影响基层民众的认同度，因此还需要加强自身教化，真正将践行社会主义核心价值观与我省开展的“建成支点，走在前列，争做好干部”活动结合起来。对承担基层社区服务工作的干部和聘用人员，特别需要在培育和践行

① 参见冯契:《坚持价值导向的“大众方向”——在“改革开放与社会价值导向”全国学术研讨会上的讲话》，载《探索与争鸣》2015 年第 11 期，第 5 页。

社会主义核心价值观方面得到辅导、培训和关怀。

(2) 部分基层干部模范带头作用尚不突出

中国共产党是长期执政党，作为党员中的优秀成员和精英群体，党员干部是弘扬和践行社会主义核心价值观的先锋队，是良善价值观的宣传者、推动者、引领者。本次调研再次证明了党员干部的一言一行、一举一动，都直接影响着社会主义核心价值观被基层群众认同和接受的程度、广度和深度。如果党员干部不诚实、不正派、不合格、不称职，"群众的眼睛都是雪亮的"，由于宣教主体的"失效"，再多的宣教工作也就不具备说服力和感染力，而流于形式、流于说教、流于空泛。在实地调研中，一位物业公司的杨姓主任在受访时回答"个人怎样理解社会主义核心价值观"时说："践行核心价值观就是'为人民服务'，从毛主席号召为人民服务到三个代表再到科学发展观，核心都是为人民服务。现在评选最美乡村教师、最美乡村医生，都是要为人民服务。"① 这反映出基层对党员干部的殷切希望，即具有高尚道德情操和富于奉献精神的群体②，始终以解决老百姓的疾苦为导向，始终以人民为中心开展工作。然而由实际调研所得数据表明，曾向受访者提及过社会主义核心价值观的人中，机关干部或社区干部所占的比例较小，而家庭成员或老师所占比例最高，达到 51.4%。由此可以看出，受访地区一些基层党员干部自身定位不准确，未能清楚地认识到其个人在宣传社会主义核心价值观方面的核心作用和模范带头作用，自觉主动践行程度还不够，主动影响他人的底气、勇气和信心也不足，从而影响了其对社会主义核心价值观的宣传作用和带动效果。

(3) 个别社区干群关系不和谐，宣传效果大打折扣

立党为公、执政为民是我党的根本政治理念，党的根基在人民，血脉在人民，力量在人民，相互之间血脉相连，感情纽带不可

① 参见 2014 年 7 月 1 日课题组在某省 XT 市绿地华庭物业管理公司的访谈记录。

② 习近平总书记在 2014 年 10 月 15 日文艺工作座谈会上，将自找苦吃形容为共产党人的"职业病"。

分割。要使社会主义核心价值观的宣传培育取得积极的效果，就要求干群关系非常和谐，党员干部必须把基层群众放在心中最高位置，全心全意为人民服务，而不是“半心半意、三心二意和虚情假意”①。毛泽东同志曾讲过一个感人的故事：“锦州那个地方出苹果，辽西战役的时候，正是秋天，老百姓家里很多苹果，我们战士一个都不去拿。我看了那个消息很感动。在这个问题上，战士们自觉地认为：不吃是很高尚的，而吃了是很卑鄙的，因为这是人民的苹果。”② 课题组在 XT 市调研期间，发现该市在一些社区组织成立红白喜事理事会，提出基层干部要会当、能当、争当“知客先生”，这对理顺干群关系，解决群众实际问题起到了较好作用③。然而在不少基层社区的实际工作中，尤其是那些发展相对滞后、征地矛盾比较突出的社区，仍存在一小部分党员干部未能贯彻落实群众路线，往往自身利益高于基层群众的利益，在落实工作过程中产生诸多矛盾和不和谐因素，导致党群、干群关系紧张。党员干部的公信力和权威性不能建立，这就导致党员干部在向基层群众宣传社会主义核心价值观时，基层民众易产生怀疑和抵触情绪，宣传效果大打折扣。正如 XT 市某街道小南社区赵书记（女，59 岁）的体会：“基层贯彻和宣教社会主义核心价值观的工作很辛苦很劳累，但社区干部只要时时刻刻关心居民切身利益，就会使宣传培育工作开展的难度相对减少。”

（4）工作作风有待改善，工作方法有待改进

党的作风问题关系党的形象，加强和改进党的作风建设，是党永远立于不败之地的重要保证。人民群众往往是从党和政府如何对待他们的切身利益来判断党和政府工作的、来决定他们对党和政府

① 李瑞环：《看法与说法》，中国人民大学出版社 2013 年版，第 290 页。

② 毛泽东：《艰苦奋斗是我们的政治本色》，载《毛泽东文集》第 7 卷，人民出版社 1999 年版，第 162 页。

③ XT 市曾提出争当“五型”（即：知客先生型、致富带富型、热心服务型、调解和事型、文化传播型）村干部。知客先生是某省方言，通常指专门负责接待宾客、引导规范礼仪的人。

的态度的。对领导干部来说，生活作风绝不是小事。领导干部有什么样的生活情趣、生活格调，可以从一个侧面反映出他们的世界观、人生观、价值观。党员领导干部的家风与党风、政风也是紧密联系的，因为在群众看来，领导干部的家庭与干部个人是作为一个整体的，家风的好坏反映领导干部个人作风的好坏①。然而在本次社会主义核心价值观认知度的实地调研中，在与受访者的交流中我们了解到，部分基层民众对基层组织党员干部的工作作风和工作方式尚不满意，对其核心价值观践行程度打分与周边人群相近甚至还要低。在某些社区里党员干部工作作风不踏实，密切联系群众不够，甚至有的党员干部习惯当走读干部，官僚主义严重，基层组织班子涣散，身边的腐败现象时有发生。这就导致了这部分党员干部在宣传社会主义核心价值观的过程中，底气不足，言不由衷，不能认真彻底地将倡导内容和行为要求及时传达给基层群众。

党的最大政治优势是密切联系群众，党执政后的最大危险是脱离群众。搞改革和建设工作，"如果农民不高兴，工人不高兴，说一千道一万都没有用"②。在任何时候任何情况下，都必须坚持党的群众路线，坚持全心全意为人民服务的宗旨，把实现人民群众的利益作为一切工作的出发点和归宿③。因此，中央号召要积极从党员干部作风的改善来引领整体风气的好转，继而更好地宣传落实社会主义核心价值观。同时，由于部分党员干部的工作方法不当、工作效率不高、情商不足，导致在社会主义核心价值观的宣传和普及教育中，基层群众尤其是文化水平偏低的群众难以理解和接受，从而影响基层群众的整体认知认同程度。

4.1.4 公众个人认知

调查表明公众对政策内容认知愈多、了解愈透、认同越深，政

① 《人民日报》，2016年1月19日，评论版。

② 李瑞环：《看法与说法》，中国人民大学出版社2013年版，第272页。

③ 江泽民：《全面建设小康社会，开创中国特色社会主义事业新局面》，载《江泽民文选》第3卷，人民出版社2006年版，第572页。

策贯彻的效果就越佳。如果公众能充分认识到目前存在一些有碍和谐稳定的问题，是社会主义现代化过程中、社会转型变革过程中的暂时现象，是分娩幸福中的“阵痛”和快速成长的“烦恼”，那么抱有这种理性、包容、豁达的认知态度将有利于社会主义核心价值观的被接受和被认可。然而在本次 XT 市某街道的走访中我们发现，在现阶段的转型社区，公众尤其是教育水平较低的民众的理性认知仍然不够，包容性欠缺，对社会主义核心价值观的理解和认同仍有很多误区。

（1）部分群众认知水平低

本次调查的社区由于大多正处在从农村向城市转型过程中，相对落后的教育水平和狭窄的信息获取渠道使得居民认知水平不高。在本次对 XT 市基层群众问卷发放和采访的过程中，不少留守在家的老年人由于受教育程度不高而拒绝填写问卷。受认知水平和教育水平限制，这部分居民在关注新闻或社会动态方面也产生了困难。调查数据也证实，受教育水平越高，则认同程度也随之上升。

针对部分公众认知水平低的现实问题，在培育环节要有针对性地采取措施，不能一刀切。例如采用宣传画（如反映核心价值观的民间剪纸、版画、卡通人物、围墙装饰）、专家宣讲、文体活动的方式就比较接地气、聚人气，易记易懂易传播，符合凝练共识、入脑入心的要求。

（2）中老年群体存在抵触心理，负面情绪滋长

在社会主义核心价值观的培育和践行中，一些社区“民主、平等、法治”等关键理念未能得到较好的贯彻，食品安全问题、环境污染问题、医患纠纷问题、征地补偿问题、干部大操大办和腐败问题、中小学教师有偿家教问题、社会治安事件执法不公等负面事件时有发生。在一些城镇化过程中形成的转型社区里，少数 50 岁以上的中老年群体还处于失地、失业、失养（因子女外出打工而成为空巢家庭）的尴尬状态，价值判断出现断层甚至扭曲，易于产生偏激和逆反的心理。这种负面情绪也在一定程度上阻碍着社会主义核心价值观的顺利养成和有效践行。因此对这一年龄层次中的低收入弱势群体，要格外关注关心关切，进一步做

好援助工作。

（3）80后青年职工信仰缺失，价值观迷茫

在国际化、现代化、城市化进程中，基层社区也饱受冲击，多元思想文化互相碰撞，在一些群体中西化的享乐主义、拜金主义、犬儒主义思潮大有市场，信仰的缺失使他们失去了赖以生存的精神动力。价值观的混乱使得居民对怎样建设社会主义精神文明、如何塑造中国特色的价值观没有思想上的认同，日常生活中容易产生信仰和观念上的偏激与摇摆。例如在XT市某汽车修理厂，几位80后青年工人对远道而来的调查者冷嘲热讽，怀疑和否定社会主义核心价值观的正面作用①，这说明一部分基层民众尤其是青年职工群体在个人利益、功利主义思想泛滥的当下，社会主义观念严重弱化，急需在价值观方面得到提高和重塑。这也从一个侧面说明倡导社会主义核心价值观的战略决策和相关举措是非常正确的、必要的和及时的。

（4）低收入者和弱势群体无暇顾及价值观的培养

“人们首先必须吃、喝、住、穿，然后才能从事政治、科学、艺术、宗教等等。”② 当前一些社区民生问题重重，就业问题、养老问题、医疗保障问题尤其突出。不少处于中老年期的居民或残疾贫困家庭，生活压力大，相对于大城市居民其养老、医疗保障又不全面，保障标准比较低，这些都影响其对社会主义核心价值观的认同。正如马克思在《德意志意识形态》中指出的：“当人们还不能使自己的吃喝住穿在质和量方面得到充分保证的时候，人们就根本不能获得解放。”③ 用基层干部的话说就是：低收入者和弱势群体还在“肚子”和“面子”上作选择。青壮年群体在无土地保障的情况下，如集体企业不发达，就只有外出就业，面对残酷的社会竞争，往往无暇顾及和关注社会主义核心价值观的培养，甚至将核心价值观误解为是一种“高大上”的道德要求，更谈不上有效地践

① 参见2014年7月2日课题组在某省XT市某街道的访谈记录。
② 《马克思恩格斯选集》第3卷，人民出版社2012年版，第1002页。
③ 《马克思恩格斯选集》第1卷，人民出版社2012年版，第154页。

行了。这就要求必须将居民追求的家庭幸福与人人践行社会主义核心价值观进行因果联系，引导人们认识到，只有人人践行从我做起，整个国家才能富强和文明，社会才能公正和法治，个人追求的家庭幸福社会和谐才能成为可能。

4.1.5　基层社会环境方面

蓬生麻中，不扶而直，人作为社会动物，其思想观念、行为习惯深受社会环境的影响。如果没有一个健康良善的社会环境，就难免产生价值观上的迷失和混乱，二者相生相长、相辅相成。

（1）核心价值观倡导理念的推行迫在眉睫

由于在内部环境上，经济社会转轨期不同群体利益纠葛较为复杂，各种新型矛盾不断涌现，导致“见利忘义、见死不救、为富不仁、言而无信、金钱至上、及时行乐、宁可犯错不可错过”等错误观念和庸俗思想仍大有市场。人们面临思想滑坡、道德沉沦和信仰缺失的巨大诱惑和风险，同时青少年群体对不良的社会风气往往缺乏辨别力和反抗力，成年人中一些人对待不平等、不公正、不文明的行为态度麻木，甚至跟风效仿，而不是主动拒绝和自觉纠正，这在一定程度上阻碍了良好社会风气和善美伦理秩序的弘扬。习近平同志曾举英国哲学家培根的观点：“一次不公正的裁判，其恶果甚至超过十次犯罪。因为犯罪虽是无视法律——好比污染了水流，而不公正的审判则毁坏法律——好比污染了水源”，并指出“如果不努力让人民群众在每一个司法案件中都感受到公平正义，人民群众就不会相信政法机关，从而也不会相信党和政府”①。这从一个侧面启发人们，良好法治环境对树立核心价值观中倡导的社会公正是多么重要，甚至会直接危害到执政基础和社会稳定。

课题组在调查走访中针对诸如“扶不扶”跌倒老人、主动检举揭发违法行为等问题，发现居民在主观意愿和实际行为上不一致

---

①　参见《习近平关于全面依法治国论述摘编》，中央文献出版社2015年版，第71页。

现象比较突出。

在同一地域2013年进行的类似调查还显示，公民的社会公德意识不够完善甚至欠缺，有近三成的人认为“没有必要把国家利益、社会利益、他人利益放在优先考虑之中”，当被问及“陌生老人摔倒扶不扶”的时候，近半数人会选择“不愿意”，更有90%的人选择曾有过“随地吐痰、乱扔垃圾等”不文明行为①。这反映出倡导核心价值观的任务十分紧迫而繁重，需要长期的坚守与努力，同时要善于利用多种教育、宣传、文化政策与法治工具进行校正和“纠偏”，以使社会风气有根本性的改善。

(2) 外部环境多变情况下良性价值体系的形成步履蹒跚

新时期我国对外开放程度不断提高，国人的思维、理念和信仰也随之开放，产生了美国热、哈韩哈日等社会现象。随着西方文化的刻意渗透，外来不良思潮的冲击逐渐加剧，对缺乏独立思考能力的青少年和偏弱文化修养的农村居民危害极大。不良的社会风气就像是病毒，扩散之快、危害之大、根除之难决定了社会主义核心价值观的宣传、培育和践行不可能是个一蹴而就的过程。中华民族的伟大复兴必然包含着中华优秀文化和核心价值观的复兴，要想让其成为主流、重回中心，由缺位失衡的状态回归到牢固稳定的核心，就需要将社会主义核心价值观教育作为一项战略任务长期坚定地抓下去。

(3) 敬业心不足问题格外突出

这一问题的现实根源是经济高速发展阶段（如几十年来超过两位数的经济增长）出现的文化浮躁和急功近利思想。中国传统文化是重视和倡导敬业精神的，“实事求是”最早就是要求在进行考据训诂时，要注重论证的严密求实，阐释精准有据，治学不可弄虚作假、故弄玄虚，要结合实际、实践来进行。古代在劝学治学方面，提出的“学无常师”“学而不厌、诲人不倦”“学而时习之，

① 武汉市民公德意识调查与研究课题组：《推进武汉市民公德意识建设研究报告》，载《价值观与伦理学研究（2014年卷）》，社会科学文献出版社2014年版，第329页。

不亦说乎”“发愤忘食，乐以忘忧，不知老之将至”“不耻下问”“入太庙、每事问”“三人行必有我师”“举一隅不以三隅反，则不复矣”等，就是把敬业作为一种重要的道德要求。习近平提出“要把学习作为一种追求”，“要耐得住‘昨夜西风凋碧树’的清冷和‘独上高楼’的寂寞”，“即使‘衣带渐宽’也‘终不悔’”，要求党员干部“要沉下心来，贵在持之以恒，重在学懂弄通，不能心浮气躁、浅尝辄止、不求甚解”，干事业要发扬钉子精神等①，这些要求都强烈地展现了一种执着顽强、敬业为民的事业观、价值观。

4.2　原因分析

通过上节分析，基层民众和社区在社会主义核心价值观认同方面存在诸多问题，而导致这些问题产生的因素多种多样，归纳起来主要有以下几个方面。

4.2.1　宏观及结构层面

(1) 农村和城乡结合地区经济发展水平相对滞后

发展是硬道理，也是赢得政治认同的最大基础。处于城乡结合部的转型社区是一种城镇化进程中处于过渡阶段的社区形态。较城市社区而言，一方面转型社区经济发展水平相对较低，很多地方还保持着原有的农村经济特色，如开放性不够、创新活力不足、过分依赖土地资源、历史包袱和欠账较多等。随着城镇化建设脚步的加快，越来越多的土地被征收或征用，村民没有了长期赖以生存和发展的物质基础。另一方面当地集体所有的经济还处于探索起步阶段，存在“青黄不接”的状态。年轻人尚可以外出打工，另谋出路，而 50 岁以上的居民由于当地工厂对年龄的限制只能失业在家，没有稳定的经济来源，增加收入安度晚年成了

① 中共中央宣传部：《习近平总书记系列重要讲话读本（2016 年版）》，学习出版社 2016 年版，第 292、295~297 页。

他们最关心的内容。物质层面最终反映到精神层面，造成一部分群体缺乏对思想道德的关注热情和践行信心。实际上早在2009年进行的一项关于中国“未来10年10项挑战”的调查中，结果显示第一大挑战为“腐败问题突破民众承受底线”，第二大挑战为“贫富差距拉大，分配不公激化社会矛盾”，有八成多受访者选择了此两项。因群体发展速度与总体发展速度不匹配是导致人们在社会主义核心价值观的认同度上出现较大差异的根本原因之一。当然，这一现象也提示通过推进以人为本的新型城镇化，使城乡交错地区逐步完成转型，尽快融入城市融入现代化进程，就会提升整个社区对社会主义核心价值观的认同。

（2）基层法治工作有待进一步强化和完善

在2014—2017年的调查中，受访者在回答何为最有效的提高社会主义核心价值观认同度的措施时，“加强法制建设和严格执法，惩戒和淘汰不符合要求者”在提供的八个选项中始终排在前三位，不难看出人们对加强法制建设和严格执法的重视和期盼程度。我国正处于社会转型期，社会矛盾较为突出，改革中涉及多方利益纠葛，造成问题的解决相对复杂，在基层甚至出现了“不闹不解决，大闹大解决”的说法和行为习惯。一些执法部门和重要岗位的基层干部面对社会矛盾是“手抓两把泥，脚踩西瓜皮，能抹就抹，能溜则溜”，让人难以体会到社会公平正义的获得感。习近平曾举出古代“徙木立信”的典故来说明法律必须严格实施的重要性，“徙木立信”说的是战国时期商鞅在秦国变法，为了取信于民，派人在城中竖立一木，说谁能将此木搬到城门，赏赐十金。搬一根木头就可以拿到十金，民众无人相信，后来把赏赐加到五十金，有人试着把木头搬到城门，果然获赏五十金。“这就是说要言而有信。现在，我们社会生活中发生的许多问题，有的是因为立法不够、规范无据，但更多是因为有法不依、失于规制乃至以权谋私、徇私枉法、破坏法治。”这说明“法律的生命力在于实施。如果有了法律而不实施，或者实施不力，搞得有法不依、执法不严、违法不究，那制定再多法律也无济于事”①。

在这种背景下，需要有一套科学系统的立法、司法、执法体系来维护公平正义，彰显社会主义制度的优越性。然而，在土地征用补偿、农民权益保护、小区物管业主自治等领域仍存在制度交叉重复，法律与政府文件互相掣肘的问题，甚至出现明显的法律真空地带。这种法制不健全、法治不到位的情况传导到实际生活中，就容易导致居民“信访不信法”，出现社会不公平、社会治安状况不稳等现象。

（3）基层社区意识形态领域的建设相对薄弱

意识形态是关乎现代化建设的理论基础、思想保证和精神支持。然而当前社会阶层的分化、社会文化的多元化、网络发展的新境遇、西方意识形态和民族分裂主义等因素对我国意识形态建设带来了一定冲击，影响了社会和谐，也为社会不稳定埋下了危机。在这种背景下，基层群众在遇到经济不景气和生活压力时就易受到各种不良思潮的影响，迁怒于政府决策和社会主义制度体系。同时，基层也缺乏及时有效的应对思想变质的预防措施，在意识形态上存在抓不住、抓不准、抓不够、抓不严的问题。有基层干部在座谈会中向课题组反映：转型社区中居民来源复杂，乡亲们在“村改居”之后逐渐相见不相识。村民在身份转变后，并没有马上形成城市的归属感和认同感，又回不去原来的状态，存在身份危机和自我认同的危机，在这种情况下愚昧迷信和宗教思潮就很容易乘虚而入、卷土重来。还有一些村民虽洗脚上楼，但对文明准则知之甚少，也不懂、不会、不愿参与社区自治和管理②。这些问题的根子在于意识形态和道德修养滞后于总体要求，需要在社会主义核心价值观的普及教育和鼓励践行中，有针对性地予以解决。

---

① 习近平：《在十八届中央政治局第四次集体学习时的讲话》，载中共中央文献研究室编：《习近平关于全面依法治国论述摘编》，中央文献出版社2015 年版，第 57 页。关于徙木立信的故事青年时期的毛泽东也论说过，1912年春，毛泽东入湖南省立高等中学学习，曾写有《商鞅徙木立信论》。他的国文老师柳潜评价该文“力能扛鼎，积理宏富”。

② 参见 2014 年 7 月 4 日某省 XT 市委宣传部组织召开座谈会时的记录。

（4）符合核心价值观标准的干部队伍仍需加强素质培训

首先，目前我国基层干部的选拔、任用、考核和监管机制还有待进一步完善。选拔任用中对干部的思想道德品质和价值观的考察浮于表面，不深入细致；对实际工作的考核，重结果轻过程，致使部分基层领导和社区干部在践行社会主义核心价值观上做得不够，没有起到应有的模范带头作用；在监管方面，缺乏相应的监督机制，对行为是否符合社会主义核心价值观没有相应的奖惩机制，导致干部中产生做不做、怎么做都一样的想法。其次，干部自身的学习和实践不到位。部分干部自身素质不高，缺乏理论基础，对社会主义核心价值观的学习和认识不够深刻，不能够将社会主义核心价值观真正融入日常生活和工作实践中，也没有起到良好的模范引导作用。有的还养成了“层层听汇报、屋里编套套”的坏毛病，形成了“对上级拍胸脯、对下级拍桌子，对问题拍脑袋、对麻烦拍屁股”的坏作风。最后，在价值观建设领域基层干部队伍缺少活力与创新力。长期以来的考核体系、上传下达的工作机制约束了基层干部的工作创新能力，导致不少干部求稳怕乱，热衷于“做一天和尚撞一天钟”。在没有明确交办任务的情况下，对社会主义核心价值观的宣传积极性不高，不敢大张旗鼓，不能理直气壮，影响了核心价值观在基层的培育和践行的效果。

（5）国民教育体系存在薄弱环节

从历史上看，现阶段处于中老年的这一代人恰好成长于20世纪50年代初期到70年代，彼时国家和社会发展程度较低，对教育质量的重视程度不够，导致那一时期我国的教育事业发展滞后，整体水平偏低，客观上加大了当前社会主义核心价值观在部分城镇低收入人群和中老年人群中贯彻的难度。同时，我国现阶段的教育体制还不完善，学校尤其是中小学主要以应试教育为主，分数的重要性超过了道德评价，整个教育体系虽然口头上重视道德教育和人文素质教育，但实际上比较脆弱和滞后，缺乏对良善价值观及成熟理性人格的培养塑造，造成人们出现普遍的信仰缺乏和思想虚无，中国优秀传统文化中的重信义、谦和有礼的君子之风传承不力，从而阻碍了人们对社会主义核心价值观倡导要求的真正理解和广泛认同。

(6) 社会保障体系存在城乡差异

当前国家整体经济发达程度不够高，人口基数大，历史包袱重，导致“兜底型”的社会保障水平低下，覆盖范围较窄，城乡差距也相当明显。“村改居”社区中许多农转非居民还未享受到相应的城市社会保障和福利。在实际走访过程中，课题组发现随着社区的转型，农转非人口急剧增加，失去土地的农民的社会保障水平仍按原先农村村民的标准实施①，居民享受到的补贴和优惠政策少。许多失地居民生活存在一定困难，不少居民更专注于解决生活上所需，少有精力和觉悟关注精神层面上的价值观，从而降低了居民对社会主义核心价值观的认知度。核心价值观建设的目标是形成全社会“共同的”“通用的”价值目标和价值准则，这就需要从关心群众利益和疾苦入手，“就是要使群众认识自己的利益，并且团结起来，为自己的利益而奋斗”②。随着我国社会保障体系和收入分配制度的逐步完善，尤其是在全面建成小康社会的目标下深度开展精准扶贫，实际上极大地缓解了核心价值观在各个社会阶层的不平衡现象，有助于实现全民的道德风貌和精神状态的提升。

4.2.2　社会层面

(1) 优秀传统文化承继乏力

中华优秀传统文化具有丰富内涵和世界性魅力，然而在当今社会中由于受到多种价值观的冲击，中华优秀传统文化没有得到有效继承和发扬。近现代历史上出现的对传统文化的否定和去“中国化”行为，使得优秀文化传承出现过断层，时至今日仍然缺乏足够重视。例如在不少青年学生群体中过圣诞节、情人节、万圣节就

---

① 例如在某省XT市某转型社区，因经费紧张，已完成村改居手续享受低保待遇的居民仍旧执行农村居民的低保标准，和城市标准相比两者相差数倍。

② 毛泽东：《对晋绥日报编辑人员的谈话》，载《毛泽东选集》第4卷，人民出版社1991年版，第1318页。

比过春节、端午节、中秋节还要热闹隆重。有的居民将社会上存在的一些不文明和丑恶现象描绘为全中国、全民族的固有通病和病态基因等，甚至不加区别地归结为民族文化中的劣根性、虚伪性。再如爱国主义在我国人民中是有长远历史传统的，林则徐的“苟利国家生死以，岂因祸福避趋之”；孙中山提出“救国图存，振兴中华”，指出“做人的最大事情是什么呢？就是要知道怎么样爱国”，并以“爱国若命”、“一息尚存，不忘救国”等终生鞭策自己①；顾炎武说：“天下兴亡，匹夫有责”；周恩来倡导“为中华之崛起而读书”；徐特立说：“人民不仅有权爱国，而且爱国是个义务，是一种光荣”；艾青在抒情诗《我爱这土地》中说，“为什么我的眼里常含泪水？因为我对这土地爱得深沉”；冰心说：“一个人只要热爱自己的祖国，有一颗爱国之心，就什么事情都能解决。什么苦楚，什么冤屈都受得了”；巴金说：“我爱我的祖国，爱我的人民，离开了它，离开了他们，我就无法生存，更无法写作”等。爱国主义是一面能够最广泛地召唤起中国人为祖国的统一、繁荣、富强而奉献的旗帜。在这面旗帜下，中华儿女曾经创造了无数英雄业绩。但当代的爱国主义教育缺乏连续性和生活性，甚至《国旗法》颁布后，升挂国旗中的违法违规和淡漠忽视的现象也屡见不鲜。

此外，随着市场经济“理性人”的趋利性、竞争性挤占传统文化中诚信、友善、和谐、慎独、博爱的地位，实用主义大行其道，“赚快钱”风靡当下，优秀传统文化被一部分人忽视甚至抛弃。在核心价值观的宣传和落实中，这种与历史的撕裂、与传统的分割，会导致在培育和践行社会主义核心价值观时失去共同的思想基础和历史渊源，因内容抽象和突兀难以被基层群众广泛理解和真正认可。实际上中国历史上也出现过商品经济高度发达阶段（如《清明上河图》所描绘的北宋汴京城内商业繁茂的胜景），一些传统老字号能够建构历史品牌也是依赖于诚信经营的价值理念。通过完善市场淘汰机制，并借助善治和教化继承和弘扬良善的商业文化

① 转引自习近平：《在纪念孙中山先生诞辰150周年大会上的讲话》，载《人民日报》2016年11月12日，第2版。

传统，往往就能克服和劝止商品经济中逐利、利己的“邪恶”一面。如北京内联升鞋业的负责人说：“老字号企业能发展到今天，就是因为秉承诚信发展的经营理念，真材实料，精工细作，商品物有所值”；北京吴裕泰茶叶公司的负责人说：“消费者对老字号的信任是企业发展壮大最宝贵的财富”；杭州张小泉集团公司的负责人说：“为什么张小泉能够延续300多年？”因为“这个品牌的每一代人都在孜孜不倦地”弘扬和践行“工匠精神”①。这从一个侧面说明实施市场经济和追求物质丰富并不必然违背伦理道德，也不必然推断出社会将因此腐化堕落或信任坍塌②。

（2）核心价值观宣传创新意识有待提高

根据调研结果，尽管影视、网络、短信、微博等新媒体异军突起，早就占据了青少年群体传播的主流渠道，但在这一渠道的价值观传播还是落后于教材、报刊、宣讲手册等传统媒体约5个百分点。这反映出受到体制机制制约，我国当前还未建立起相应完善的奖惩和淘汰机制来刺激和鼓励思想文化方面的创新。例如在理论层面，当前学者们对社会主义核心价值观的研究大多还停留在思辨和哲学层面，实证性研究和创新对策层面研究相对滞后。在制度和机制层面，也存在创新组织不健全以及创新职能发挥受限，无法有效解决社会主义核心价值观宣传的科学化、生活化、精细化、现代化、人性化等问题。落实到具体操作上，大多数社区组织和基层干部还是在采取传统的甚至原始的方式宣传社会主义核心价值观，无法找到更加切合实际，更利于基层民众接受与认同的新形式、新方

---

① 转引自杜海涛、林丽鹂、齐志明：《谁还爱着老字号？》，载《人民日报》2017年2月10日，第18版。

② 有一些学者将社会主义与市场经济对立起来，认为当前社会的一切问题来源于坚持社会主义的“初心”与发展市场经济之间的不可调和的矛盾。这种观点的局限性在于把市场经济定义为资本主义的专属和专利，从教条和“本本”出发而放弃对市场经济体系优势的研究和利用，并把中国特色社会主义的根本任务是通过“解放和发展生产力”，不断满足人民物质文化所需和提高物质生活精神生活水平，与社会主义的根本目标“实现共同富裕”对立起来。

法、新手段、新工具、新平台、新抓手来进行宣传。

(3) 对网络和虚拟社会监管不力

20世纪90年代以来，网络已成为民众生活中不可或缺的一部分，是基层民众尤其是青少年获取知识和信息的重要渠道。在老人和儿童中，手机和移动网络也逐渐成为联系家庭成员的主要工具。互联网络对居民的影响力快速增大，但反映社会主义核心价值观的网络文化产品和弘扬社会主义核心价值观的网络传播平台起步比较晚。同时因网络监管不易和不力也带来诸多虚拟社会里的道德问题，例如：道德观扭曲、道德行为败坏、内容低俗的新闻等刺激点击、吸引眼球的内容还有不小的空间，张狂炫富、越黑越火的文艺内容严重冲击着社会主义核心价值观的涵养，影响了文明、现代、和谐社会的建设进程。

在网络全球化的今天，自由、开放、无国界的网络传播很容易导致个人价值观念和群体价值观的混乱、冲突和迷失，直接影响到社会主义核心价值观的培育与践行。比如：网络上，匿名传播虚假信息和其他不良信息的行为比较常见，随意发泄不满情绪、人肉搜索等侵犯隐私的行为也对文明、和谐、法治、诚信等价值观准则带来了严重挑战，严重影响到基层群众对当前社会风气的认知，降低了网民对最终实现核心价值观所倡导的国家形态和社会状态的信心。由于网络范围大、“一呼百应”的传播特性，这些行为如不加以制止和约束，对核心价值观的培育和践行的破坏性将越来越大。网上社区、群媒体和网络圈层是广大网民精神活动的主要阵地，在这个虚拟社会中仅仅依靠道德的约束是远远不够的，需要政府和社会组织加强对网络的监督和管理。

(4) 基层社区精神食粮比较匮乏

根据课题组的调查，基层群众对公共文化服务的供给满意度不高，其原因一是由于一些地方新闻媒体片面追求经济效益，不太重视社会效益和价值导向，相关从业人员素质参差不齐，一些地方媒体的社会新闻大多是单纯刺激感官的内容，在报道内容比例上正负结构有所失衡，动辄以“震惊”“普遍”这样又“狠”又“猛”的语气形容社会风气，容易让人们对社会现状和主流价值观做出错误判断，继而导致基层群众对道德建设和伦理秩序建设失去信心，对核心价值观功能作用的认同度降低。

二是中小城市基层图书馆、阅览室、文化站建设网点少且分布不均衡，硬件设施比较滞后，书籍杂志品种较少或过时老旧，借阅手续略显繁琐，难以吸引居民热情参与，青少年忙于学业考试也往往无暇光顾。根据武汉大学国家文化发展研究院的调查，2015 年居民从不去公共文化场所的占 14%，每月去 1~4 次的占 63%，群众满意度全国最高的上海市为 3.90 分（总分为 5 分），也就是仅相当于百分制的 78 分。农村基层公共文化供给更是严重不足，2014 年全国县级公共图书馆中建筑面积小于 800 平方米的占总量的 20.4%，人均公共图书 0.58 册，远低于联合国教科文组织规定的人均藏书量 1.5~2.5 册的标准，人均购书经费也只有 1.24 元①。硬件不足再加上管理体制机制造成的服务不善、创新不足、缺乏吸引力等，使得公共文化场所没有起到应有的文化阵地和宣教平台作用。

三是社区文化活动以健身和棋牌为主，在精神层面如科普、歌咏、书法绘画、诗词创作和朗诵②等日常活动和比赛上还缺乏足够场地和有效组织，50 岁以下居民可参与机会较少。一些传统民俗如舞龙舞狮、锣鼓比赛、跑旱船、秧歌社火、太极拳（剑）与“新民俗”如健身球操、乒乓球赛、羽毛球赛、健步走、马拉松、绿道骑行等开展得还不够普及和丰富，有的偏重于城市而忽视农村和小城镇，有的则变成一种汇报表演而失去了群众基础。还有的因

① 参见傅才武、曹余阳：《探索文化领域供给侧与消费侧协同改革：政策与技术路径》，载《江汉论坛》2016 年第 8 期。

② 传统文化活动具有潜移默化的熏陶涵养功能，如 2014 年 10 月在湖北武汉市江滩进行的全国地书大赛，通过在地面书写 24 字核心价值观成为赛事一大亮点。退休市民李贻清创作倡导核心价值观的组诗受到好评。中央电视台 2017 年春节档高收视率的《中国诗词大会》第三季吸引观众 11.63 亿人次收看，其他如《见字如面》《朗读者》《中国汉字听写大会》《中国成语大会》《经典咏流传》等电视节目，通过传播人文历史、演绎人文知识、激励人文精神、坚守文化品格等，均获得了较高的收视率。

社会组织缺位，导致双休、节庆日因社区干部休息而出现宣讲、践行活动的空窗期。

4.2.3 公民层面

根据实地调研所得数据可以发现，在老中青不同年龄阶段，处于青年时期和老年时期的群体对社会主义核心价值观的认同度较高，践行程度也较高。人之初性本善，25岁以下青年群体大多是在校学生或刚刚步入社会的群体，与其他年龄阶段群体相比，反应速度更快，学习能力更强，更能接受新理论。处在老年年龄段的群体则心态平和，社会阅历也更为丰富，思想觉悟较高，更能接受作为主流意识形态的社会主义核心价值观。相反，处在25~55岁年龄段的群体处在当前矛盾和问题更为突出的社会转型时期，更容易受到来自各方面价值观的影响和侵蚀，再加之民生问题中相对突出的买房难、看病难（如挂专家号难、报销难、网点分布不均匀、总体费用高）、子女读书难（如义务教育就近入学、大班额问题、唯分数论的教育理念、辅导班培优班泛滥等）和养老压力等，使得不少中青年群体存在焦虑感、迷失感、失落感，爱国主义、集体主义和社会公德在一些青壮年群体中比较欠缺甚至相当缺乏。因此，中青年群体对社会主义核心价值观可能产生心理上的抵触情绪，对社会主义核心价值观的认同度相对较低。这一结论的启示意义在于：（1）社会教育也是社会主义核心价值观教育的重要一环，尤其是法治教育、公民道德教育需要抓紧抓好，通过培育良好的社会风气来带动整个社会人文素养的提升。（2）跳出以文化建设促文化建设的狭隘观念，以问题为导向，以人民为中心着力解决民生问题，通过提升个体和家庭的获得感、幸福感来提升对社会主义先进文化（如公平正义、富强、和谐）的认可度。（3）着力做好农村和城市居民的精准扶贫脱贫工作，关爱和援助弱势群体，关注并解决基层民众的合理诉求，进一步完善现有治理体系中不合理、不健全和不符合公平正义原则的成分，通过全面深化改革，凸显和保持社会主义社会的优越性，展现面向未来的体现自由与秩序、法治与民主、改革发展与和谐稳定有机统一的社会体制和社会环境。

农村居民和城市转型社区居民认同度低于城市居民，非党员群体、体制外居民认同度低于党员群体和体制内居民，这一结果符合课题组调研前的预估。究其原因，除了城市居民相对富裕、公共文化供给充足、公共服务设施比较完善、党员干部群体政治素质高、体制内居民教育文化水平相对较高等内生因素外，比较突出的原因是：一是农村和转型社区核心价值观宣传普及活动尚未深入开展，基层居民参与和观摩重大纪念活动和文艺展演的机会很少。二是优秀传统文化在城镇化、现代化进程中被淡化甚至遭遇瓦解，既传承经典又富于创造性的新时代优秀文化还没有完全形成，当代道德伦理秩序也有待进一步构建。三是推动社会主义核心价值观“进教材、进课堂、进头脑”的全民教育和终身教育理念贯彻不够，教育对象和受教育阶段存在缺失。四是体制外居民的群众性精神文明创建活动缺乏有效组织和社会机构的参与。乡村治理的现代化进程还比较滞后，法治精神、法治意识、维权观念的嵌入还比较薄弱。五是乡村的社会精英大量进城而持续流失，农村社会内部缺乏组织，对愿意回到农村的乡贤地方上比较重视“官乡贤”、“富乡贤”，忽视了“文乡贤”、“德乡贤”，还有的乡贤“不在场”，大多居住在城市，难以在管理乡村、调理纠纷、教化村民、敦化民俗民风上起到直接作用。六是一些贫困和低收入农民中存在较为严重的“等靠要”思想，“坐在门口晒太阳，等着政府送小康”，只求福利，不思进取。拼搏奋斗、向上向善的精神文化源泉始终无法拓展到一些贫困地区。农村出现“造假村”“贩毒村”“诈骗村”“乞丐村”，甚至出现了“性工作的去道德化”和“混混的职业化”，“懒汉”“混混”反成为了乡村“舞台”的中心人物，客观上造成了奖励懒惰、忽视勤劳的现实反讽，再加上“给钱等于孝顺”、“发财就是成功”、“多读书无用”的扭曲观念，屡见不鲜的权钱交易、买（选）票贿票、大操大办、干部“世袭”、村霸横行等社会现象，都对中华民族勤俭谦和、奋斗自强的传统价值观产生了很大冲击和破坏①。可以说，这些地区除了物质贫困外，还存在事实上的精神贫困、道德贫困和文化贫困，而后者的治理和改善需要更多的时间和耐心。

① 参见谭元斌，刘硕等：《精神贫困成扶贫最硬骨头：我是穷人我怕谁?》，载半月谈网，http://www.banyuetan.org/chcontent/jrt/201819/243548.shtml。刘志松：《找回渐寒的乡村道德灵魂》，载《半月谈（内部版）》，2018年第1期。

第5章 政策建议

为深入贯彻中央精神，紧紧围绕“落细落小落实”的工作要求，扎实推进培育和践行社会主义核心价值观的重点工程和活动的顺利开展，本章根据理论分析、地方工作实际和课题组调研的有关结果，针对提升和巩固核心价值观认同的具体路径和举措，提出如下政策建议。

5.1 宏观层面的建议

5.1.1 坚定以核心价值观推动中国特色社会主义伟大事业的信念

中国特色社会主义取得的伟大成就和伟大胜利是社会主义核心价值观鼓舞民心、赢得民心的最大动力和最大保障。同时进一步弘扬社会主义核心价值观，则为继续统筹推进“五位一体”总体布局和协调推进“四个全面”战略布局凝聚强大精神动力，而在新征程中取得的新成就，又必将更加有利于社会主义核心价值观的弘扬，更进一步坚定民众对中国特色社会主义的“四个自信”。培育和践行社会主义核心价值观和“四个全面”战略布局存在密切关系，它是全面建成小康社会的内在要求，是全面深化改革的精神动力，是全面依法治国的道德支撑，是全面从严治党的思想保证。而“五位一体”中的经济、政治、社会和生态文明建设目标和“三个倡导”提出的要求更是直接相关、完全一致。经济上富强法治，政治上民主文明、社会追求和谐公正、生态期盼文明友好等，本身就是“五位一体”建设的应有之义，核心价值观是引导群众和各级党员干部投身到中国特色社会主义各项建设中的根本动力。

我们应结合“五位一体”总体布局和“四个全面”战略布局的贯彻落实，不回避“24 字”中的任何关键词，不人为造成碎片化认同、片面认同和认同偏差。实际上社会主义核心价值观是吸收并发展了人类一切优秀和健康的价值追求，体现了宽广的视野和面向未来的胸怀。将“民主、自由、平等、法治”等词语解释为来源于西方是不全面的，它包含着对中华优秀传统文化和中国特色社会主义先进文化的吸收和运用。况且“民主、法制、自由、人权、平等、博爱等，并不是资本主义所特有的，这是全世界在漫长的历史过程中共同形成的文明成果，也是人类共同追求的价值观”①。如以改革创新为核心的时代精神本身就蕴含着倡导“自由、平等”的巨大生命力。当前在经济建设领域，推进服务型政府建设、设立自贸区、开展负面清单管理、鼓励大众自主创业和自由创新等都是自由、平等的重要体现。在全面深化改革方面，如给予各经济主体平等市场地位、放松生育管制和推进全民医保；在社会治理方面，如有案必立、公车改革、养老并轨、广泛成立业主自治组织参与社会管理等措施实际上都体现了“平等、民主”的精髓。我们可大力总结阐述倡导社会主义核心价值观与中国特色社会主义取得历史性成就的因果关系，这样既推进了民众对各项政策方针和改革举措的认同拥护，又无形中增强了“四个自信”。

5.1.2 大力推进法治建设，完善相关支撑体系和配套措施

践行社会主义核心价值观光有教育灌输是不行的，不是学了就真正会信，不是背了就一定接受，更不是开几次会、挂几张图、搞几场讲座就能完成的。文本上、理论上知道了、掌握了，但人们在日常行动上如果言行不一致，触犯道德底线，便要辅以法治来进行规范和校正。对违反核心价值观的人和行为，严重的应绳之以法，

① 《在十届全国人大五次会议记者招待会上温家宝总理答中外记者问》，载《人民日报》2007 年 3 月 17 日，第 1 版。

轻微的则报之以谴责和批判，如此才能充分保障社会秩序正常运行，才能巩固和维护好社会公德。坚持依法治国和以德治国相结合是新时期我们党一贯坚持的重要治理原则。习近平同志在主持中央政治局第三十七次集体学习时重申和强调了这一基本治理原则①，进一步揭示了这一根本治理规律，体现了党中央对唯物辩证法的深刻把握和科学应用。准确理解和深入贯彻这一重要讲话精神需要真正领会其中蕴含的唯物辩证法思想，进一步增强协调推进治理体系与治理能力现代化工作的主动性，工作核心是必须深化改革，进一步优化顶层设计。

一是做好价值观相关立法的上位法即“文化立法”工作。文化立法是我国法治工作的一个短板，据统计，到2016年底我国宪法和有效的法律共257部，但文化领域只有6部，比例只有2.33%②。历经多年立法努力，2017年3月审议通过的民法总则草案，规定了民事活动中必须遵循的基本原则和一般性原则，其中一大亮点是在第一百八十四条规定，对“因自愿实施紧急救助行为造成受助人损害的，救助人不承担民事责任”③，这很大程度上就为爱心人士在紧急情况下助人、救人消除了后顾之忧，让“好人好报”进一步体现，避免了见义勇为人员“流血又流泪”的不正常现象发生，弘扬了奉献精神和志愿者精神。我国与价值观建设直接相关的《中华人民共和国公共文化服务保障法》其立法目的之一就是“弘扬社会主义核心价值观，增强文化自信”，并要求公共文化服务应当坚持社会主义先进文化前进方向，坚持以人民为中心，坚持以社会主义核心价值观为引领。该法对于完善核心价值观建设长效机制，保障各阶层各地区公平享受文化服务，贯彻依法弘扬和践行核心价值观将产生重要作用。由于该法在2017年3月1

① 《坚持依法治国和以德治国相结合　推进国家治理体系和治理能力现代化》，载《人民日报》2016年12月11日，第1版。

② 王晨：《大力推动公共文化服务保障法的深入宣传和贯彻实施》，载《人民日报》2017年2月22日，第6版。

③ 参见《民法总则草案解读②：小明为你说亮点》，载《光明日报》2017年3月9日，第7版。

日起才正式施行，因此还需要尽快启动和开展大量的宣传贯彻工作，让其真正产生推动力和惩戒力。

二是做好核心价值观“入法”“入规”工作，将其纳入法治国家、法治社会、法治政府的建设过程中，逐步健全各行各业的规章制度，完善社区业主公约、村民公约、学生守则、员工管理制度等行为准则和礼仪制度，积极推进市民公约及乡规民约的地方化、精细化、普及化建设，为社会主义核心价值观的贯彻落实提供法律制度保障，推进社会主义核心价值观成为人们日常工作生活的基本理念和自觉遵循。为了应对信息化时代的新特点，我们还要适时推出相应的网络监管措施，完善网络监管体系，净化虚拟社区，促使网络成为弘扬和传播社会主义核心价值观的有效渠道，使网络社会和虚拟空间也逐渐成为涵养真善美、拒绝假恶丑的心灵净土和精神家园，使自由和秩序在网络空间里都得到贯彻和实现。

三是抓好执法执纪。树立法治意识、法治精神和法治权威本身就是推动价值观的重要举措，对保障公平正义极为重要。实践中要突出对权力的监督、对高级官员和精英阶层的监督，以上率下，“一级传一级”，形成一种风清气正的社会风尚。法国思想家卢梭曾在《忏悔录》中深刻地指出：“不论从什么角度看，没有哪一个国家的人民不是他们的政府的性质使他们成为什么样的人，他们就成为什么样的人”①，也就是说法治政府和依法行政必然会推动法治社会文化的形成。“依法治国重在依法治权、依法治官，而不是治老百姓。”“决不可把法治只看做治民的工具，是用来对付老百姓的，只想让老百姓守法，自己却可以不受法律的约束，甚至任意胡为。”② 应该说，在新时期我们提出党纪严于法律、要坚持全面从严治党、要将“权力关进制度的笼子”等新理念响应了社会的普遍价值诉求，获得了广大基层群众的拥护支持，在实践中坚持贯

① 卢梭：《忏悔录》第9卷，转引自卢梭著、李平沤译：《社会契约论》，商务印书馆2016年版，第V页。

② 郭琛：《田纪云：法治重在依法治官》，载《山东人大工作》2016年第7期，第60页。

彻必将推动法治建设走向深入，也必将保障社会主流价值观的正确方向和坚定群众的价值观自信。

5.1.3　持续做大“蛋糕”，做强经济，切实维护居民合法权益

在课题组开展的滚动调查中，民众对核心价值观各要素的认同存在差异。和谐、公正、平等、自由、诚信五个倡导要素最受认同，已形成一定社会共识，但对“敬业”、“富强”的认同相对较弱。这反映出在市场经济条件下，社会对贯彻按劳分配基本经济制度，体现收入分配的公平正义还存在较大的矛盾，这在经济欠发达地区和群体中显得尤为突出。在课题组实地调研中，凡是集体经济比较发达，集体企业比较兴旺，社区干部会抓善抓经济建设，居民就业比较充分的社区，其所在社区居民的核心价值观的认同和接受程度就比较高，而且基层民众对宣讲和教育工作更加重视和包容。历史证明，只有大力发展生产力，不断增加社会财富，才能为社会和谐、共同富裕的最终实现提供经济基础和前提条件①。这不但印证了“仓廪实而知礼节、衣食足而知荣辱”、“礼生于有而废于无”的老话，也证明了社会主义核心价值观作为人们精神世界的道德基准，其最终的落实与践行离不开丰富与繁荣的物质基础，离不开让广大民众获得“免予恐惧和匮乏”的生活②。所以，实践中要优先和妥善处理好“面子”和“肚子”的关系问题，“渊深而鱼生之，山深而兽往之，人富而仁义附焉”，欲使社会主义核心价值观更快地融入基层民众的生活，就首先需要做大蛋糕、做强实体。同时应特别注意在集体企业收益分配、征地补偿、宅基地流转、就业推荐、福利支出、留守老人和儿童的照顾援助方面确保更加公平、

---

①　须知文化不自信的背后缘由主要是对国力不自信。中华文化的兴盛时期无不必然处于国之盛世。

②　参见联合国《世界人权宣言》，该宣言第二十三条第三款还提出：每一个工作的人，有权享受公正和合适的报酬，保证使他本人和家属有一个符合人的尊严的生活条件，必要时并辅以其他方式的社会保障，见 http://www.un.org/zh/universal-declaration-human-rights/index.html。

透明，强力问责集体“三资”管理和扶贫脱贫活动上出现的腐败丑恶现象和“苍蝇”式干部，切实保护文化教育程度较低和失地农民等弱势群体的合法权益，进一步扭转基层干部的不良作风，加强基层组织的党风廉政建设，确保群众的切身利益不受到非法侵占和恶意侵害。

5.1.4 及时出台长远的文化战略，做好文化发展规划的实施

弘扬社会主义核心价值观是对我国优秀文化的继承与创新。当前文化发展要以继承弘扬中华优秀传统文化、构建当代道德伦理秩序为立足点，吸收融合中外文明的优秀成果和良好基因。要按照习总书记关于价值观建设的系列重要讲话精神的要求，把社会主义核心价值观的要求融入各种精神文明创建活动之中，吸引群众广泛参与，影响群众尤其是青少年的价值观健康发展。这就要求出台长远的稳定的可持续的文化战略，充分调动各种资源，利用一切适宜的时机和场合，努力形成有利于培育和弘扬社会主义核心价值观的生活情景和社会氛围，使核心价值观深入国民心中，成为推动社会发展的力量。

文化的影响力不像经济或政治那么立竿见影，那么“日新月异”，它往往是比较缓慢但又是非常有力量的，是滴水穿石、集腋成裘的。以文化为载体传播和弘扬先进价值观必须着眼长远，面向未来，“一切向前看”，任何试图高速“跑步”，用三五年时间去推动社会和大众迈向一个理想的价值境界和社会风尚的想法，只能是一厢情愿，实践起来也是有害的或难以维持的。价值观认同有其客观规律，对一个人而言，真正的自信首先要充分认识自己和认识世界，清楚自己能做什么、不能做什么，然后在一次次的人生历练和考验中，才能慢慢建立起自信的内化和巩固。同样，要建立全社会的文化自信，也需要让民众充分了解民族文化的历史和当下，了解不同文明的差异和联系，在持续的建设过程中对文化战略进行调整和优化，用实事求是的认识态度应对价值观念的挑战和冲突，不忘过去，把握当下，赢在未来，根据设

定的大发展大繁荣的文化强国目标，以时代问题和未来的挑战为导向进行规划部署，发挥政府和社会、社会和家庭、家庭和个人、官方和民间、群众和精英的积极作用，努力达成价值共识，形成建设合力，则这种体现“和合”“团结”“前进”的文化建设总基调本身就是一种推动力和软实力，会激励一代又一代中国人为此努力和付出。

具体部署应该根据文化战略稳步推进，善于“软硬结合”、“刚柔并济”，发挥利用好人的主观能动性，激发文化自觉，在日常的活动细节中体现价值观的倡导要素。例如对城市而言，以核心价值观的某些倡导要素和知名历史人物来命名新建道路、公园和广场就是一种很好的文化宣传方法。在著名音乐之都维也纳，以大师命名的街道有很多，这些大师包括莫扎特、贝多芬、小约翰·施特劳斯、海顿、舒伯特、施特劳斯、萨列里、马勒、莱哈尔、勋伯格、勃拉姆斯、韦伯恩、维瓦尔第、李斯特等。更令人印象深刻的是那些在街头巷尾义务露天演奏的音乐爱好者，他们衣着得体，举止优雅，端庄严肃，没有丝毫马虎与敷衍，游客能感受到他们对音乐的敬畏和对路人的敬重①。正如作曲家勃拉姆斯所说：“在维也纳散步可要小心，别踩着地上的音符。”② 这显然就是一种很高明的文化宣传和城市宣传策略，那就是鼓励人们自发地形成一种文化风尚（当然也需要历史积淀），用内在的真善美的力量来熏陶和感染民众，陶冶和吸引原住民和来访者，让人们在弘扬城市美好文化中获得自身的满足和升华。

要进一步发挥地方和社会各方面的积极性，加快形成社会主义核心价值观的地方版本和行业版本，构建与核心价值观实质和内涵相同，同时又城乡有别、南北有别、系统完备、科学发展、

① 冯雁军：《留给路人的音乐》，载《人民日报》2017年2月12日，第7版。

② 转引自冯骥才：《维也纳生活圆舞曲》，载《语文》（五年级下册），人民教育出版社2009年版，第186页。

运行有效、富有魅力、各具特色的地方价值观体系（如凝练推出符合地域特色和城市历史的城市精神）。既要加强对文化遗产、文化硬件、文化载体的保护利用，又要格外加强对非物质文化的保护甚至是抢救，留住文化火种，保存文化的“基因库”。要在弘扬中保护，在发展中保护，在创新中保护，实现优秀传统文化的自我更新、自我生发的目标。因为社会主义核心价值观的认同度与居民文化素质正相关，所以必须进一步树立国民教育和终身教育理念，转变德育教育方式，重点向贫困地区和低收入者普及科技文化知识，加强和改进针对教师与青少年的道德教育，提高全体居民的科学文化素养和思想道德水平。

中国传统道德（如孝悌忠信礼义廉耻）是传统文化中的精华，从全世界范围来看，中国是唯一有内容如此全面、涉及面如此广泛的道德规范，在世界文明史中占有较高地位①。但由于诸多历史原因，在当今纷繁复杂的社会环境和市场经济的背景下，中华优秀传统文化的地位显得相当脆弱，贪图奢华享乐、极端利己主义、崇尚丛林法则、不分善恶的糊涂哲学、违反实事求是的指鹿为马、唯利是图等不良思想还很有市场，尤其在城镇化过程中某些因征地拆迁或坑蒙拐骗而一夜暴富的居民中，在市场经济竞争中不择手段不顾道德良心而发家“致富”的群体中，在教育程度较低而不懂法律不讲法治愚昧迷信盛行的群体中，在一味崇洋媚外数典忘祖的伪精英和“精致利己主义者”群体中，在为官不正、贪腐堕落的某些干部中大有市场，对此现状应予以高度重视，避免这种腐朽文化、庸俗文化和落后文化的代际传播、社会扩散。“不义而富且贵，于我如浮云”，“见利思义，见危授命”②，必须进一步加大对我国优秀传统文化的宣传和培育，克服不文明、不健康、不符合中国特色社会主义性质与伦理原则的思潮、信仰和观念的干扰，从根本上抗击社会风气整体下降的风险和挑战。

① 参见季羡林：《季羡林说国学》，中国书店 2007 年版，第 12 页。
② 语出《论语》的《述而》和《宪问》。

由于“中国传统文化模式所特有的超稳定结构的阻滞和桎梏”①，传统文化在结构上和体系上具有稳定性强、变易性小的特点，因此进行传统文化的现代转化就需要克服理论传统和生活实践上的双重约束。要提高优秀传统文化的影响力，既需要勇气，也需要“智慧”，也就是要善于进行传统文化的现代性转化，通过富于创新创造的“接着唱”“老调新唱”来赢得群众喜爱。如果一说起戏曲国粹，就是京剧几个传统剧目，甚至几个经典选段，如果组织基层文化活动总是把几句最熟悉的“唱词”再次搬运、最经典“选段”再次重现及反复翻唱，最终会造成群众的“审美疲劳”和青少年受众的心理抵触，反而不利于中国曲艺这类传统文化的大众传播，传统文化就始终停留在官方的“博物架”而不是民间的“大舞台”。在这方面河南戏迷张爱国的话就很有代表性，河南项城豫剧团新编《农家媳妇》并下乡演出，目睹该剧后，他说：“我追着剧团听了好多场了，特别喜欢新编的现代戏”，感觉唱段“写的好像是自己的故事，听着那么贴近，那么有味”②。为什么一些群众特别喜欢和接受现代戏呢，这说明传统文化要不断推陈出新才有活力和生命力，民族文化特别需要时代化表达。如果我们迷信传统文化往日的成功辉煌而停止探索和进取，搞不需要动什么脑筋、下什么工夫的“换汤不换药”的“克隆式”翻新，用自满、自恋、自负去替代自省、自强、自信，就无法向文化大发展大繁荣的目标前进，就会因故步自封而难以在外来文化和强势文明的冲击下枝繁叶茂、百花齐放。

红色革命根据地遍布大江南北，许多革命家的故事家喻户晓，感人至深。红色文化是我国进行革命传统教育，树立青少年艰苦奋斗、爱国自强思想的最宝贵资源。尽管随着时代的变迁，流血牺牲式的革命斗争日渐远去，但其中蕴含的精神价值和价值观念是民族

---

① 衣俊卿：《文化哲学——理论理性与实践理性交汇处的文化批判》，云南人民出版社2005年版，第305页。

② 赵玉华、吴继芳：《大戏进村年味浓》，载《人民日报》2017年2月12日，第10版。

十分宝贵的精神遗产。以学校德育为例，目前学生到红色景点进行爱国主义教育因受到经费、时间、课程安排、人员安全等较多限制，教育活动还是以讲革命故事、颂革命精神的校内文体活动为主，以红色文化为主题的实践教育开展得并不广泛和深入。再加之一些新媒体为了追求点击量和关注度，通过发布所谓的“历史解密”“内幕曝光”等，或对重大历史事件进行重新评价，或为某个反动历史人物翻案，或无中生有地伪造数据和案例，通过迎合猎奇心理的“戏说历史”等娱乐化方式篡改革命人物事迹和斗争史，其对青少年树立正确价值观的危害是不可轻视的。习近平同志曾指出：“历史和现实都表明，一个抛弃了或者背叛了自己历史文化的民族，不仅不可能发展起来，而且很可能上演一幕幕历史悲剧。”①实际上在历史新阶段，“我们要进行伟大斗争、建设伟大工程、推进伟大事业、实现伟大梦想”②，人们发自内心地呼唤红色精神的回归，渴望从那些物质贫乏但精神富足、有理想、有信仰、有追求和富有奉献精神的革命者身上发现生命的意义和生活的价值，渴望在全面实现温饱和小康之后，追求精神上的富足和更为远大的梦想，这就使红色文化显得更加弥足珍贵，更加凸显出时代意义和当代价值。例如通过隆重纪念长征精神、抗日战争胜利等活动，无论哪个阶层的民众都感受到了鼓舞和自豪，都会对当代安全、稳定、日益富裕的生活珍惜感恩。只有将这种宣教活动长期坚持下去，红色文化才不会被忘却和曲解，才能变成中国精神、中国价值观念的一部分。

5.1.5　多方配合推进青少年核心价值观的教育

应增强文化自信教育，着重加强对青少年尤其是大学生在社会

---

① 习近平：《习近平谈治国理政》第2卷，外文出版社2017年版，第349页。

② 《习近平在省部级主要领导干部“学习习近平总书记重要讲话精神，迎接党的十九大”专题研讨班开班式上发表重要讲话　强调高举中国特色社会主义伟大旗帜 为决胜全面小康社会实现中国梦而奋斗》，载《人民日报》2017年7月28日，第1版。

主义核心价值观方面的引导和培育，把社会主义核心价值观全方位融入到学校教育、校外教育、理论教育和实践教育的全过程，利用好“第二课堂”和“第三学期”，推动社会主义核心价值观“进教材、进课堂、进头脑”。推进辅导员博客、思政课教师博客、校务微博、班级微博以及校园微信公共账号建设①，使得社会主义核心价值观在我国的新一代和事业接班人中生根发芽。

大众认同依赖于社会教育、大众教育。要极端重视和大力解决社区内待业青年和留守少年儿童的思想道德教育问题，避免出现真空和缺位，通过政府援助、关怀就业、鼓励创业、社会组织和志愿者关怀等多种方式，使得这一类弱势群体重新融入城市，习得现代文明的道德规范，感受到友善和谐的社会氛围。“学伦理可以知廉耻、懂荣辱、辨是非”②，要特别重视传统文化教育和现代科技教育的结合，文理相通，美美与共，促进智育德育美育体育共同发展，帮助广大青少年形成正确的世界观、人生观、价值观，不断提高道德修养和精神境界，养成科学思维习惯，促进身心和人格的全面健康发展。

5.2 针对社区层面的建议

5.2.1 推进核心价值观建设工程的项目化、具体化、便民化

在城镇社区和一些农村社区内应尽快依法公平透明地选举成立业主委员会，并推行基层党委、业主委员会、物业管理公司、志愿者和义工组织等多方联动，通过职责分工，齐抓共管，形成合力，打通服务居民的“最后一百米”，可以说，它是一项推进社会治理现代化的有益尝试，可有效解决基层自治组织真空和力量薄弱现

① 转引自冯刚：《切实提高大学生思政教育工作质量》，载《中国教育报》2014年1月17日，第3版。

② 《习近平谈治国理政》，外文出版社2014年版，第406页。

状，有利于推进上级精神和政策的落实。

推进核心价值观建设工程的项目化是一种十分有效的组织方式，符合现代人的心理特点，也有助于公益项目、志愿项目、慈善项目、文化项目的落地和传播，可有效吸引公众和企事业单位的积极参与。如广东“博爱之城”中山市的“慈善万人行”，一走就是30年。这个项目起源于30年前该市民间自发开展的一次公益巡游，30年来从没间断，在当地广泛传播了人道、博爱、奉献的红十字精神，其辐射力和吸引力日益广泛，已成为当地乃至广东的一个公益名片①。再如福建龙岩依托“古田会议”旧址等红色文化资源，建设国家级文化基地，创作红色文化精品，依托山区绿色资源，把林区旅游产品注入红色情怀和红色基因，奏响了致富奔小康的“红”“绿”交响曲②。

要把德政德育工程办好就必须考虑群众切身利益。大部分城镇居民所处的公共空间都隶属于居民自治组织或基层政府治理和管辖。基层组织可根据上位法和中央省市有关会议精神，适时发布《公众行为准则手册》和《小区业主公约》等规范准则，为广大居民日常生活、出行、旅游提供具体的行为准则和指引，推动爱国敬业、诚信守法、尊老爱幼、关怀弱势群体、文明礼让等美德蔚然成风，让不符合核心价值观的行为如封建迷信、打架斗殴、欺行霸市、乱搭乱盖、乱停乱放、破坏环境、不讲卫生、行为粗鄙、言语莽撞、损人利己等接受监督、无处藏身、广受谴责。在网络时代还要充分提升建设工程的便利化，在尽量不增加群众负担的情况下提升建设效率。要善于利用移动互联网等现代化工具和平台推进价值观建设，例如北京市警方开发的“朝阳群众”APP，方便广大群众用手机提供线索，实现了社会治安的群防群治，让社区老百姓便捷主动地参与安全管理的“共治”，安全隐患得到防范，同时增强

① 李刚、申少铁：《慈善，一座城的生活方式》，载《人民日报》2017年2月12日，第4版。

② 倪光辉、钟自炜：《福建龙岩：红色品牌更亮 小康道路更宽》，载《人民日报》2016年9月19日，第2版。

了居民的安全感①。

5.2.2　充分发挥基层党组织和自治组织的积极作用

由于当前城市外来人口较多，在城乡交错带社区服务与原村务工作叠加交织，基层干部待遇也偏低，不少干部对核心价值观建设工作认识不清，不愿意接受新生事物。对此现状，地方政府应该充分关注并以实际行动支持基层组织，一方面为基层松绑减负，一方面逐步加大对廉洁勤政模范和基层优秀党员的奖励范围和力度。中国自古就有“政不下县”的说法，乡村一级很大程度上要依靠乡党、里甲、宗族等民间组织或乡贤乡绅来维持伦理秩序和调节日常纷争，而老百姓也愿意就近调解“息讼止争”②。现代社区的居民来自天南海北、五湖四海，不少是由“老死不相往来”的陌生家庭组成的，政府组织受制于编制和财政预算的限制，活动动员能力是比较弱的，也难以全面覆盖。因此，在组织保障上，应积极发挥村民自治委员会和居民自治委员会在宣传和弘扬社会主义核心价值观上的积极作用，使其在建设文明、和谐、健康向上的社区文化上成为组织主体和政治力量，借助“微治理”引导群众自觉学习和践行核心价值观。可结合中国传统节庆习俗，开展多种形式多种层次的优秀传统文化宣传活动，不局限于场地设施、参加人数这些指标，经常性地集中开展“社会主义核心价值观”的微型小型宣传普及活动，强化记忆，巩固成效，以趣味性、启发性、实用性提高各层次居民尤其是青少年的参与度。

5.2.3　注重发挥先进典型的引领作用

典型是最直接、最直观的教材，注重运用正反典型开展教育是加强党员干部教育的重要经验，也是党自十八大以来加强思想政治

---

① 张洋：《“朝阳群众”APP上线》，载《人民日报》2017年4月5日，第18版。

② 龚汝富：《传统民间纠纷调解蕴含丰富智慧》，载《人民日报》2017年2月13日，第16版。

建设和作风建设的鲜明特点。要发挥好先进典型的引领作用和反面典型的警示作用，做到“见贤思齐、见不贤而自省”。基层组织应结合开展英雄模范、孝心诚信、勤政廉洁等评选表彰活动，让身边人代言，让熟悉人发声，让榜样的力量感染人、培育人、带动人，让各个层次的先进典型成为宣传社会主义核心价值观的真实案例和教材。通过这些先进事迹，以鲜活的例子、生动的形式把社会主义核心价值观理念生活化①、故事化、大众化、普及化，让群众在潜移默化中受到熏陶和感染，激励人们见贤思齐，在全社会营造崇尚典型、学习典型、赶超典型的浓厚氛围。

当然典型引领不能走向形式主义，“典型”一旦名不符实或者仅仅是为了宣传而宣传，就会失去引领作用，甚至还会危及群众对组织的基本信任。人们常说“身体力行”“桃李不言下自成蹊”，只有通过真抓实干，真心实意地“帮最有困难的农户办事，给最有意见的人拜年”，基层组织和各项政策措施才能进一步获得群众的拥护和支持。

5.2.4 基层干部要充分发挥示范带头作用

当前街道、社区层面的基层干部总体“干事创业”的精神面貌较好，但也存在“庸懒散”等顽症。进一步改善基层干部的作风，要践行“六民”要旨（即：民评民说是标准、民心民力是依靠、民意民声是依据、民愿民盼是方向、民惠民富是目标、民苦民痛是失职），核心工作是“坚定不移保稳定、持之以恒促发展、真心实意惠民生”②。为什么基层干部与群众走近了、贴心了，干工作干事业“以人民为中心”就能提升群众的价值观自信，就能巩固社会主义核心价值观的大众认同呢？这是因为社会主义核心价值观对所有人的要求是一样的，要求群众践行的前提是自己践行，引导社会认同的前提是自身高度认同。如果将基层群众比为大地和庄

---

① “生活教育”也是著名教育家约翰·杜威和陶行知教育思想的重要组成部分。

② 见湖北某市小寺院社区提供的经验汇报材料（2014年7月）。

稼，那么基层党委和干部就是要充当保稳定的“守护神”、利健康的“甜水井”、促发展的“播种机”、促和谐的“自家人”。要像中国画中的墨梅一样淡泊名利，“不要人夸颜色好，只留清气满乾坤”，像成熟的棉花一样清清白白做人，“香艳非我意，温暖百姓家”，以扎根基层、服务基层、奉献基层的实际行动激励群众热爱自己的家园。正如课题组在XT市某街道办事处看到的宣传横幅所言，如果能“把信访工作当家业，把群众诉求当家事，把群众来信当家书，把来访群众当家人”，干部就与群众心连心了，干群关系就会比较融洽，一些人因为各种原因产生的仇官仇富心态就会得到扭转。

人贵有浩然之气。毛泽东同志在战争年代就指出：“只要我们党的作风完全正派了，全国人民就会跟我们学。党外有这种不良风气的人，只要他们是善良的，就会跟我们学，改正他们的错误，这样就会影响全民族。”① 习近平同志也要求党员领导干部算好“政治账”“利益账”“良心账”。基层党员、干部是群众中的精英分子、先进分子，在教育、带领和弘扬核心价值观上必须有责任有担当，“如果把自己看作群众的主人，看作高踞于‘下等人’头上的贵族，那末，不管他们有多大的才能，也是群众所不需要的，他们的工作是没有前途的”②。因此在实践中，应引导基层干部将践行社会主义核心价值观作为党的群众路线教育实践活动和“两学一做”的延续延展延伸，作为推进所有改革发展稳定工作的道德遵循，“仰不愧于天、俯不怍于地”③，激励和倡导党员、干部以身作则、表里如一，争当为民务实的楷模、清正廉洁的榜样，时刻以共产党人的高尚品格和廉洁操守，以长征和“赶考”的精气神感召周围群众，引领社会风尚，弘扬社会正能量。

在具体工作中，基层干部既要尽职尽责，也要善作善为。应坚持以人为本，以群众为主体地位办事情。干部尤其要注意把握

---

① 《毛泽东选集》第3卷，人民出版社1991年版，第812页。

② 《毛泽东选集》第3卷，人民出版社1991年版，第864页。

③ 《孟子·尽心上》。

群众最为关切关心的问题，敢于用“钉子”精神对顽疾、对痛处、对短板开展重点工作。例如焦裕禄在兰考县仅仅工作了475天，但这一年多的工作却成为兰考人心中“永远”的丰碑。因为他这475天找准“治理风沙”这个工作的着力点，把几乎所有时间都用在带领干部群众锁风沙、战旱涝、兴水利上①。青年习近平在任延安梁家河大队党支部书记一年多的时间里，为群众办了很多实事。村里吃水困难，他就带领村民打了一口吃水井。他下决心办沼气，有效解决了村民们祖祖辈辈烧柴的大难题。他给村里办了一个铁业社，有效解决了社员劳动工具的需求。他还办了一个代销店，方便村里人购买日用品。过去一到春天青黄不接就全村出动去乞讨的贫困村庄，一时间变得红红火火、一片生机②。如果干部看重的只是手续上的完成、材料上的工整好看、上级验收的满意，而不是老百姓关心的看重的实事难事，就会出现一边是基层干部抱怨工作“白加黑，五加二”，另一边民众却并不领情的局面。

解决群众的困难只能“于细微处见精神”。社区干部可与居民协商对话，共同制定践行社会主义核心价值观的相关细则。多征求居民的建议和意见，共同探讨培育和践行社会主义核心价值观的最佳方式。多上门主动与居民沟通，了解居民的真正需求，对症“治疗”进行帮扶。通过落实群众路线，在自我升华的同时让社会主义核心价值观深入人心。基层干部和一大批知识分子、精英群体成为新的“城贤”“乡贤”，担当起基层文化建设的引领者和推动者，对在社会中不断巩固良善的价值观念，建构现代积极的社会风尚和文化氛围具有决定性意义，对那些主动作为、积极作为、持之以恒的基层干部和积极分子要进行奖励和表彰，更好地发挥其“传帮带”的示范引领作用。对为困难群众办事受到委屈、难免出

① 李思辉：《省思“脚都没时间沾泥”》，载《人民日报》2017年8月30日，第4版。

② 案例选自《关键是担当和实干——读〈习近平的七年知青岁月（四）〉》，载《学习时报》2017年9月8日。

错的党员干部要有容错纠错机制，不能让敷衍塞责的甩手干部和不干事的庸政懒政者借机打压，以树立良好的政治风气和机关文化。对文化、思想较为滞后的群众要进行及时适当的教育、开导和规劝，把鞭策、说服和鼓励打气结合起来，避免出现“干部干，群众看”、“干部着急，群众不急”、“靠着墙根晒太阳，等着别人送小康”的情况。

5.3　针对公民层面的建议

5.3.1　结合法治建设推进知行合一

天下大事必作于细。个人作为落实体现三个倡导要求的“最后一公里”，也是最终的履行者和行动主体，首先应主动学习掌握领会社会主义核心价值观，将核心价值观转化成为日常的国家观、社会观、集体观、利益观、人生观，将社会主义核心价值观内化于心、外化于行，进一步提高自身对社会主义核心价值观的知晓度、认同度和执行度。知行合一是一种境界，也是一种追求，它不仅只是达到个人行为的知行合一，还要实现个人与社会行为的知行合一。在平凡的工作和日常生活中，应与社会主义核心价值观所倡导的内容紧密联系起来，在落细、落小、落实上下工夫，从小事做起，从我做起，并因多积善事、多管正事、多献爱心、多修德行而感到心安、感到满足、感到自豪。

法治社会是现代社会的标志，法治意识、法治精神是现代公民必备的文明素质，对基层来说，应结合法治精神在中国的逐步兴起，深入贯彻中央《关于进一步把社会主义核心价值观融入法治建设的指导意见》，将核心价值观的内容和要求植入学生守则、市民公约、小区业主公约、乡规民约、组织章程、商务合同中。着手建设军政公教人员、企业家和学生的道德档案、信用记录，重点体现爱国、公正、法治、诚信、友善等价值观核心元素，让什么不能干、什么不能为清楚明白地传达到每一个人，特别是要形成财富越大、权力越大、名望越大，社会责任也越大的现代公民意识。

借助依法打击违法犯罪的各种行动，通过案例剖析、公开判例、参观考察、现身说法等方式教育群众和青少年，使之懂得“己所不欲勿施于人”“天网恢恢、疏而不漏”“善有善报、恶有恶报”“得道多助，失道寡助”“多行不义必自毙”“搬起石头砸自己的脚”“凡动刀者必死于刀下”等基本伦理原则和道德自洽原理，让社会主义核心价值观成为每一个中国人的至高价值准则。

5.3.2 充分发挥家庭在弘扬践行核心价值观中的基础平台作用

“家是最小国，国是千万家”，家庭是社会的基本单元和组成“细胞”，也是人一生中受到道德伦理教育的“第一课堂”。健康的躯体一定由健康细胞组成，而细胞的良性与活力决定着整体组织的正常稳定和健康。尽管新时代强调尊重子女的个性发展，不能过分干预家庭成员的自由和选择，更不能滥用“家法”，但家风、家训、家规和谆谆家教作为家庭（家族）内在的行为准则和基本道德规范，其对家庭成员，尤其是青年一代的影响力、感召力、约束力是长期存在和无时不有的。“家不可教而能教人者无之”，为了言传身教，期待自己成为子女或晚辈的榜样和标杆，也为了延续家族的荣誉和梦想，这种自发形成的自尊自爱自强自省的心理往往对成年人自觉践行真善美具有强大的感召力。例如汉朝孔臧的“人之进道，唯问其志”，三国诸葛亮的“志存高远，坚定不移”，清朝曾国藩的“精神愈用则愈出”等家训都凝练了贤者心得，具有启迪智慧、启发后学的作用。

家风家训无疑是一笔中华文明的独特财富，它不独属于教育，不仅显示了中国人的智慧，更显示了中国人的心地宽广与精神的追求。中华民族优秀家风传统中，睦亲勤俭的治家之道、蒙以养正的教子之方、重品崇德的修身之法、亲仁济众的处世之则等，为培育社会主义核心价值观提供了丰富资源。家训文化则是中国传统文化中极具特色的重要组成部分，也是涵养社会主义核心价值观的重要源泉。传世的《颜氏家训》《家范》《朱子家训》《朱子治家格言》

《王阳明家训》《了凡四训》《钱氏家训》等均蕴含着中华文化中“修身做人、和睦齐家、交往处世”的传统美德。《大学》开篇就提出：“欲治其国者，先齐其家”，又说“家齐而后国治，国治而后天下平”。依据心理活动规律，抓住族群本身的凝聚力和家庭作为社会基本细胞的作用，将优秀传统文化和价值观要素融入日常生活，实现家庭内部的言传身教、潜移默化，这无疑是一个有效推进核心价值观涵养培育的重要途径。2015年5月14日，全国妇联评选出的“最美家庭”就倡议和号召全国的广大家庭“重家庭、扬美德；重家教，做表率；重家风，弘大义”。家和万事兴，用正确的积极的先进的家庭价值取向滋润后代心灵，促进社会良序与和谐善治，就能以千千万万个真善美的支点撑起良好的社会风气，形成健康和美的文明氛围。

党中央高度重视家庭在价值观建设中的基础作用。习近平总书记指出：要把社会主义核心价值观的要求融入各种精神文明创建活动之中，吸引群众广泛参与，推动人们在为家庭谋幸福、为他人送温暖、为社会作贡献的过程中提高精神境界、培育文明风尚。2013年10月31日，习近平总书记在同全国妇联新一届领导班子集体谈话时强调，“千千万万个家庭的家风好，子女教育得好，社会风气好才有基础”，“良好家风和家庭美德正是社会主义核心价值观在现实生活中的直观体现”①。2015年2月在春节团拜会上，习近平总书记又发表了重视家庭建设的重要讲话，指出：家庭是社会的基本细胞，是人生的第一所学校。不论时代发生多大变化，不论生活格局发生多大变化，我们都要重视家庭建设，注重家庭、注重家教、注重家风，发扬光大中华民族传统家庭美德，促进家庭和睦，促进亲人相亲相爱，促进下一代健康成长，促进老年人老有所养，使千千万万个家庭成为国家发展、民族进步、社会和谐的重要基点。2016年12月，习近平总书记在北京亲切会见第一届全国文明家庭代表时，就关系到千家万户的

---

① 中国教育科学研究院：《努力发展具有中国特色世界水平的现代教育》，载《中国教育报》2016年4月21日。

家庭文明建设发表重要讲话："要用社会主义核心价值观引领家庭文明建设"，推动核心价值观在家庭中生根，强调要广泛参与、共同努力，"形成爱国爱家、相亲相爱、向上向善、共建共享的社会主义家庭文明新风尚"。这一重要讲话精神对进一步认识价值观建设中"爱国"与"爱家"的辩证统一关系，充分发挥家庭的第一课堂和精神堡垒作用，加快推动社会主义核心价值观落地生根具有重大指导意义。

"将教天下，必定其家，必正其身。"党员干部的家风与党风政风是有紧密联系的。因为在群众看来，党员干部的家庭与党员干部个人是作为一个整体的，家风的差异必然会传导和反映到党员干部个人的作风和工作过程中，显然"领导干部的家风，不是个人小事、家庭私事，而是领导干部作风的重要表现"①。在培育良好家风方面，老一辈革命家为我们做出了榜样，许多真实故事十分感人，红色家风是保障社会主义事业能够长治久安、不断发展的重要文化资源。下文基本按照时间顺序提供若干正面案例和一个负面案例，用于说明党员干部的良好家风对家庭和社会的影响。

案例一：朱德同志唯一的儿子朱琦是抗战干部，在前线作战时因腿部中弹致残。革命胜利后希望到铁路部门工作。朱德说，你到铁路上不能当官，要从工人做起。于是，团级干部朱琦到石家庄铁路局当了工人，先当铁路练习生学技术，然后当火车司炉，3 年后当火车副司机、司机。后来朱琦调到天津铁路局，虽然担负一定的领导工作，但仍经常驾驶机车②。

案例二：在中共党内，董必武、林伯渠、谢觉哉、徐特立、吴玉章被称为"延安五老"。五老精神的一个重要体现就是形成和保持了优良家风。如林伯渠外孙齐放从外祖父那得到的最基本的规矩

---

① 此为习近平在 2015 年 2 月 27 日中央全面深化改革领导小组第十次会议上的讲话。

② 求是网微信公众号"武当山"：《"神奇"家风在哪里?》，https：//www.aiweibang.com/yuedu/173806408.html。

就是不能利用他的名声、影响谋求个人的利益①。吴玉章孙女吴本立回忆："祖父对我们的教育一直非常严厉，特别是行为礼仪方面。""家里吃饭不允许掉一颗米，公家的东西绝对不能动，对待家里的工作人员都必须非常有礼貌。"谢觉哉第三子谢飞在撰写《谢觉哉家书》时曾说："我父亲一直强调做人、做事、做官要清清白白，做正确的人、正确的事。"②

案例三：中共一大代表何叔衡唯一的儿子何新九和直系后裔何盛明、何光华等一直留守在故居所在的湖南宁乡沙田的杓子冲村，在山坡里过着务农生活③。"我的人生观，绝不是想安居乡里以求善终的，绝对不能为一身一家谋升官发财以愚懦子孙的"，作为宁乡何氏家族最为重要的家训，何叔衡的爱国精神始终激励着后人坚守勤勉敬业、自食其力的家风。

案例四：焦裕禄共有6个子女，他们遵照父亲遗嘱，"任何时候都不向政府要补助、要照顾，不搞特殊化"。焦裕禄的长女焦守凤初中毕业后没考上高中，成了待业青年。在求职时父亲却给其泼了一盆冷水：干部子女不能去好单位。这是焦裕禄当了县委书记后给县里干部定的规矩，自己必须带头遵守。结果，焦守凤被安排到了县食品厂，这个食品厂实际就是个酱菜厂。焦裕禄还叮嘱厂领导："不能因为是县委书记的女儿，就给她安排轻便活，要和其他进厂的工人一样对待。"食品厂的一个重头产品是腌咸菜。秋天萝卜上市的时候，焦守凤一天要切上一千多斤萝卜，比切萝卜更难受的是切辣椒，刚开始，一天切几百斤辣椒，手上都会被辣椒汁烧出

---

① 冯赣勇：《中共延安五老研究中心践行"不忘初心"举行讲座》，http://www.cnr.cn/zhuanti1/gbyx/cbsxxdt/20161107/t20161107_523247897.shtml。

② 王姝：《"延安五老"后人，为何聚齐做这件事?》，http://www.bjnews.com.cn/news/2016/05/25/404553.html。

③ 吕其庆：《"一大"代表何叔衡：后人三代皆务农》，http://dangshi.people.com.cn/n/2013/0609/c85037-21804434.html；《何叔衡写给儿子新九的信：踏实做好眼前的事》，http://dangshi.people.com.cn/n/2013/0608/c85037-21789625.html。

泡来，晚上疼得难以入睡，就打一盆冷水，把手放在里面浸上一会，这样才能缓解一点痛感。那时候，焦守凤的心中对父亲很有意见，觉得父亲对自己不公平。焦裕禄耐心地教育她："县委书记的女儿，更应该热爱劳动，带头吃苦，不应该带头搞特殊化啊！"腌咸菜还不是最难的，最让焦守凤难以接受的是卖酱菜。一天，焦裕禄对女儿说："今天爸爸事不多，带你去卖酱菜吧。"他带着女儿，挑着酱菜挑子，沿着街巷，边走边吆喝，还教女儿怎么挑挑子不磨肩，怎么吆喝才能吸引顾客注意，好把货快点卖出去。就这样边走边说时，女儿突然想通了一个道理：我一个小工人，什么都不是，还这么爱面子，爸爸是一个县委书记，他就没有面子了？他怎么能吆喝起来呀？这样一想，她就对爸爸说："你回去吧，我以后再也不闹了，别人能干，我也能干。"家风传承，50 多年来，焦守凤一次也没利用父亲的名头搞过特殊。多年后，当待业的女儿希望焦守凤帮自己托关系找工作时，她像父亲当年一样断然拒绝了她①。

案例五：2001 年，时任福建省长的习近平因为工作繁忙没有赶回家陪伴父母过春节。在给母亲齐心的电话中，齐心叮嘱习近平："只要你把工作做好了，就是对爸爸妈妈最大的孝心，这就是对家庭负责，也是对你自己负责，这都一致的。"② 此话体现了慈母对儿子的忠孝难以两全的理解和支持。因忙于工作无法在父亲习仲勋 88 岁生日宴时到场庆祝，在给父亲的一封信中习近平这样写道："父亲的节俭几近苛刻。家教的严格，也是众所周知的。我们从小就是在父亲的这种教育下，养成勤俭持家习惯的。这是一个堪称楷模的老布尔什维克和共产党人的家风。这样的好家风应世代相传。"③ 在《习近平谈治国理政》一书所附的照片里，可以看到他陪母亲散步，在福州骑自行车带着女儿玩耍，与家人共享天伦之

① 王均伟：《"任何时候都不搞特殊化"——焦裕禄家风中最闪光的遗产》，载《中国纪检监察》2017 年第 4 期。

② 开可：《相亲看颜值居次 习近平用家风奠定大传承》，http：//news.youth.cn/wztt/201702/t20170201_9076564.htm。

③ 黄相怀：《好政风离不开好家风》，载《学习时报》2015 年 11 月 11 日。

乐。习近平不但和父亲一样待人宽厚，还是“很有人情味的领导”，他“不忘师恩，每逢过节都会给老师送上祝福；他尊老爱幼，在正定时把县里第一台小卧车让给老干部用”① ……

案例六：1990年1月31日《人民日报》在1版刊发特写《副部长夫人烧锅炉》，报道了时任能源部副部长胡富国的妻子常根秀，在部家属院负责给澡堂烧锅炉的事。记者背着胡富国调查，发现这锅炉房也就六七平方米，摆了三个大锅炉后，余下的空间刚容转个身。锅炉房里一氧化碳的浓度非常高，妻子只得每天站在门口，夏天极热，冬天则站在门口吹寒风。上级领导打电话给胡富国：“老胡啊，我今天看了报纸才知道你的夫人还在烧锅炉。”胡富国说：“谢谢领导关心，我是个农民的孩子，共产党已经对我够好的了，不能所有的官都让我一家人当了。”②

案例七：2016年入选第一届全国文明家庭的李声英，父亲李书城曾参加过辛亥革命武昌首义，中共“一大”就是在他和胞弟李汉俊家中召开的。李声英一家一直在湖北省低调生活，老人在32平方米房子里住了30年，至今还住在37平方米廉租房内，从没借李书城的历史功绩享受任何特殊待遇。多少年来，面对知情人的劝说：“你们家里贡献这么大，向国家要一套房子，要一份工作也是应该的啊。”李声英总是淡淡地回复道：“上一辈的事情是他们的贡献，我们还没有贡献，我们的贡献要我们自己做。”③ 这就是李声英家庭几代人对家规——“再难也不向国家提要求”的践行，多么朴实又多么感人！

案例八：被评为2004年感动中国人物的徐本禹出生于山东聊城，2003年他主动申请延缓在华中农业大学农经专业攻读研究生，去贵州省贫困地区义务支教两年，其事迹引发当代志愿者和青年学

---

① 《习近平谈治国理政》，外文出版社2014年版，中彩页和第431～432页。

② 荒原：《副部长妻子烧锅炉——记山西前省委书记胡富国和他的妻子》，载《家庭》2010年12月11日。

③ 胡雪璇、史雅琴：《开国部长之女李声英立家规 再难也不向国家提要求》，载《长江日报》2016年12月13日，第2版。

生的广泛共鸣。成名后徐本禹仍很朴实谦逊，他在新浪博客（http：//blog. sina. com. cn/xubenyu）中转发《人民日报》的评论：“公众人物有责任珍视和维护好自身社会形象，努力做精神家园守望者、社会价值风向标、道德航船压舱石，成为弘扬社会主义核心价值观的公共标杆。”① 徐本禹在谈到自己作义务支教的决定时提到：“家里非常开明，因此我能得到支持；母亲善良的品质影响了我，让我能这么去做。”②

案例九（负面案例）：苏荣是十八大以来第一位落马的“副国级”高官，曾任全国政协副主席，是“一人当官，全家发财”的家族式腐败的典型，中纪委调查表明“家里面从老到小、从男到女都有参与”。苏荣在忏悔录中曾写道：“正常的同志关系，完全变成了商品交换关系。我家成了权钱交易所，我就是‘所长’，老婆是‘收款员’。”在查处的类似案件中，“贤内助”变“钱内助”、“前门当官、后门开店”的贪腐“夫妻档”不在少数。真是“冰冷的手铐有我的一半，也有我妻子的一半”③。

要树立家庭文明的新风尚，就要求每一位领导干部都能把家风建设摆在重要位置，在廉洁修身的同时，在家庭内部应廉洁齐家、以上率下，严格要求配偶、子女和身边工作人员。每一位党员都应向先进典范看齐，做“三个注重”的推动者和践行者，使千千万万个家庭成为实现国家发展、民族进步、社会和谐的坚强支撑。

一家仁，一国兴仁，一家让，一国兴让，以创建和谐家庭、树立正确价值观为突破口，应着重发挥家庭的思想传承和精神凝聚功能，推进家庭对青少年树立正确核心价值观的直接教化作用和协同

① 人民日报评论员：《以身载道，彰显人格力量——二论树立弘扬社会主义核心价值观的公共标杆》，载《人民日报》2014年8月30日，第4版。

② 《2004年“感动中国”让我们泪流满面的徐本禹》，http：//gongyi. sina. com. cn/gyzx/2009-09-01/114312585. html。

③ 案例参考材料：（1）中纪委：《卖官鬻爵巧取豪夺误党毁业——全国政协原副主席苏荣案件警示录》，2015年5月；（2）何强：《这些官员如何“宠媳妇”把自己害了》，http：//www. bjnews. com. cn/news/2016/05/23/404289. html，2016-05-23。

学校教育的主体作用。培育善美家风，践行良好家训，共建和谐家庭，不仅是对核心价值观的践行，也是对社会主义核心价值体系的有益补充。每当家庭成员聚集在一起的时候，老人和孩子其乐融融，夫妻、婆媳间相敬如宾，兄弟姊妹间友善相处，会让每个家庭成员感受到温暖，疲惫与压力就会被温情消解，负面情绪就会被亲情冲淡。当家成为了情感的避风港和心灵的疗养地，人们就会从中感受到中国和、孝、悌、慈、惠等传统美德的凝聚与召唤，就会在爱和温馨的氛围中涵养生发出积极向上的道德情操和文明修养。如果让家庭成为公民个人践行社会主义核心价值观的生活主场，让家庭成为核心价值观弘扬扩散的出发点和根据地，那样就会构建起一个将核心价值观融入生活、融入内心的最有效渠道和最基础平台。

5.3.3 发挥各用人单位在开展核心价值观宣传教育中的积极作用

在本次调查中，25~55岁就业群体相对于青少年与老年人而言，对社会主义核心价值观的了解程度和认同度较低。这主要是由于在职职工，尤其是非国有企事业职工接触核心价值观相关内容的次数比较少、频率比较低、强度比较弱所造成的。雇主单位是成年人工作、培训、活动的主要阵地，各企事业单位应该积极响应党和政府的号召，在本单位内开展社会主义核心价值观的宣传教育活动，这不仅有助于单位职工思想道德素质的提高，也有利于整个单位的组织文化建设和经济效益的增加。例如深圳上市多年的某家大型集团公司，其企业使命确认为“为顾客创造价值，为员工创造机会，为股东创造财富，为社会创造效益”，团队理念确认为“真诚关怀，敬业负责，务实高效，合作进取”，因在方向和内容上贴合核心价值观，实践中取得了良好的效果。某高校举办的“身边好人”“我心目中的好老师”评选活动，参与人气高，正向能量足，无形中促进了本单位的精神文明建设，也构建了和谐的师生关系和同学关系，形成了积极向上的校园文化。

孟子曾言：“乐民之乐者，民亦乐其乐；忧民之忧者，民亦忧其忧。”对政治人物如此，对企业家亦如此。企业关照职工本身就体现了一种价值导向和价值关怀。珠海格力电器股份公司是我国白色家电领域的知名企业，该公司决定自2016年8月1日起，在空调不涨价的基础上，对家用空调安装工人的空调安装费，在原有标准的基础上每台套增加100元。安装工的收入将因此达到6位数①。企业的善举或许只是出于服务质量的升级，或许是为了减少安装工人的流失，但安装工人属于蓝领群体，从事的又是高空高危作业，格力用“真金白银”回报工人、回报劳动，这样的企业不是多了而是少了，这样的企业家不是多了而是少了，如果非要说这是秀福利秀实力，那么这个“秀”做得好，为同类企业也为整个社会做出了榜样！正如格力的负责人所说：“如何造福员工，是企业家应该思考的问题，一个真正的企业当不忘社会良知。”“当人们感觉彼此像一家人时，他们就会相互信任、相互合作。”② 美国西南航空公司在十分激烈的航空业中取得非常好的业绩增长就是一个典型案例。2001年9·11恐怖事件发生后，航空业务急剧下滑，许多航空公司采用大规模裁员的方式压缩成本、缓解危机，但西南航空的CEO则号召大家拿出团队精神，全体减薪，这样公司就不必解雇员工。正因为如此，该公司雇员从未发生过罢工现象，多次被知名的《财富》杂志评为“最佳雇主”和“最受尊敬的企业”之一。2016年以来，针对职工反映比较强烈的国企薪酬制度和隐形福利、职务消费问题，我国许多省份开展了较大力度的改革。如浙江出台政策，要求国企负责人薪金以基本年薪为基数，再乘以年度考核系数、调节系数加以确定。省管企业负责人平均薪酬将同比减少31.5%。广东提出国企负责人绩效年薪不超过基本年薪的2倍。宁夏提出区属企业负责人薪酬较改革前下降13.5%，与职工平均差距缩小到5倍左右。湖北要求企业在岗职工当年平均工资不

---

① 吴姗：《一百元背后的价值观》，载《人民日报》2016年9月28日，第18版。

② ［美］道格拉斯·肯尼克、弗拉达斯·格里斯克维西斯著、魏群译：《理性动物》，中信出版社2014年版，第94~95页。

增长的，企业负责人的绩效年薪不得增长，另外着力从制度上推进高级管理人员薪酬分配的市场化、透明化，严控灰色收入、取缔非法收入①。

用人单位能按劳分配、公平分配、关照职工、友善待人，不但可以赢得一线职工和管理人员的口碑和忠诚，激发社会对劳动者群体、低收入群体的关心关注关爱，而且本身就是对核心价值观最好的传播和弘扬，体现了企业的社会责任担当和企业家的价值情怀、家国情怀。

针对非公有制企业职工，在倡导爱国、敬业、诚信、友善的公民素质方面，核心价值观的培育对企业发展壮大、树立良好的企业形象有着莫大好处。例如湖北涌现的“信义兄弟”典型——孙水林、孙东林兄弟接力送薪的感人事迹，就是发生在非公建筑企业的诚信故事。我们可在先进和模范人物评选上，适度增加非公有制企业基层职工的比例。在文明单位的评选上，适度增加非公企业的推荐名额。

针对认同度相对较低的80后职场新生代，应进一步将个人进步、职业发展与国家和社会的富强和谐相联系，切实解决这一年龄层次职工和居民在基本住房保障、子女就学、收入分配、升迁方面的困难，让改革成果更多地惠及这一代青年人。

5.4 面向基层民众宣传工作的建议

根据习近平同志提出的“使核心价值观的影响像空气一样无所不在、无时不有”的根本要求，我们可从下述几个方面进一步提升和保持核心价值观的影响力与影响范围，使核心价值观像空气一样成为大家生产生活的必需品，保障总体大众认同程度的稳步提升。

① 吴为：《地方国企负责人薪酬改革全面启动 25省份国企限薪》，载《新京报》2016年4月25日。

（1）孔子曾说“不知礼，无以立也”①，礼是一种“善”，“凡人之所以为人者，礼仪也”②。礼仪作为一种社会规范或者说一种文化上约定俗成的规则，是调和人际关系和实现社会稳定秩序的重要环节。因此可根据全国和地方的统一部署，围绕国家、社会和个人的三类倡导要求，找准抓手和着力点，借力全国性的重大活动和节庆仪式，定制出有广泛影响力和影响范围的活动主题和对应的礼仪范式，形成具有可操作性和普及推广价值的特色方案。如国庆节悬挂国旗活动③，重阳节敬老活动，春节、中秋的和谐家庭创建活动，端午节、清明节、烈士纪念日的爱国主题宣传活动，3 月 5 日雷锋日和 12 月 5 日国际志愿者日开展义务劳动与社会服务、志愿服务、公益服务活动等。礼仪不在乎隆重而在乎庄重，不在于奢华而在于讲究，不流于形式主义而在于达到教化、美化的实质。现代的“礼”更多地体现为一种礼貌、得体、庄重、谦逊、大度、宽厚、慷慨的生活方式，尤其相对于熟人社会中的“礼尚往来”，更需要培养在公共场合和文明交往中体现出中华文化中重礼节、礼貌、礼数的优点，彰显礼仪之邦、文明之邦的文化魅力。

（2）加强理论研究与实践的结合，通过了解基层认知认同现状，基于思想宣传和行为规律，充分利用各种时机和场合，形成有利于培育和弘扬社会主义核心价值观的生活情境和社会氛围，推进城市精神、城市形象宣传与核心价值观倡导要求深度契合。总结发达国家和国内各地区推进核心价值观影响力的经验，结合地方实际，提出进一步引领时代、吸引关注、直指人心、形成共鸣的努力方向和具体举措，将核心价值观的宣传、培育和践行融入日常生活的点点滴滴。如根据中央将社会主义核心价值观融入法治建设的有关要求，贯彻中办国办下发的《关于加快推进失信被执行人信用

---

① 《论语·季氏篇第十六》。

② 《礼记·冠义》。

③ 由湖北大学毕业生雷希颖发起的“我和国旗合个影”活动，吸引微博用户阅读 4.4 亿人次。2014 年 9 月 25 日人民日报官方微博发布习近平总书记与国旗合影照片，令网友颇受鼓舞。此新闻载《长江日报》2014 年 10 月 14 日，第 21 版。

监督、警示和惩戒机制建设的意见》，密切深入地结合法治宣传和全民普法教育，打造全社会信用体系建设，依法曝光“老赖”“造假”等严重违反价值观行为的个人和企业，形成“一处失信，处处受限”的信用惩戒格局和氛围。

要帮助群众理解和认同三个层面的价值观互相衔接和嵌入问题，尤其是如何由公民个人层面的道德倡导向国家和社会延伸，仍有待在实践中深入探索，将大方向和总目标与公民个人成长关联起来需要更多实施途径。“爱国”和其他倡导要素的关联与自洽，国家“富强”和居民“共同富裕”的内在统一性均需要进一步阐述。“自由、民主、平等”三个方面的认同，基层组织在实施中往往担心与西方意识形态混淆，在行动方案和具体工作中往往回避或弱化，应坚持实事求是的原则，通过各种活动，阐述社会主义的“自由、民主、平等”观。

（3）深入研究在培育和践行核心价值观方面如何激励更多社会资源加入的机制。可依据互联网时代的新媒体规律，构建“互联网+”工作平台，建立文明网，设立微信公众号，研发并推广手机客户端APP。通过“互联网+”，使得培育工作向便民化、互动化、网络化、网格化转型，通过三大平台建设全面实现公众信息服务和行政功能服务、社交媒体服务功能的叠加，搭建群众日常交流平台，提升培育和弘扬工作的信息化水平。例如可加强全国政府网站重要政策信息的联动，在地方政府门户网站和部门网站的显著位置开设重要信息专栏，对中央和国务院的重要信息在发布后24小时内进行转载，建立各地文明网和文化建设类网络平台的常态化监督机制，防范不良价值观信息内容（如迷信、色情、愚昧、低俗、恐怖变态行为等）通过网络进行发布和恶性传播。开展针对80后及90后青年群体和面向农村地区中青年农民的关心关怀专项行动，进一步为这一类群体提供文化供给、道德引导和伦理援助，形成核心价值观无时不在无处不在的“浸泡式”宣传模式和保障机制。

（4）宣传载体方面，可对具有永久性地标和建筑物的爱国主义教育基地、公共服务设施等的外墙、陈列、挂标进行改造。对基层重点活动场所中的薄弱环节如购物中心、公园游园、旅游景点、住宅小区会所、农村祠堂等探索创新覆盖方式，实现立体和交叉覆盖，研究提出公共空间主管（业主）单位的联动机制和激励机制。当前尤其是要加强对现有宣传软硬件设施的维护工作，保障经费和人员投入，始终让核心价值观的宣传资源、宣传工具处于最佳状态，做到不褪色、不走样、不减弱。

（5）为增加吸引力和影响力，在宣传内容建设方面可将核心价值观与荆楚地域风土人情紧密结合，在具体宣讲上将“24字”生活化、日常化、本地化，启动民智，鼓励参与，引导专业机构推陈出新，创作出反映核心价值观的区域版本以及群众喜闻乐见、易于传播和转发的作品。比如中国传统的“三字经”朗朗上口，易于传播，其风格体例就比较适合在少年儿童中传播，可对核心价值观进行优化完善后作为启蒙的道德读本。再如在微信、微博中被民众大量转发的《中华礼仪用语》，用图文并茂的方式传播礼仪知识，用简单易记的7字格律的语言方式传播文明用语，如“麻烦别人说打扰，不知适宜用冒昧。求人解答用请问，请人指点用赐教。赞人见解用高见，自身意见用拙见。看望别人用拜访，宾客来到用光临。陪伴朋友用奉陪，中途先走用失陪。等待客人用恭候，迎接表歉用失迎。别人离开用再见，请人不送用留步。欢迎顾客称光顾，答人问候用托福”等，就非常符合现代人的阅读习惯，做到了简明生动、朗朗上口、易诵易记。这说明只要全面规划、用心设计，做好文化事业的供给侧结构性改革，主动提高文化产品的有效供给和精准供给，提高文化产品的传播质量和效率，就会极大地推动先进文化的深入和普及。

（6）根据基层反馈，应改进核心价值观普及教育的重点和进入社区、单位的方式方法。对特定群体如基层干部、农民工、演艺群体、青年教师、大学生、窗口单位职工、低收入弱势群体应研究建立分类辅导办法和工作手册。先进文化下基层最忌讳的是走形式走过场，“人走茶凉”，“挥一挥衣袖没留下一点印象”。《人民日报》曾经刊文指出，文化下乡是件利民惠民的好事，但在真正落实时，一些地方的效果却不太好。演员累得够呛，群众还不爱看，把文艺演出变成了“文化盆景”，浪费公共文化服务资源不说，还容易让群众产生“完成任务走过场”的误解①。实际上，农村文化建设滞后的原因是多方面的，除了自上而下的文化下乡活动往往是“蜻蜓点水”沉不下去以外，主要是快速城镇化导致的大量农村精英进城，文化的“破窗效应”被放大，优秀传统文化和体现进步意识的乡贤文化由于缺乏组织基础，并在现代文化和城市文化的冲击下而在农村逐步瓦解并失去凝聚力，同时封建落后的僵化的等级秩序、宗法观念和糟粕文化还一直残存甚至泛起，因此在新的历史时期，农村特别需要重建和巩固向上向善的文化价值体系，既接受包容时尚文化和外来文化，又留得住乡愁乡情，传承和弘扬优秀传统文化和民俗。

（7）重点深入推进“学雷锋”活动，让经典模范和传统活动不断产生新贡献、迸发新活力。将评选先进模范、道德楷模和具有浓郁地方特色的“好人”“楷模”“星级文明户”“好媳妇”活动继续深入开展。将创建文明城市、环保城市、卫生城市、风景园林城市等全民参与的重大活动与社会主义核心价值观的培育进行嫁接，使之相得益彰，真正产生实效。

---

① 韩丙锐：《文化下乡要对接群众》，载《人民日报》2014 年 11 月 30 日，第 1 版。

参考文献

［1］马克思恩格斯选集［M］．北京：人民出版社，1995．

［2］马克思恩格斯全集（第26卷）［M］．北京：人民出版社，2014．

［3］列宁选集（第1~4卷）［M］．北京：人民出版社，1995．

［4］毛泽东选集（第1~4卷）［M］．北京：人民出版社，1991．

［5］邓小平文选（第1~3卷）［M］．北京：人民出版社，1993—1994．

［6］江泽民文选（第1~3卷）［M］．北京：人民出版社，2006．

［7］胡锦涛文选（第1~3卷）［M］．北京：人民出版社，2016．

［8］习近平．用权讲官德　交往有原则［J］．求是，2004（19）：36-38．

［9］习近平．习近平论社会主义核心价值观——十八大以来重要论述选编［J］．党建，2014（3）：1-8．

［10］习近平．习近平谈治国理政［M］．北京：外文出版社，2014．

［11］习近平总书记系列重要讲话读本（2016年版）［M］．北京：学习出版社，人民出版社，2016．

［12］习近平．高举中国特色社会主义伟大旗帜　为决胜全面小康社会实现中国梦而奋斗［N］．人民日报，2017-07-28（01）．

［13］艾文礼．如何推动社会主义核心价值观落地生根［J］．人民论坛，2014（13）：14-15．

［14］艾四林．民主、正义与全球化：哈贝马斯政治哲学研究［M］．北京：北京大学出版社，2010．

［15］安雅·拉赫蒂宁．中国软实力：对儒学和孔子学院的挑战［J］．崔玉军，译．国外社会科学，2016（02）：155-157．

[16] 包心鉴．当代中国的政治认同［N］．光明日报，2014-04-09（13）．

[17] 包心鉴．以中国特色社会主义为“坐标”重构当代中国的政治认同［J］．学习论坛，2014，30（1）：5-10.

[18] 白雪菲．寻求伦理价值　共谋中国发展——中国伦理学会2015年会综述［J］．伦理学研究，2016（1）：137-140.

[19] 本书编写组．马克思主义哲学［M］．北京：高等教育出版社，人民出版社，2009：241-259.

[20] 蔡娟，蒋婕．纵论社会主义核心价值观建设的现实意义——深刻领会习近平总书记关于社会主义核心价值观的重要论述［J］．山西高等学校社会科学学报，2015（12）：24-28.

[21] 常轶军．政治认同攸关国家安全［N］．人民日报，2015-07-23（07）．

[22] 陈丽君，等．香港人价值观念研究［M］．北京：社会科学出版社，2011.

[23] 陈进华．理想信念教育必须直面现实挑战［N］．光明日报，2016-10-8（07）．

[24] 陈新汉．论社会主义核心价值体系的人民主体性［J］．哲学研究，2011（1）：11-17.

[25] 陈新汉．哲学视域中社会价值观念的共识机制［J］．哲学动态，2014（4）：31-39.

[26] 陈延斌，牛绍娜．欧美核心价值观的传播路径及其对我国的启示［J］．吉首大学学报，2013（3）：24-30.

[27] 陈延斌，周斌．中国省域民众核心价值观调查报告［J］．学术前沿，2013（5）：80-86.

[28] 陈延斌，田旭明．社会主义核心价值观大众认同的有效路径——基于近年来地方道德建设经验的研究［J］．马克思主义研究，2015（4）：99-105.

[29] 陈延斌，张琳．中国公众怎样理解社会主义核心价值观——基于九省（市，区）5162个样本的研究报告［J］．人民论坛·学术前沿，2015（21）：87-95.

［30］陈曙光．社会主义核心价值观的几个元理论问题［J］．学习与实践，2013（8）：63-67.

［31］陈旭光．价值观念变革中的十大混乱与青年教育［EB/OL］．［2013-03-18］．http：//wenku. baidu. com.

［32］陈秉公．论社会主义核心价值观“高势位”培育和践行的规律性［J］．思想理论教育，2014（2）：4-11.

［33］戴木才．论社会主义核心价值观与核心价值体系的辩证关系——中国特色社会主义核心价值观探索之一［J］．南昌航空大学学报：社会科学版，2011，13（2）：1-8.

［34］戴木才，彭隆辉．积极培育和践行社会主义核心价值观［N］．光明日报，2012-12-08（11）.

［35］米歇尔·鲍曼．道德的市场［M］．肖君，黄承业，译．北京：中国社会科学出版社，2003：12-15.

［36］于尔根·哈贝马斯．现代性的哲学话语［M］．曹卫东，译．南京：凤凰出版传媒集团，译林出版社，2011.

［37］邓正来．国家与社会——中国市民社会研究［M］．北京：北京大学出版社，2008.

［38］杜飞进．让文化自信之光照亮复兴之路［N］．人民日报，2016-9-27（23）.

［39］杜维明．以良知理性重建价值［J］．道德与文明，2016（2）：5-7.

［40］杜维明．儒家文化与“文化中国”［J］．文化软实力研究，2016（1）：10.

［41］丁德科，王昌民．红色精神百年史述论［J］．渭南师范学院学报：综合版，2016，31（20）：5-30.

［42］丁守庆，刘智伟．马克思主义大众化的机理问题［J］．科学社会主义，2015（4）：24-29.

［43］高源，马静．“未来10年10大挑战”调查报告［J］．人民论坛，2009（24）：8.

［44］郭湛，贺耀敏，王宏霞，等．妙语连珠——李瑞环著作中的比喻和用典［M］．北京：中国人民大学出版社，2014.

[45] 卢梭. 社会契约论 [M]. 李平沤，译. 北京：商务印书馆，2016.
[46] 方爱东. 社会主义核心价值观论纲 [J]. 马克思主义研究，2010 (12)：127-135.
[47] 方晓波，张峰. 高校思想政治教育的知行关系问题探讨 [J]. 东北师大学报：哲学社会科学版，2012 (6)：274-276.
[48] 方旭光. 认同的价值与价值的认同——社会主义核心价值观论 [M]. 北京：中国社会科学出版社，2014：4.
[49] 冯天瑜. "软实力" 刍议 [J]. 文化软实力研究，2016 (01)：12.
[50] 冯契. 坚持价值导向的 "大众方向" ——在 "改革开放与社会价值导向" 全国学术研讨会上的讲话 [J]. 探索与争鸣，2015 (11)：4-6.
[51] 冯琼. 哈贝马斯的公民理论研究 [M]. 北京：中国社会科学出版社，2014.
[52] 傅永聚. 关于社会主义核心价值观文字表述的学理思考 [J]. 齐鲁学刊，2014 (3)：5-10.
[53] 傅才武，曹余阳. 探索文化领域供给侧与消费侧协同改革：政策与技术路径 [J]. 江汉论坛，2016 (8)：120-128.
[54] 付安玲，张耀灿. 社会主义核心价值观社会认同实现路径探析 [J]. 学校党建与思想教育，2015 (1)：4-7.
[55] 龚群. 以马克思主义社会有机体论为基础概括社会主义核心价值观 [J]. 红旗文稿，2012 (04)：10-12.
[56] 宫敬才. 哲学价值论研究二十年——袁贵仁教授访谈录 [J]. 社会科学论坛，2000 (9)：14-15.
[57] 谷建国，张春和. 论社会主义核心价值观与中国梦的内在联系 [J]. 贵州社会科学，2014 (5)：27-31.
[58] 郭继海，等. 马克思主义理论基本范畴研究 [M]. 北京：中央文献出版社，2007：1-2.
[59] 郭建新. 社会主义核心价值观大众认同路径与机制研究 [J]. 江苏社会科学，2014 (1)：11-16.

[60] 郭建新. 公正视阈下社会焦虑与核心价值观认同研究 [J]. 江苏社会科学, 2016 (6): 8-13.
[61] 郭建新. 社会主义核心价值观: 润物无声的魅力 [N]. 光明日报, 2016-10-04 (07).
[62] 韩震. 当代美国政治思想的意识形态图景 [J]. 江海学刊, 2003 (4): 33-43.
[63] 韩震. 论国家认同、民族认同及文化认同——一种基于历史哲学的分析与思考 [J]. 北京师范大学学报, 2010 (1): 106-114.
[64] 韩震. 中国文化上自强必须有引领世界潮流的先进的核心价值观——再论社会主义核心价值观念的内涵 [J]. 道德与文明, 2011 (3): 5-8.
[65] 韩振峰. 社会主义核心价值观的三个基本层次 [N]. 光明日报, 2012-12-08 (11).
[66] 韩振峰. 社会主义核心价值体系与核心价值观是一回事吗? [N]. 光明日报, 2011-1-24 (11).
[67] 韩振峰. 习近平关于社会主义核心价值观的十个基本思路——学习习近平总书记系列重要讲话体会之八十三 [J]. 前线, 2015 (4): 13-15.
[68] 韩毓海. 马克思主义与中华文明伟大复兴 [EB/OL]. [2015-09-23]. http: //topics. gmw. cn/bcjt/node_76542. htm.
[69] 郝立新. 当代中国马克思主义哲学创新发展的典范——深入学习领会习近平同志治国理政哲学思想 [N]. 人民日报, 2016-03-30 (07).
[70] 郝清杰. 论社会主义核心价值观的基本特征 [J]. 伦理学研究, 2016 (1): 1-6.
[71] 何萍. 论社会主义核心价值观的哲学基础——基于中国化马克思主义哲学的视角 [M]. 武汉: 湖北人民出版社, 2015.
[72] 湖北省委常委会部署培育和践行社会主义核心价值观 开展八项重点活动推动落细落小落实 [N]. 湖北日报, 2014-6-23 (11).

[73] 胡锦涛．坚定不移沿着中国特色社会主义道路前进 为全面建成小康社会而奋斗——在中国共产党第十八次全国代表大会上的报告［M］．北京：人民出版社，2012.
[74] 胡兵，袁和静．社会主义核心价值观的哲学内涵［J］．创新，2014（2）：32-35.
[75] 胡玲，刘希岩．社会主义核心价值观建设主体之追问［J］．探索，2015（1）：26.
[76] 胡宝荣，李强．论社会主义核心价值观在社会治理中的作用［J］．中国特色社会主义，2014（1）：72-76.
[77] 胡春阳．转型时期社会主义核心价值观认同建构［J］．中国特色社会主义研究，2015（01）：65-70.
[78] 黄进．论核心价值观［M］．南京：南京师范大学出版社，2014.
[79] 柯缇祖．社会主义核心价值观研究［J］．红旗文稿，2012（2）：4-7.
[80] 江畅．幸福与和谐［M］．北京：人民出版社，2007.
[81] 江畅．培育和践行社会主义核心价值观与中国价值观构建［J］．思想理论教育，2014（4）：4-10.
[82] 江畅，戴茂堂，周海春，等．价值论与伦理学研究（2014年卷）［M］．北京：社会科学文献出版社，2014.
[83] 季中扬，胡燕．当代乡村建设中乡贤文化自觉与践行路径［J］．江苏社会科学，2016（2）：171-176.
[84] 弗·布罗日克．价值与评价［M］．李志林，盛宗范，译．上海：知识出版社，1988.
[85] 靳利华．生态文明视角下的社会主义核心价值观再读［J］．理论探讨，2014（1）：40-44.
[86] 蓝蔚青．价值观是马克思主义的重要组成部分［J］．浙江社会科学，2010（1）：8-9.
[87] 刘新庚，刘峥．社会主义核心价值观认同的动力要素与过程机制探索［J］．中南大学学报，2012（6）：1-5.
[88] 刘明钢．毛泽东的语言艺术与马克思主义大众化［J］．湖北

大学学报：哲学社会科学版，2008，35（5）：25-29.
[89] 刘太刚．心灵治理：公共管理学的新边疆——基于需求溢出理论和传统中国心灵治理范式的分析［J］．中国行政管理，2016（10）：61-67.
[90] 刘云山．推动领导干部更好见贤思齐见不贤而自省［EB/OL］．［2015-07-31］．http：//news. xinhuanet. com/politics/2015-07/31/c_1116105750. htm.
[91] 刘奇葆．在全社会大力培育和践行社会主义核心价值观［N］．人民日报，2014-03-05（6）.
[92] 林昭文，张同建．核心价值观认同与知识转化的相关性研究——基于国有企业研发人员的数据检验［J］．科研管理，2014（3）：123-131.
[93] 林一．中国文化艺术“走出国门”思想要先行［N］．中国社会科学报，2016-05-11（6）.
[94] 龙莹．当代大学生社会主义核心价值观实践路径探究［J］．湖北经济学院学报，2014（1）：126-128.
[95] 卢风．启蒙之后——近代以来西方人价值追求的得与失［M］．长沙：湖南大学出版社，2003.
[96] 鲁鹏．制度与发展关系论纲［J］．中国社会科学，2002（3）：14-23.
[97] 罗迪．文化认同视角下的大学生社会主义核心价值观教育［J］．思想教育研究，2014（2）：106-110.
[98] 罗建文，李博．论中国特色社会主义的政治认同与价值自信［J］．南华大学学报：社会科学版，2014，15（5）：12-19.
[99] 雒树刚．加快文化改革发展［N］．人民日报，2015-11-26（7）.
[100] 李德顺．关于社会主义核心价值观的几个问题［J］．上海党史与党建，2007（07）：9.
[101] 李德顺．社会主义核心价值与当代普世价值［J］．学术探索，2011（10）：1-7.
[102] 李德顺．价值论——一种主体性的研究［M］．北京：中国

人民大学出版社，2013.
[103] 李德顺．弘扬社会主义核心价值观的理论解析——访中国政法大学人文学院名誉院长、终身教授、博士生导师李德顺 [J]. 中共贵州省委党校学报，2014 (5)：5-8.
[104] 李德顺．如何构建当代中国价值观念 [EB/OL]. [2014-05-10]. http：//www.zgjssw.gov.cn/dajiangtang/zhuanjia/201405/t1477221.shtml.
[105] 李德顺．文化是什么？[J]. 文化软实力研究，2016 (4)：11-18.
[106] 李海星．社会主义核心价值观论要 [J]. 科学社会主义，2013 (2)：91-94.
[107] 李骏，吴晓刚．收入不平等与公平分配：对转型时期中国城镇居民公平观的一项实证分析 [J]. 中国社会科学，2012，3 (19)：114-128.
[108] 李连科．价值哲学引论 [M]. 北京：商务印书馆，2003.
[109] 李连科．世界的意义——价值论 [M]. 北京：人民出版社，1985.
[110] 李瑞环．辩证法随谈 [M]. 北京：中国人民大学出版社，2007.
[111] 李文阁．论社会主义核心价值观的形成、内涵与意义 [J]. 北京师范大学学报：社会科学版，2015 (3)：5-14.
[112] 李晓萌．培育践行核心价值观坚持问题导向 [N]. 长江日报，2014-07-04 (1).
[113] 李拯．涵养我们的“精神道统” [N]. 人民日报，2014-04-09 (04).
[114] 李忠军．社会主义核心价值体系大众化探析 [J]. 社会科学战线，2010 (10)：194-197.
[115] 李忠军．论社会主义核心价值观、中国精神与社会主义意识形态 [J]. 社会科学战线，2014 (03)：31-40.
[116] 林伯海，易刚．社会主义核心价值观大众认同的外在机理探析 [J]. 马克思主义与现实，2015 (3)：162-170.

[117] 卢黎歌，吴欢，兰美荣．社会主义核心价值观大众化探析［J］．郑州大学学报，2015（6）：5-8.
[118] 陆玉林．论社会主义核心价值观培育中的代际问题［J］．中国青年政治学院学报，2014（1）：19-24.
[119] 马国川．看中国［M］．北京：中信出版社，2015.
[120] 马龙闪．苏联文化政策：从列宁到戈尔巴乔夫［C］//沈志华．一个大国的崛起与崩溃：苏联历史专题研究（1917～1991）．北京：社会科学文献出版社，2009：1082-1083.
[121] 孟轲．转型期知识分子阶层认同主导价值观问题研究——基于近十年来相关大型调研的实证分析［J］．甘肃社会科学，2014（1）：139-143.
[122] 孟轲．近六年来社会主义核心价值观认同研究综述［J］．探索，2013（5）：187-190.
[123] 孟轲．社会主义核心价值观大众认同的基本动因及障碍［J］．河南师范大学学报，2014（1）：52-57.
[124] 孟轲．论民众认同社会主义核心价值观的外推路径［J］．毛泽东邓小平理论研究，2015（11）：32-36.
[125] 孟迎辉，邓泉国．社会主义核心价值观与日常生活的内在逻辑［J］．社会主义研究，2015（01）：64-68.
[126] 道格拉斯·肯尼克，弗拉达斯·格里斯克维西斯．理性动物［M］．魏群，译．北京：中信出版社，2014.
[127] 费正清．美国与中国［M］．张理京，译．北京：世界知识出版社，1999.
[128] 加里·S. 贝克尔．人类行为的经济分析［M］．上海：格致出版社，上海三联书店，上海人民出版社，2008.
[129] 罗伯特·L. 海尔布隆纳．资本主义的本质与逻辑［M］．北京：东方出版社，2013.
[130] 塞缪尔·P. 亨廷顿．文明的冲突与世界秩序的重建［M］．周琪，等，译．北京：新华出版社，2002.
[131] 塞缪尔·P. 亨廷顿，劳伦斯·哈里森．文化的重要作用：价值观如何影响人类进步［M］．程克雄，译．北京：新华

出版社，2010.
［132］斯洛特．重启世界哲学的宣言：中国哲学的意义［J］．刘建芳，刘梁剑，等，译．学术月刊，2015，47（5）：36-42.
［133］斯蒂芬·马塞多．自由主义美德［M］．马万利，译．南京：译林出版社，2010.
［134］宁笑菲．社会主义核心价值观大众认同问题探析［J］．南方论刊，2016（2）：4-7.
［135］彭飞．民生政策当彰显价值关怀［N］．人民日报，2017-03-14（5）.
［136］彭建国，周霞．论新加坡共同价值观教育对我国社会主义核心价值观培育的启示［J］．思想教育研究，2014（5）：47-51.
［137］钱广荣．《反杜林论》之道德论的原典精神及当代中国传承［J］．马克思主义研究，2016（2）：79-89.
［138］秦明泉．弘扬雷锋精神对培育社会主义核心价值观具有独特价值［J］．南京政治学院学报，2014（1）：136-140.
［139］人民日报评论员．细处着眼，润物无声——论把社会主义核心价值观落细落小落实［N］．人民日报，2014-04-14（1）.
［140］任艳妮，秦燕．大众传媒环境下大学生社会主义核心价值观的引导与培育［J］．西安交通大学学报，2014（3）：94-100.
［141］荣开明．关于社会主义核心价值观三个问题的思考［J］．湖北经济学院学报，2014（3）：109-117.
［142］思想教育研究编辑部．积极培育和践行社会主义核心价值观的若干问题——访中宣部思想政治工作研究所副所长戴木才［J］．思想教育研究，2013（2）.
［143］司马云杰．价值实现论——关于人的文化主体性及其价值实现的研究［M］．西安：陕西人民出版社，2003.
［144］苏星鸿．“整体现代性”视阈下社会主义核心价值观的构建逻辑［J］．南华大学学报，2016，17（1）：33-38.

［145］苏振芳．践行社会主义核心价值观必须正确把握三种关系［J］．社会主义核心价值观研究，2016（03）：12-18.
［146］隋璐璐，王洛忠．在大学生中培育和践行社会主义核心价值观的路径探析［J］．思想教育研究，2014（2）：67-70.
［147］孙代尧，黄斐．价值文化建构逻辑与社会主义核心价值观的建构［J］．中国人民大学学报，2015（6）：134-141.
［148］孙向军．论社会主义核心价值观及其培育［J］．中共中央党校学报，2013（4）：14-20.
［149］孙志海，袁久红．“马克思主义基本原理概论”课教学贯彻社会主义核心价值观的理论思考［J］．思想理论教育导刊，2014（3）：77-81.
［150］孙杰．当代中国社会主义核心价值观研究［D］．中共中央党校，2014.
［151］孙伟平．关于社会主义核心价值观的几点思考［J］．山东社会科学，2015（02）：33-38.
［152］单云丽，刘峥，代艳丽．农民工认同社会主义核心价值观的思考［J］．中国劳动关系学院学报，2011（8）：90-94.
［153］沈壮海．文化如何成为软实力［J］．中国人才，2011（8）：67-67.
［154］沈壮海．试论提升国际学术话语权［J］．文化软实力研究，2016（01）：97-105.
［155］沈湘平．价值观研究亟需自觉的人类学视角［J］．哲学动态，2016（11）：5-11.
［156］石明．价值意识［M］．上海：学林出版社，2005.
［157］唐庆，冯颜利．美国利用科学技术对华软实力制衡研究［J］．自然辩证法研究，2017（1）：43-48.
［158］田海舰．河北省大学生社会主义核心价值体系认同调查及对策研究［J］．社会科学论坛，2010（24）：158-162.
［159］田心铭．中国社会主义核心价值观：以人为本、实事求是、独立自主［J］．马克思主义研究，2011（11）：35-42.
［160］田旭明．全球文化价值重心东移与社会主义核心价值观的

国际定位［J］. 学术论坛，2014（2）：35-40.
［161］田旭明，陈延斌. 知行合一：社会主义核心价值观大众认同的实践自觉［J］. 学术论坛，2015，38（5）：9-12.
［162］田旭明. 当代中华民族凝聚力研究［M］. 北京：人民出版社，2016.
［163］田克勤. 社会主义核心价值观与“四个全面”战略布局［N］. 光明日报，2016-02-28（06）.
［164］汪信砚. 普世价值·价值认同·价值共识——当前我国价值论研究的三个重要概念辨析［J］. 学术研究，2009（11）：5-10.
［165］王成兵. 略论理性与非理性在当代认同中的作用［J］. 江淮论坛，2007（6）：57-60.
［166］王桂兰，孟轲. 强化政治文化功能，促进大众政治认同——中国当代政治文化建设学术研讨会综述［J］. 政治学研究，2013（4）：124-126.
［167］王蒙. 着眼民族复兴伟业，推进文化发展繁荣［N］. 人民日报，2016-09-19（7）.
［168］王现东. 论社会主义核心价值观的新凝炼［J］. 南方论刊，2014（2）：8-10.
［169］王永贵. 社会主义核心价值观培育的目标指向和实现路径［J］. 思想理论教育，2013（2）：8-15.
［170］王相坤. 感悟习总书记“功成不必在我”［EB/OL］.（2013-12-12）. http：//theory. people. com. cn/n/2013/1212/c40537-23821641. html.
［171］王玉樑. 价值哲学新探［M］. 西安：陕西人民教育出版社，1993：447-467.
［172］王玉樑. 邓小平的价值观［M］. 西安：陕西人民出版社，1995.
［173］王中保. 探讨世界广义文化发展、倡导先进性文化和多样化文化——首届“世界文化论坛”综述［J］. 马克思主义研究，2016（02）：149-150.

[174] 王忠武．社会主义核心价值观的建构［J］．中国特色社会主义研究，2015，2（4）：66-72.
[175] 威廉·布鲁姆．认同理论：其结构、动力及应用［J］．王兵，译．社会心理研究，2006（2）：1-14.
[176] 魏建国．自由：社会主义核心价值观的一个基本要素［J］．理论学刊，2014（3）：89-94.
[177] 文扬．在历史中变幻的自由、民主、人权概念［N］．人民日报，2016-05-09（16）.
[178] 吴春梅，张贻龙．中国马克思主义启蒙与社会主义核心价值观［J］．马克思主义研究，2015（1）：81-88.
[179] 吴春梅，席莹．农民公私观念演变及其对社会主义核心价值观认同的启示［J］．学习与实践，2015（6）：67-73.
[180] 吴春梅，郝苏君．新生代农民工主流意识形态的认同研究——基于河南新乡70位新生代农民工的访谈调查［J］．科学社会主义，2012（2）：125.
[181] 吴恒．党的十八大以来社会主义核心价值观研究综述［J］．马克思主义研究，2014（3）：89-94.
[182] 吴亚林，王学．中国传统教育哲学的精神气象［J］．教育研究与实验，2016（1）：1-7.
[183] 吴勇峰，李振跃．论社会主义核心价值观的凝炼与完善［J］．福建论坛，2014（07）：176-181.
[184] 吴翠丽．社会主义核心价值观嵌入日常生活的困境与消解路径［J］．思想教育研究，2014（1）：37-41.
[185] 吴潜涛．新中国成立60年来伦理学研究与道德建设的回顾与展望［J］．伦理学研究，2009（6）：1-3.
[186] 武沁宇．引导乡村文化文明化现代化［N］．光明日报，2016-9-25（06）.
[187] 西蒙·L. 多伦，萨尔瓦多·加西亚．价值观管理：21世纪企业生存之道［M］．李超平，译．北京：中国人民大学出版社，2009.
[188] 薛金华．阶层分化视域下社会主义核心价值体系认同的障

碍性因素［J］. 广州大学学报，2013（09）：30-35.
［189］谢春涛. 全面理解与积极培育社会主义核心价值观［J］. 思想教育研究，2014（2）：6-9.
［190］肖群忠. 传统家训价值的传承与现代转化——以《钱氏家训》为主要分析对象［J］. 社会主义核心价值观研究，2016，2（3）：43-49.
［191］肖群忠. 天下之本在家［N］. 光明日报，2017-3-14（06）.
［192］熊晓琳，王丹. 创新高校思想政治理论课建设体系要做到“三个必须”［J］. 思想教育研究，2016（4）：61-65.
［193］徐瑞. 论学生社团在社会主义核心价值观教育中的作用——基于隐性课堂的视角［J］. 中国教育学刊，2014（6）：26-30.
［194］姚洋. 中国经济学的世界贡献［N］. 人民日报，2017-04-17（15）.
［195］颜晓峰. 社会主义核心价值观是社会主义核心价值体系的精髓［N］. 天津日报，2012-12-17（03）.
［196］杨晓敏，叶启绩. 社会主义核心价值观的多元动态结构与现实表达［J］. 山东社会科学，2015（2）：45-51.
［197］杨耕. 价值、价值观与核心价值观［J］. 北京师范大学学报，2015（1）：16-22.
［198］杨通进. 联合国的核心价值建构及其对我国核心价值观建设的启示［J］. 伦理学研究，2015（6）：16-20.
［199］杨兴林. 社会主义核心价值观大众认同的内涵、挑战与抉择［J］. 中共浙江省委党校学报，2015（02）：25-33.
［200］杨振闻. 实现社会主义核心价值观认同的难题与对策［J］. 青海社会科学，2015（4）：1-6.
［201］路德维希·维特根斯坦. 文化和价值［M］. 黄正东，唐少杰，译. 南京：译林出版社，2014.
［202］克里斯·霍奈尔，埃默里斯·韦斯科特. 哲学是什么［M］. 夏国军，等，译. 北京：中国人民大学出版社，2010.
［203］乔治. 克劳德. 自由主义与价值多元论［M］. 张小玲，杨

立峰，译．南京：江苏人民出版社，2006.
[204] 阿马蒂亚·森．伦理学与经济学[M]．王宇，王文玉，译．北京：商务印书馆，2014.
[205] 叶红云．马克思主义大众化的问题与对策[J]．马克思主义研究，2013（11）：94-100.
[206] 叶南客，肖伟华．论中国传统文化对社会主义核心价值观教育现实困境的开解——基于王阳明“致良知”中德育方法论思想的考察[J]．思想教育研究，2016（4）：43-47.
[207] 叶南客．创新社会主义核心价值观的传播方式[N]光明日报，2018-02-14（06）.
[208] 余林，王丽萍．大学生对社会主义核心价值观的内隐认同研究[J]．西南大学学报，2013（9）：86-94.
[209] 余晓慧．论社会主义核心价值观的整合力、凝聚力、引导力和塑造力[J]．学术探索，2015（03）.
[210] 袁贵仁．价值学引论[M]．北京：北京师范大学出版社，1991.
[211] 袁贵仁．价值观：从理论研究到教育实践——访袁贵仁教授[J]．哲学动态，2005（12）：4.
[212] 袁贵仁．社会主义荣辱观建设重在以人为本[J]．求是，2007（22）：25-26.
[213] 袁贵仁．价值观的理论与实践：价值观若干问题的思考[M]．北京：北京师范大学出版社，2013.
[214] 袁康．金融法应体现公平价值[N]．光明日报，2016-09-28（14）.
[215] 袁祖社．邓小平价值观研究综述[J]．道德与文明，1997（3）：8-11.
[216] 袁祖社．试论社会主义核心价值体系建设问题[J]．南开学报：哲学社会科学版，2009（1）：52-58.
[217] 袁祖社．由“增长—进步本位”的物本价值观到“民生—幸福本位”的人本价值观——改革开放以来中国社会“发展价值观”的历史性变迁及其实质[J]．北京师范大学学报：社

会科学版，2010（5）：95-103.
[218] 袁祖社．“人是谁?”抑或“我们是谁?”——全球化与主体自我认同的逻辑［J］．马克思主义与现实，2010（2）：81-93.
[219] 曾长秋，曹挹芬．社会主义核心价值观结构探析［J］．伦理学研究，2014（3）：1-5.
[220] 曾长秋，周霞．毛泽东的马克思主义大众化思想研究综述［J］．学习论坛，2014（1）：60-64.
[221] 左亚文，侯文文．中华和合哲学及其现代价值［J］．文化软实力研究，2016（04）：44-56.
[222] 赵俊博．马克思主义价值观的继承与发展［J］．今日中国论坛，2013（7）：86.
[223] 章剑锋，陈璐婷．政治仪式视野下的高校社会主义核心价值观培育［J］．马克思主义研究，2015（12）：144-150.
[224] 张岱年，方克立，等．中国文化概论（修订版）［M］．北京：北京师范大学出版社，2004.
[225] 张东伟．社会主义核心价值观的日常生活化分析［J］．河南师范大学学报，2014（7）：25-30.
[226] 张定鑫．如何把握社会主义核心价值观的“核心”［J］．毛泽东邓小平理论研究，2015（4）：37-40.
[227] 张立文．中华和合人文精神的现代价值［J］．社会科学研究，1997（5）：48-54.
[228] 张齐武，董榜，邵晚晴，等．图中差错知多少？法制应为法治［J］．咬文嚼字，2014（11）：50.
[229] 张齐武．可交易许可模式在公共管理中的应用和移植——以公共住房政策为例［J］．公共管理学报，2015（02）：83-92.
[230] 张齐武．中国的公共住房和住房援助：政策评估与战略选择［M］．武汉：武汉大学出版社，2016.
[231] 张齐武．湖北基层群众政策理论需求探究［J］．学习月刊，2016（10）：50-52.
[232] 张齐武．住房制度创新和房地产业的现代化转型——基于

住房政策目标和价值导向的分析［J］. 城市发展研究，2016，23（10）：C14-C19.
［233］张齐武. 自觉运用科学思维推动文化强国建设［N］. 湖北日报，2016-10-17（15）.
［234］张齐武. 传统文化启发时代智慧两题［J］. 文化软实力研究，2016，1（4）：57-62.
［235］张齐武，徐燕雯. 网络空间主导价值观安全问题研究——基于自由与秩序视角［J］. 财经问题研究，2017（6）：9-14.
［236］张齐武. 习近平总书记系列重要讲话中的价值观思想初探［C］//北京市中国特色社会主义理论体系研究中心. 当代中国马克思主义研究. 北京：社会科学文献出版社，2017.
［237］张齐武. 充分发挥家庭在弘扬社会主义核心价值观中的重要作用［J］. 学习月刊，2017（03）：44-45.
［238］张琳，陈延斌. 传承优秀家风：涵育社会主义核心价值观的有效路径［J］. 探索，2016（1）：166-171.
［239］张学森. 演绎法视阈下的社会主义核心价值观［J］. 理论学刊，2014（4）：70-75.
［240］张利华. 中国文化上自强必须有引领世界潮流的先进的核心价值观［J］. 中国特色社会主义研究，2007（4）.
［241］张志丹. 国内关于社会主义核心价值体系研究综述［J］. 马克思主义研究，2009（11）：150-154.
［242］张智. 当代中国社会主义的价值自觉——社会主义核心价值观研究回顾与前瞻［J］. 教学与研究，2013（10）：91-99.
［243］张秋辉，王平. 马克思主义大众化的根本任务［J］. 科学社会主义，2014（6）：44-47.
［244］张允熠. 社会主义核心价值观的中国文化要素［J］. 马克思主义研究，2015（6）：74-83.
［245］张军霖，尚涛，师帅朋. 提升青年学生社会主义核心价值观教育效果的路径研究——以西安建筑科技大学为例［J］.

思想教育研究，2016（4）：53-56.

［246］张岂之．中国思想文化史（第2版）［M］．北京：高等教育出版社，2013.

［247］中共中央办公厅．关于培育和践行社会主义核心价值观的意见［J］．党建，2014（1）：9-12.

［248］中共中央文献研究室．习近平关于全面依法治国论述摘编［M］．北京：中央文献出版社，2015.

［249］中共中央宣传部．习近平总书记系列重要讲话读本（2016年版）［M］．北京：人民出版社，2016.

［250］中共中央组织部党员教育中心．兴国之魂：社会主义核心价值观五讲［M］．北京：人民出版社，2013.

［251］周斌，陈延斌．美国核心价值观融入国民教育的方法与途径［J］．上海师范大学学报，2015（4）：146-152.

［252］周凯．西方国家如何通过文化产业传播核心价值观［J］．红旗文稿，2016（1）：35-36.

［253］周昭成．社会主义核心价值观与中国特色社会主义制度价值认同的内在逻辑［J］．当代世界与社会主义，2013（4）：57-61.

［254］郑功成．社会公平与社会保障：中国社会公平状况分析——价值判断、权益失衡与制度保障［J］．中国人民大学学报，2009（2）：1-11.

［255］郑洁，梁虹．网络媒体传播社会主义核心价值观的有效方式［J］．学习与实践，2014（1）：107-113.

［256］郑洁．网络媒体传播社会主义核心价值观的机制探析［J］．社会科学家，2014（1）：41-46.

［257］郑礼平，赵嘉蒂，周康林．社会主义核心价值观与人民主体性［J］．浙江学刊，2015（1）：116-120.

［258］郑琼梅．习近平总书记语言风格对思想政治理论课教学的启示［J］．学校党建与思想教育，2015（8）：69-70.

［259］周斌．实现传统家训创造性转化的原则与策略——基于培育和践行社会主义核心价值观的视角［J］．探索，2016

(1): 16-165.

[260] 周蕾. 家风 [N]. 武汉晚报, 2014-10-09 (A32).

[261] 周蕴蓉. 关怀民生: 马克思主义大众化的有效途径 [J]. 马克思主义与现实, 2013 (6): 199-202.

[262] 周晓虹. 认同理论: 社会学与心理学的分析路径 [J]. 社会科学, 2008 (4): 46-53.

[263] 邹升平. 瑞典社会民主主义价值观的认同路径探析 [J]. 理论月刊, 2014 (1): 180-185.

[264] 邹小华, 牛汉原. 社会主义核心价值观认同的生活化路径——马克思主义哲学生存论视角 [J]. 江西师范大学学报, 2014 (4): 13-18.

[265] 朱哲, 薛焱. 价值自觉、价值自信与价值实践——践行社会主义核心价值观的三个维度 [J]. 思想教育研究, 2014 (5): 23-28.

[266] 祝大征, 袁祖社. 论价值生成和价值实现的同一性 [J]. 人文杂志, 1991 (1): 18-21.

附件1：基层民众社会主义核心价值观认同度调查问卷

尊敬的居民朋友，您好！为了解基层民众对“社会主义核心价值观”的认同状况，我们特组织了本次调查活动。本问卷为不记名抽样调查，回答没有对错之分，统计结果仅用于学术研究，不会对您产生任何不便。您的真实意见对我们很重要，衷心感谢您的宝贵支持！

1. 您了解社会主义核心价值观的内容吗？(　　)

A. 比较了解　　B. 有所了解

C. 说不清　　D. 完全没听说过

2. 曾向您提及过核心价值观（如讲文明、爱岗敬业、遵纪守法、言行一致、尊老爱幼等）并最希望你遵守的人是：(　　)

A. 家庭成员或老师

B. 亲朋好友、街坊邻里、同学同事

C. 单位领导、纪检干部

D. 机关干部、社区干部、外来专家

3. 在“24字”的社会主义核心价值观表述中，您最为认同的三项倡导内容是什么？(请在词语下面打✓，请不要超过三项)

富强　民主　文明　和谐　自由　平等　公正　法治

爱国　敬业　诚信　友善

4. 您了解到社会主义核心价值观的最主要渠道是(　　)

A. 书籍杂志、教材、报纸、宣传手册

B. 影视媒体、互联网络、短信微博

C. 宣讲、会议、专家讲座、社区文体活动

D. 通过此次调查才刚知道

5. 提及“爱国、敬业、诚信、友善”，你能立即联想起哪些具有这些价值观的先进榜样或典型人物(　　)

A. 完全想得出　　B. 基本想得出
C. 不确定　　D. 基本想不出
E. 完全想不出

6. 倡导社会主义核心价值观是一种正能量，将有助于改善社会风气和提高道德水平(　　)

A. 非常同意　　B. 基本同意
C. 不确定　　D. 不同意
E. 非常不同意

7. 如果社区举行宣传倡导核心价值观的文体活动您会积极参加（　　）

A. 非常同意　　B. 基本同意
C. 不确定　　D. 不同意
E. 非常不同意

8. 您对当前开展的反腐倡廉、群众路线教育、厉行节约、打击制假造假、关怀弱势群体的行动持赞同态度(　　)。

A. 非常同意　　B. 基本同意
C. 不确定　　D. 不同意
E. 非常不同意

9. 如发现食品药品造假行为或遭遇道德败坏和欺诈行为，您会主动检举并配合调查(　　)

A. 肯定会做　　B. 一般会做
C. 不确定　　D. 基本不会
E. 肯定不会做

10. 我认为倡导核心价值观的作用是实现中国特色社会主义的共同理想(　　)

A. 非常同意　　B. 基本同意
C. 不确定　　D. 不同意
E. 非常不同意

11. 十八大提出的“24字核心价值观”很好地概括了社会主

义核心价值体系，使之变得清晰易懂，方便宣传(　　)

A. 非常同意　　B. 基本同意
C. 不确定　　D. 不同意
E. 非常不同意

12. 社会主义核心价值观确实体现了全体人民的共识，应该成为大家共同的行为准则(　　)

A. 非常同意　　B. 基本同意
C. 不确定　　D. 不同意
E. 非常不同意

13. 践行社会主义核心价值观需要依靠法制(　　)

A. 非常同意　　B. 基本同意
C. 不确定　　D. 不同意
E. 非常不同意

14. 出门旅游、开车上路、上网发言、进餐购物、环境保护等公民日常生活都与践行社会主义核心价值观有关(　　)

A. 非常同意　　B. 基本同意
C. 不确定　　D. 不同意
E. 非常不同意

15. 您认为下列哪个群体对社会主义核心价值观认同相对薄弱，而应该首先给予关怀和教育(　　)

A. 党员干部　　B. 企事业单位职工
C. 社会精英和富裕群体　　D. 青少年学生
E. 城市居民和转型社区居民　　F. 农村居民

16. 在日常生活中您有无亲身遭遇过不平等或者不公正待遇(　　)

A. 有过较多次　　B. 偶尔有过几次
C. 基本上没有　　D. 完全没有

17. 您对社会主义核心价值观认同度的自我评价是（　　）

A. 处于初步了解阶段
B. 处于尊重并逐步接受的阶段
C. 处于心理上认同但还没有主动参与和践行的阶段

D. 处于完全认同并有所行动的阶段

E. 处于主动践行和承担捍卫者的阶段

18. 您对身边多数人社会主义核心价值观认同状况的判断是(　　)

A. 处于初步了解阶段

B. 处于尊重并逐步接受的阶段

C. 处于心理上认同但还没有主动参与和践行的阶段

D. 处于完全认同并有所行动的阶段

E. 处于主动践行和承担捍卫者的阶段

19. 您对基层领导或社区干部社会主义核心价值观认同状况的判断是(　　)

A. 处于初步了解阶段

B. 处于尊重并逐步接受的阶段

C. 处于心理上认同但还没有主动参与和践行的阶段

D. 处于完全认同并有所行动的阶段

E. 处于主动践行和承担捍卫者的阶段

20. 如何才能提高老百姓对社会主义核心价值观的认同(　　)(可多选，请不要超过五项)

A. 进一步提高官方主流渠道的宣传力度和质量

B. 加强法制建设和严格执法，惩戒和淘汰不符合要求者

C. 建立表彰和奖励制度，并与个人考核和晋升相结合

D. 与青少年教育和国民教育密切结合

E. 丰富广大群众的公共文化生活，改进影视剧和基层文体活动的亲民特色和宣传效果

F. 在利益分配和招聘就业上更加平等公正，营造良好的社会氛围

G. 大力发展社会主义市场经济，切实提高群众收入，实现共同富裕

H. 加强反腐倡廉工作，从干部作风的改善来引领整体风气的好转

请填写您的个人情况（请放心填写，可打钩✓）

1. 您的性别？（　　）

A. 男　　B. 女

2. 您的年龄？（　　）

A. 25岁以下　　B. 25~35岁

C. 36~55岁　　D. 55岁以上

3. 您的政治面貌是？（　　）

A. 中共党员　　B. 共青团员

C. 爱国信教群众　　D. 一般群众

4. 您的居民身份背景属于（　　）

A. 城市居民

B. 转型社区居民（包括城郊结合部居民、城中村居民、村改居社区居民、进城打工或投靠子女亲友的农村居民）

C. 农村居民（以务农为主）

5. 您目前的职业身份是？（　　）

A. 政府机关和国有企事业单位职工

B. 务农、民营或外资企业职工、个体经商、自由职业、无业待业等

C. 在校学生

6. 您的受教育水平是？（　　）

A. 初中以下　　B. 初中

C. 高中或中专　　D. 大专以上（含高职）

以下由调查者填写：

时间：201　年　月　日

地点：　省　市　街道　社区

组号：　问卷号：

附件2：社会主义核心价值观基层培育状况调查访谈提纲

（1）您了解社会主义核心价值观的内容或基本要求吗？

（2）曾向您提及过核心价值观并最希望你遵守的人是谁？

（3）在“24字”社会主义核心价值观表述中，您最为认同的是哪些要素？

（4）您了解到社会主义核心价值观的最主要渠道是？

（5）您对当前开展的反腐倡廉、“三严三实”教育、厉行节约、打击制假造假、关怀弱势群体、精准扶贫的行动是否持赞同态度？

（6）如发现食品药品造假行为或遭遇道德败坏和欺诈行为，您会主动检举并配合调查？

（7）是否认为社会主义核心价值观体现了全体人民的共识，应该成为大家共同的行为准则？

（8）践行社会主义核心价值观需要强化法治建设吗？

（9）出门旅游、开车上路、上网发言、进餐购物、环境保护等公民日常生活都与践行社会主义核心价值观有关吗？

（10）您认为哪个群体对社会主义核心价值观认同相对薄弱，而应该首先给予关怀和教育？

（11）您对社会主义核心价值观认同度的自我评价是什么？

（12）您对身边多数人社会主义核心价值观认同状况的判断是什么？

（13）您对基层党员、社区干部社会主义核心价值观认同状况的判断是什么？

（14）如何才能提高老百姓对社会主义核心价值观的认同？

（15）您认为社会主义核心价值观中哪些内容与您直接相关？如何看待当前正在实施的一系列活动和举措？

（16）您认为贫富差异、地区差异、教育程度、年龄差异、民族差异、信仰差异对核心价值观的认同有哪些方面的影响？

（17）您所在社区和基层干部在社会主义核心价值观的宣传和培育上采取了哪些具体的举措和活动？成效如何？存在哪些不足？

（18）您对建设富强国家、文明城乡、和谐社区、文明家庭中进一步提升个人道德修养和行为举止有哪些建议？

（19）您认为普遍面临的一些社会问题是否影响了社会主义核心价值观的全社会认同，有什么建议？

致 谢

感谢武汉科技大学唐忠义教授、王军教授、郭继海教授、李敏教授、孙君恒教授、陈泽华教授、罗天强教授、张英教授、李玉姣教授、张继才教授、张智勇教授、唐文彰副教授、郑琼梅副教授、王晓曦副教授、柳雨春副教授、王玉婷副教授、陈喜林副教授、张晶副教授、陈佳博士、付志勇博士等领导和同事们的悉心指导和大力支持！

感谢仙桃市委宣传部对课题组实地调研活动进行科学细致的安排。感谢湖北仙桃市工业园区和干河街道的广大干部与受访居民对调查工作的理解和支持。感谢所有参加社会调查的学生志愿者们，在你们身上体现了新时代中国青年积极向上的精神风貌和崇实创新的人文素养。

感谢武汉大学李维武教授、沈壮海教授、李楠教授和赵士发教授，陕西师范大学袁祖社教授、东北大学田鹏颖教授、北京科技大学彭庆红教授、渤海大学张晶教授、华中农业大学吴春梅教授、湖北大学冯军教授、武汉理工大学朱喆教授、中南财经政法大学张舜清教授和王广波博士、华中师范大学郭明飞教授、江苏师范大学田旭明副教授、华中科技大学万晶晶副教授、山西大学周振华博士等专家和学界同仁的具体指导和热情鼓励！

感谢武汉大学出版社聂勇军编辑对本书出版工作的支持和帮助！

让崇高善美的价值观念能在中华大地得到进一步弘扬，这是笔者写作本书的初衷和动力。由于学识和能力有限，本书还存在许多不足之处，恳请读者们批评指正！